# 칙!붙는
## 중국어 회화 단어장

## 중국어 회화 단어장

| | |
|---|---|
| 초판발행 | 2018년 2월 20일 |
| 1판 3쇄 | 2023년 4월 20일 |
| 저자 | 이재경, 페이시앙루 |
| 편집 | 가석빈, 최미진, 연윤영, 엄수연, 高霞 |
| 펴낸이 | 엄태상 |
| 디자인 | 진지화 |
| 콘텐츠 제작 | 김선웅, 장형진 |
| 마케팅본부 | 이승욱, 왕성석, 노원준, 조성민, 이선민 |
| 경영기획 | 조성근, 최성훈, 정다운, 김다미, 최수진, 오희연 |
| 물류 | 정종진, 윤덕현, 신승진, 구윤주 |
| 펴낸곳 | 시사중국어사(시사북스) |
| 주소 | 서울시 종로구 자하문로 300 시사빌딩 |
| 주문 및 문의 | 1588-1582 |
| 팩스 | 0502-989-9592 |
| 홈페이지 | http://www.sisabooks.com |
| 이메일 | book_chinese@sisadream.com |
| 등록일자 | 1988년 2월 12일 |
| 등록번호 | 제300-2014-89호 |

ISBN 979-11-5720-097-9 13720

* 이 책의 내용을 사전 허가 없이 전재하거나 복제할 경우 법적인 제재를 받게 됨을 알려 드립니다.
* 잘못된 책은 구입하신 서점에서 교환해 드립니다.
* 정가는 표지에 표시되어 있습니다.

# 머리말

"단어량은 충분한데 왜 회화가 안 될까?"

"단어를 어떻게 문장으로 자연스럽게 사용할 수 있을까?"

중국어를 배우는 모든 분들의 공통적인 고민이 아닐까요?
단어를 많이 알아도 회화 실력은 그만큼 만족스럽지 못한 경우가 많습니다. 중국어를 학습하면서 수많은 단어를 외우고 어법과 문장 형식을 배웠지만 알고 있는 단어를 어떻게 사용해야 할지 실제 회화에서의 적용이 힘들었죠. 학습한 단어들을 자연스러운 문장으로 표현하려면 단어의 쓰임을 이해하는 것이 무엇보다 중요합니다. 대화 속에서 이 단어가 어떤 상황에서 어떻게, 어떤 의미로 쓰이는지 잘 파악해야 합니다.

〈착! 붙는 중국어 회화 단어장〉은 초급부터 중급 수준에서 자주 사용하는 단어들을 선별하여 구성하였습니다. 모두 여덟 개의 파트로 나누고 그 안에서 총 40가지의 주제로 분류하여 모든 단어의 예시 문장을 A·B 대화문으로 만들었습니다. 대화 예문 속의 단어를 통해 단어 하나하나의 정확한 쓰임을 알고, 일상생활에서의 자연스럽고 생생한 회화를 느낄 수 있습니다.

자연스러운 회화는 화려하고 어려운 말을 구사하는 게 아니라 단어의 적절한 활용입니다. 이 책을 통해서 실용 단어도 익히고, 대화 예문을 보면서 입에 착 붙는 중국어 문장을 구사해보시길 바랍니다. 쉽고 간단하지만 네이티브같은 중국어로 자신 있게 적극적으로 말해보세요!

이 책이 잘 나올 수 있게 편집 작업을 해주신 시사중국어사 편집부와 격려해주신 많은 분들께 감사의 마음을 전합니다.

저자 이재경, 제이시앙루

# 차례

- 머리말 · 3
- 차례 · 4
- 이 책의 구성&일러두기 · 6

**Chapter 1** 인사·소개 ─────────── · 9
- 01. 자기소개 · 10
- 02. 감사와 사과 · 19
- 03. 만남·안부와 헤어짐 · 25
- 04. 축원·축하와 칭찬 · 32
- 05. 감정표현 · 38
- – Voca Review · 47

**Chapter 2** 취미·여가 ─────────── · 49
- 01. 운동 · 50
- 02. 요리 · 58
- 03. 영화·공연 · 67
- 04. 오락·놀이 · 74
- 05. 전시회 · 81
- – Voca Review · 87

**Chapter 3** 약속 ─────────────── · 89
- 01. 시간 정할 때 · 90
- 02. 장소 정할 때 · 96
- 03. 약속 제안할 때 · 102
- 04. 약속 변경·취소할 때 · 108
- – Voca Review · 114

**Chapter 4** 쇼핑 ─────────────── · 115
- 01. 식품 · 116
- 02. 전자제품 · 126
- 03. 의류 · 134
- 04. 화장품 · 144
- 05. 액세서리 · 151
- – Voca Review · 157

## Chapter 5 교통수단 · 159
01. 버스 · 160
02. 택시 · 167
03. 지하철 · 175
04. 기차 · 181
05. 비행기 · 188
- Voca Review · 197

## Chapter 6 계절 · 날씨 · 199
01. 봄 · 200
02. 여름 · 207
03. 가을 · 214
04. 겨울 · 220
- Voca Review · 227

## Chapter 7 일상생활 · 229
01. 외출 · 230
02. 학습 · 236
03. 건강 · 243
04. 미용 · 251
05. 여행 · 259
- Voca Review · 267

## Chapter 8 장소 · 269
01. 학교 · 270
02. 회사 · 277
03. 은행 · 286
04. 약국 · 291
05. 쇼핑센터 · 백화점 · 297
06. 음식점 · 302
07. 커피숍 · Bar · 311
- Voca Review · 317

— 양사&속담&격언 · 320
— 색인 · 327

# 이 책의 구성

### Mind Map Note
마인드맵 노트 코너를 두어 주제별 대표 단어와 연관 지어 자연스럽게 관련 단어를 익힐 수 있도록 했습니다.

### Let's Start Up!
중국어 회화에 활용도가 높은 엄선된 단어와 적절한 예문, 깊이 있는 추가 단어 그리고 문법 활용팁까지 골고루 학습해보세요!

① 예문  대화형 예문으로 단어 활용을 알아봅니다.
② Voca+  알아두면 좋은 관련 단어를 학습할 수 있습니다.
③ Grammar+  유용한 관련 문법 사항을 짚어줍니다.

### Voca Review
학습한 단어를 복습할 수 있습니다. 빈칸을 채워 확실하게 암기했는지 체크해보세요.

## 일러두기

### - 품사

| 명사 | 명 이름, 개념 등을 나타낸다. |
|---|---|
| 대명사 | 대 인칭·지시·의문 대명사 등을 가리킨다. |
| 동사 | 동 동작이나 상태를 설명한다. |
| 형용사 | 형 성질, 모습, 상태를 설명한다. |
| 조동사 | 조동 동사 앞에서 의미를 더해준다. |
| 부사 | 부 동사와 형용사 앞에서 정도, 시간, 상태 등을 나타낸다. |
| 접속사 | 접 단어, 구, 절을 연결한다. |
| 개사 (전치사) | 개 명사와 대명사 앞에 쓰여 시간, 장소, 대상 등을 나타낸다. |
| 조사 | 조 시제, 상태, 어감을 표현한다. |
| 감탄사 | 감 감정을 나타내는 말을 가리킨다. |
| 수사 | 수 숫자 표현을 가리킨다. |
| 양사 | 양 사람이나 사물 등의 수를 세는 단위를 가리킨다. |

### - 표기

중국 인명과 지명 및 기타 고유명사는 중국어 발음으로 표기하였습니다.

# Chapter 1
# 인사 · 소개

| | | |
|---|---|---|
| 01 | 자기소개 | 10 |
| 02 | 감사와 사과 | 19 |
| 03 | 만남·안부와 헤어짐 | 25 |
| 04 | 축원·축하와 칭찬 | 32 |
| 05 | 감정표현 | 38 |
| - | voca Review | 47 |

# Chapter 1 인사·소개

## 01 자기소개

**Mind Map Note**

介绍 jièshào
동 소개하다

名字 míngzi
명 이름

年纪 niánjì
명 나이, 연령, 연세

岁 suì
양 ~살, ~세

专业 zhuānyè
명 전공

工作 gōngzuò
명 일, 업무 동 일하다

性格 xìnggé
명 성격

上班族 shàngbānzú
명 직장인

爱好 àihào
명 취미

星座 xīngzuò
명 별자리

## Let's Start Up!

주제에 맞는 단어와 예문을 학습해보세요.     ◎ 1-01

---

**0001**

# 介绍
jièshào

**동** 소개하다

**예** A: 你先做个自我介绍。
Nǐ xiān zuò ge zìwǒ jièshào.
먼저 자기소개를 해주세요.

B: 好，我来自我介绍一下儿。
Hǎo, wǒ lái zìwǒ jièshào yíxiàr.
좋아요. 제 소개를 좀 하겠습니다.

**Grammar⁺**
- 来 : 주어가 어떤 동작을 주동적으로 할 때 사용한다.
- 一下儿 : 동사 뒤에 쓰여 가볍게 '좀 해보다'라는 의미이다.

---

**0002**

# 认识
rènshi

**동** 알다

**예** A: 认识你很高兴。
Rènshi nǐ hěn gāoxìng.
당신을 알게 되어 기뻐요.(만나서 반가워요.)

B: 认识你我也很高兴。
Rènshi nǐ wǒ yě hěn gāoxìng.
저도 당신을 알게 되어 기쁘네요.(저도 만나서 반가워요.)

---

**0003**

# 姓
xìng

**동** 성이 ~이다

**예** A: 您贵姓？
Nín guì xìng?
당신의 성함은 어떻게 되세요?

B: 我姓金。(叫金承民。)
Wǒ xìng Jīn. (Jiào Jīn Chéngmín.)
제 성은 김이에요. (김승민이라고 해요.)

**Grammar⁺**
- 您贵姓?은 성을 묻는 존칭의 표현으로 我姓…… '성이 ~이다'라고 대답하며 이름을 덧붙여 말하기도 한다.

---

01 자기소개    11

### 0004
## 叫
jiào

동 (이름을) ~이라고 부르다

예 A: 我叫李佳，你呢?
Wǒ jiào Lǐ Jiā, nǐ ne?
저는 리지아라고 해요. 당신은요?

B: 我叫王小明。
Wǒ jiào Wáng Xiǎomíng.
저는 왕샤오밍이라고 해요.

### 0005
## 名字
míngzi

명 이름

예 A: 你叫什么名字?
Nǐ jiào shénme míngzi?
당신은 이름이 뭐예요?

B: 我叫张军。
Wǒ jiào Zhāng Jūn.
저는 쟝쥔이라고 해요.

### 0006
## 岁
suì

양 ~세, ~살

예 A: 你多大?
Nǐ duō dà?
당신은 몇 살인가요?

B: 我今年20岁。
Wǒ jīnnián èrshí suì.
올해 스무 살이에요.

### 0007
## 年纪
niánjì

명 나이, 연령, 연세

예 A: 您多大年纪?
Nín duōdà niánjì?
당신은 나이가 어떻게 되죠?

B: 我今年40岁。
Wǒ jīnnián sìshí suì.
저는 올해 40세입니다.

**Grammar+**
- 미취학 아동의 나이를 물을 때에는 你几岁? Nǐ jǐ suì?라는 표현을 쓰고, 또래에게 나이를 물을 때는 你多大? Nǐ duōdà?라는 표현을 쓰며, 나이가 많은 사람에게는 존칭의 표현으로 您多大年纪? Nín duōdà niánjì?라고 묻는다.

중국어회화 VOCA

### 0008
**属** shǔ

동 띠가 ~이다

예 A: 你属什么?
Nǐ shǔ shénme?
당신은 띠가 뭐예요?

B: 我属羊。
Wǒ shǔ yáng.
저는 양띠예요.

**Voca+**
鼠 shǔ 쥐 | 牛 niú 소 | 虎 hǔ 호랑이 | 兔 tù 토끼 | 龙 lóng 용 | 蛇 shé 뱀 |
马 mǎ 말 | 羊 yáng 양 | 猴 hóu 원숭이 | 鸡 jī 닭 | 狗 gǒu 개 | 猪 zhū 돼지

### 0009
**住** zhù

동 거주하다, 살다

예 A: 你住在哪儿?
Nǐ zhù zài nǎr?
당신은 어디에 살아요?

B: 我住在明洞站附近。
Wǒ zhù zài Míngdòng zhàn fùjìn.
저는 명동역 근처에 살아요.

### 0010
**出生** chūshēng

동 태어나다, 출생하다

예 A: 你是在哪儿出生的?
Nǐ shì zài nǎr chūshēng de?
당신은 어디에서 태어났어요?

B: 我是在首尔出生的。
Wǒ shì zài Shǒu'ěr chūshēng de.
저는 서울에서 태어났어요.

**Grammar+**
- 是……的 구문 : 이미 발생한 일에 관하여 장소, 시간, 방법, 이유 등을 강조하여 말하는 문형이다.

## 0011 老家 lǎojiā

[명] 고향

[예] A: 你老家在哪儿?
Nǐ lǎojiā zài nǎr?
당신은 고향이 어디예요?

B: 我老家在首尔。
Wǒ lǎojiā zài Shǒu'ěr.
제 고향은 서울이에요.

## 0012 兄弟姐妹 xiōngdì jiěmèi

[명] 형제자매

[예] A: 你有兄弟姐妹吗?
Nǐ yǒu xiōngdì jiěmèi ma?
당신은 형제자매가 있어요?

B: 我有一个哥哥。
Wǒ yǒu yí ge gēge.
저는 형(오빠)이 한 명 있어요.

**Voca+**
姐姐 jiějie 언니, 누나 | 弟弟 dìdi 남동생 | 妹妹 mèimei 여동생

## 0013 独生子 dúshēngzǐ

[명] 외아들

[예] A: 你有兄弟姐妹吗?
Nǐ yǒu xiōngdì jiěmèi ma?
당신은 형제자매가 있어요?

B: 我没有兄弟姐妹，是独生子。
Wǒ méi yǒu xiōngdì jiěmèi, shì dúshēngzǐ.
저는 형제자매가 없어요. 외아들이에요.

**Voca+**
独生女 dúshēngnǚ 외(동)딸

## 0014 上学 shàngxué

[동] 학교에 다니다

[예] A: 你在哪儿上学?
Nǐ zài nǎr shàngxué?
당신은 어디에서 학교를 다녀요?

B: 我在北京大学上学。
Wǒ zài Běijīng Dàxué shàngxué.
저는 베이징 대학에 다녀요.

중국어회화 VOCA

## 0015 专业 zhuānyè

명 전공

예 A: 你的**专业**是什么?
Nǐ de zhuānyè shì shénme?
당신의 전공은 무엇인가요?

B: 我的**专业**是中文。
Wǒ de zhuānyè shì Zhōngwén.
제 전공은 중국어예요.

**Voca+**
法律 fǎlǜ 법률 | 会计 kuàijì 회계 | 设计 shèjì 설계, 디자인 | 声乐 shēngyuè 성악 | 美术 měishù 미술 | 体育 tǐyù 체육, 스포츠 | 计算机 jìsuànjī 컴퓨터 | 经营 jīngyíng 경영 | 酒店管理 jiǔdiàn guǎnlǐ 호텔관리 | 社会福利事业管理 shèhuì fúlì shìyè guǎnlǐ 사회복지

## 0016 毕业生 bìyèshēng

명 졸업생

예 A: 你是大学**毕业生**吗?
Nǐ shì dàxué bìyèshēng ma?
당신은 대학 졸업생인가요?

B: 我还在上大学呢。
Wǒ hái zài shàng dàxué ne.
저는 아직 학교를 다니고 있어요.

## 0017 上班族 shàngbānzú

명 직장인

예 A: 你是大学生吗?
Nǐ shì dàxuéshēng ma?
당신은 대학생입니까?

B: 不是，我是朝九晚五的**上班族**。
Bú shì, wǒ shì zhāo jiǔ wǎn wǔ de shàngbānzú.
아니에요. 저는 아침 9시부터 저녁 5시까지 일하는 직장인이에요.

**Grammar+**
- ……族 : 공통점이 있는 무리를 묶어서 '~족'이라고 표현할 때 쓴다. 上班族는 아침 9시부터 저녁 5시까지 평균 8시간을 일하는 직장인을 가리킨다.

### 0018
**工作** gōngzuò

명 일, 업무  동 일하다

예 A: 你在哪儿工作?
Nǐ zài nǎr gōngzuò?
당신은 어디에서 일해요?

B: 我在银行工作。
Wǒ zài yínháng gōngzuò.
저는 은행에서 일해요.

### 0019
**律师** lǜshī

명 변호사

예 A: 你做什么工作?
Nǐ zuò shénme gōngzuò?
당신은 어떤 일을 하시나요?

B: 我是律师。
Wǒ shì lǜshī.
저는 변호사입니다.

### 0020
**性格** xìnggé

명 성격

예 A: 他是我朋友，他性格很好。
Tā shì wǒ péngyou, tā xìnggé hěn hǎo.
그는 제 친구예요. 성격이 매우 좋아요.

B: 我也觉得他很好。
Wǒ yě juéde tā hěn hǎo.
저도 그가 좋은 사람 같아요.

### 0021
**外向** wàixiàng

형 외향적이다

예 A: 他很外向。
Tā hěn wàixiàng.
그는 외향적이에요.

B: 对啊，所以他有很多朋友。
Duì a, suǒyǐ tā yǒu hěn duō péngyou.
맞아요. 그래서 그는 친구가 많아요.

**Voca⁺**
内向 nèixiàng 내성적이다 | 活泼 huópō 활발하다 | 大方 dàfang 시원시원하다, 인색하지 않다 | 勇敢 yǒnggǎn 용감하다 | 善良 shànliáng 착하다 | 幽默 yōumò 유머러스하다, 웃기다 | 马虎 mǎhu 덜렁대다, 조심성이 없다

중국어회화 VOCA

## 0022
**星座**
xīngzuò

명 별자리

예 A: 你是什么星座?
Nǐ shì shénme xīngzuò?
당신은 무슨 별자리예요?

B: 我是白羊座。
Wǒ shì báiyáng zuò.
저는 양자리예요.

**Voca+**
白羊座 báiyáng zuò 양자리 | 金牛座 jīnniú zuò 황소자리 | 双子座 shuāngzǐ zuò 쌍둥이자리 | 巨蟹座 jùxiè zuò 게자리 | 狮子座 shīzi zuò 사자자리 | 处女座 chǔnǚ zuò 처녀자리 | 天秤座 tiānchèng zuò 천칭자리 | 天蝎座 tiānxiē zuò 전갈자리 | 射手座 shèshǒu zuò 사수자리 | 摩羯座 mójié zuò 염소자리 | 水瓶座 shuǐpíng zuò 물병자리 | 双鱼座 shuāngyú zuò 물고기자리

## 0023
**血型**
xuèxíng

명 혈액형

예 A: 你是什么血型?
Nǐ shì shénme xuèxíng?
당신은 무슨 혈액형이에요?

B: 我是O型。
Wǒ shì O xíng.
저는 O형이에요.

## 0024
**爱好**
àihào

명 취미 동 ~을 즐기다

예 A: 你的爱好是什么?
Nǐ de àihào shì shénme?
당신의 취미는 뭐예요?

B: 我的爱好是看电影。
Wǒ de àihào shì kàn diànyǐng.
제 취미는 영화를 보는 것이에요.

## 0025
**结婚**
jiéhūn

동 결혼하다

예 A: 你有女朋友吗?
Nǐ yǒu nǚ péngyou ma?
여자친구 있어요?

B: 有, 我们明年要结婚。
Yǒu, wǒmen míngnián yào jiéhūn.
있어요. 우리는 내년에 결혼할 거예요.

### 0026
**单身**
dānshēn

명 솔로(solo)

예 A: 你结婚了吗?
Nǐ jiéhūn le ma?
당신은 결혼했나요?

B: 没有。我还是单身。
Méi yǒu. Wǒ hái shì dānshēn.
아니요. 저는 아직 솔로예요.

### 0027
**丈夫**
zhàngfu

명 남편

예 A: 我丈夫是外国人。
Wǒ zhàngfu shì wàiguórén.
저의 남편은 외국인이에요.

B: 真的吗? 他是哪国人?
Zhēn de ma? Tā shì nǎ guó rén?
진짜요? 그는 어느 나라 사람이에요?

### 0028
**妻子**
qīzi

명 아내

예 A: 这位是谁?
Zhè wèi shì shéi?
이 분은 누구세요?

B: 这是我妻子。
Zhè shì wǒ qīzi.
이 사람은 제 아내예요.

**Voca⁺**
家庭主妇 jiātíngzhǔfù 가정주부 | 职场妈妈 zhíchǎng māma 워킹맘

### 0029
**子女**
zǐnǚ

명 자녀

예 A: 您有子女吗?
Nín yǒu zǐnǚ ma?
당신은 자녀가 있으세요?

B: 我有一个儿子和一个女儿。
Wǒ yǒu yí ge érzi hé yí ge nǚ'ér.
저는 한 명의 아들과 한 명의 딸이 있어요.

# Chapter 1 인사·소개

## 02 감사와 사과

### Mind Map Note

**谢谢** xièxie
동 감사하다, 고맙다

**心意** xīnyì
명 성의, 마음

**客气** kèqi
동 사양하다, 체면 차리다

**礼物** lǐwù
명 선물

**对不起** duìbuqǐ
동 미안하다, 죄송하다

**原谅** yuánliàng
동 용서하다

**抱歉** bàoqiàn
형 미안하다

**不好意思** bù hǎo yìsi
미안하다, 죄송하다

**报答** bàodá
동 보답하다

**多亏** duōkuī
동 덕분이다

## Let's Start Up!

주제에 맞는 단어와 예문을 학습해보세요. 🔊 1-02

**0001**
### 谢谢
xièxie

[동] 고맙다, 감사하다

[예] A: 谢谢你的帮助。
Xièxie nǐ de bāngzhù.
당신의 도움에 감사드려요.

B: 不谢。
Bú xiè.
고맙기는요.

**0002**
### 感谢
gǎnxiè

[동] 감사하다

[예] A: 我非常感谢他。
Wǒ fēicháng gǎnxiè tā.
저는 그에게 굉장히 감사해요.

B: 为什么感谢他?
Wèi shénme gǎnxiè tā?
왜 그에게 감사해요?

**0003**
### 客气
kèqi

[동] 겸손하다, 사양하다 [형] 예의를 차리다, 공손하다

[예] A: 谢谢。
Xièxie.
고마워요.

B: 不客气。/ 客气什么。
Bú kèqi. / Kèqi shénme.
별말씀을요.

#### Grammar+
- 동사/형용사 + 什么 : 반어문. '~하긴요', '~라니요'라는 뜻으로 '그렇지 않다', '그럴 필요 없다'라는 의미이다.

**0004**
### 不用
bú yòng

~할 필요 없다

[예] A: 谢了。
Xiè le.
고마워요.

B: 不用谢。
Bú yòng xiè.
고마워할 필요 없어요.

#### Grammar+
- 谢了/不用谢는 谢谢/不客气와 같은 뜻으로 조금 더 가볍게 사용한다.

중국어회화 VOCA

### 0005 心意 xīnyì

명 성의, 마음

예 A: 这是我的一点儿心意。
Zhè shì wǒ de yìdiǎnr xīnyì.
이건 제 작은 성의예요.

B: 谢谢你。
Xièxie nǐ.
고마워요.

### 0006 礼物 lǐwù

명 선물

예 A: 生日快乐，这是给你的生日礼物。
Shēngri kuàilè, zhè shì gěi nǐ de shēngri lǐwù.
생일 축하해요. 이건 당신에게 주는 생일 선물이에요.

B: 谢谢你的礼物。
Xièxie nǐ de lǐwù.
선물 고마워요.

### 0007 报答 bàodá

동 보답하다

예 A: 我怎么报答你好呢？
Wǒ zěnme bàodá nǐ hǎo ne?
제가 어떻게 보답하면 좋을까요?

B: 我们是好朋友，你太客气了。
Wǒmen shì hǎo péngyou, nǐ tài kèqi le.
우리는 좋은 친구잖아요. 너무 예의 차리네요.

### 0008 多亏 duōkuī

동 덕분이다

예 A: 多亏你帮助我了。
Duōkuī nǐ bāngzhù wǒ le.
당신이 저를 도와준 덕분이에요.

B: 没什么。
Méi shénme.
별거 아니에요.

### 0009
**对不起**
duìbuqǐ

동 미안하다

예 A: 对不起，我来晚了。
Duìbuqǐ, wǒ láiwǎn le.
미안해요. 제가 늦었어요.

B: 你没晚，我也刚到。
Nǐ méi wǎn, wǒ yě gāng dào.
늦지 않았어요. 저도 막 도착했어요.

### 0010
**没关系**
méi guānxi

괜찮다

예 A: 今天我有事儿，不能跟你一起吃午饭了。
Jīntiān wǒ yǒu shìr, bù néng gēn nǐ yìqǐ chī wǔfàn le.
오늘 일이 있어서 당신과 함께 점심을 먹을 수 없게 되었어요.

B: 没关系，明天一起吃吧。
Méi guānxi, míngtiān yìqǐ chī ba.
괜찮아요. 내일 같이 먹어요.

### 0011
**抱歉**
bàoqiàn

형 미안하다, 죄송하다

예 A: 真抱歉，让你久等了。
Zhēn bàoqiàn, ràng nǐ jiǔ děng le.
정말 죄송해요. 오래 기다리게 했네요.

B: 没关系。
Méi guānxi.
괜찮아요.

**Grammar+**
• 让 : '(대상)으로 하여금 ~하게 하다'라는 사역의 의미를 갖는 동사이다.

### 0012
**不好意思**
bù hǎo yìsi

미안하다, 죄송하다

예 A: 不好意思，我忘带书了。
Bù hǎo yìsi, wǒ wàng dài shū le.
미안해요. 제가 책을 가져오는 것을 깜박했어요.

B: 没事儿，我们一起看吧。
Méi shìr, wǒmen yìqǐ kàn ba.
괜찮아요. 우리 같이 봐요.

중국어회화 VOCA

### 0013 麻烦 máfan

동 귀찮게 하다, 폐를 끼치다

예 A: 给您添麻烦了。
Gěi nín tiān máfan le.
당신한테 폐를 끼쳤네요.

B: 麻烦什么!
Máfan shénme!
폐를 끼치다니요!

Grammar+
- 주어 + 给 + 대상 + 添麻烦 : '~에게 귀찮음을 더하다'라는 뜻으로 '폐를 끼치다'라는 의미이다.

### 0014 错(儿) cuò(r)

명 실수, 잘못

예 A: 真对不起, 是我的错(儿)。
Zhēn duìbuqǐ, shì wǒ de cuò(r).
정말 죄송해요. 저의 잘못이에요.

B: 这不是你的错(儿), 是我的错(儿)。
Zhè bú shì nǐ de cuò(r), shì wǒ de cuò(r).
이것은 당신의 실수가 아니라, 제 실수입니다.

### 0015 失误 shīwù

명 실수

예 A: 对不起, 这次是我的失误。
Duìbuqǐ, zhè cì shì wǒ de shīwù.
미안해요. 이번은 저의 실수에요.

B: 不是, 我也有错。
Bú shì, wǒ yě yǒu cuò.
아니에요. 저도 잘못이 있어요.

### 0016 怪 guài

동 책망하다, 꾸짖다

예 A: 这件事都怪你!
Zhè jiàn shì dōu guài nǐ!
이번 일은 모두 당신 탓이에요!

B: 对不起, 我不是故意的。
Duìbuqǐ, wǒ bú shì gùyì de.
미안해요. 일부러 그런 게 아니에요.

**0017**
## 自责
zìzé

[동] 자책하다

[예] A: 真抱歉！都是我的错。
Zhēn bàoqiàn! Dōu shì wǒ de cuò.
정말 죄송해요! 모두 저의 잘못이에요.

B: 别自责了。
Bié zìzé le.
자책하지 마세요.

**0018**
## 原谅
yuánliàng

[동] 용서하다

[예] A: 原谅我一次吧。
Yuánliàng wǒ yí cì ba.
한 번만 용서해주세요.

B: 知道了。
Zhīdào le.
알겠어요.

**0019**
## 面子
miànzi

[명] 체면

[예] A: 你这么忙，还来了，真给我面子。
Nǐ zhème máng, hái lái le, zhēn gěi wǒ miànzi.
이렇게 바쁜데도 와줬네요. 정말 저의 체면을 세워주셨어요.

B: 当然了，我们是好朋友嘛！
Dāngrán le, wǒmen shì hǎo péngyou ma!
당연하죠. 우리는 좋은 친구잖아요!

# Chapter 1 인사·소개

## 03 만남·안부와 헤어짐

**Mind Map Note**

你好 nǐ hǎo
안녕, 안녕하세요

好久不见 hǎo jiǔ bú jiàn
오랜만이다

早安 zǎo'ān
동 잘 잤니?, 안녕히 주무셨어요?

晚安 wǎn'ān
동 안녕히 주무세요

问候 wènhòu
동 안부를 묻다

再见 zàijiàn
동 안녕, 잘 가요

最近 zuìjìn
부 최근, 요즘

忙 máng
형 바쁘다

慢走 mànzǒu
동 안녕히 가세요, 살펴 가세요

联系 liánxì
동 연락하다

## Let's Start Up!

주제에 맞는 단어와 예문을 학습해보세요.   1-03

**0001**
**你好**
nǐ hǎo

안녕, 안녕하세요

예 A: 你好！
Nǐ hǎo!
안녕!

B: 老师好！
Lǎoshī hǎo!
선생님, 안녕하세요!

**0002**
**早上好**
zǎoshang hǎo

좋은 아침(이에요)

예 A: 早上好！
Zǎoshang hǎo!
좋은 아침이에요!

B: 早！
Zǎo!
좋은 아침!

**Grammar+**
- 早는 '이르다'라는 뜻으로 早上好！대신 가볍게 사용한다.

**0003**
**早安**
zǎo'ān

동 잘 잤니?, 안녕히 주무셨어요?(아침 인사말)

예 A: 早安！
Zǎo'ān!
안녕히 주무셨어요?

B: 早安！
Zǎo'ān!
잘 잤어요?

**0004**
**晚安**
wǎn'ān

동 잘 자요, 안녕히 주무세요

예 A: 晚安！
Wǎn'ān!
안녕히 주무세요!

B: 晚安！
Wǎn'ān!
안녕히 주무세요!

중국어회화 VOCA

## 0005
# 好久不见
hǎo jiǔ bú jiàn

**오랜만이다**

예 A: 好久不见！
Hǎo jiǔ bú jiàn!
오랜만이에요!

B: 好久不见，我想死你了。
Hǎo jiǔ bú jiàn, wǒ xiǎngsǐ nǐ le.
오랜만이에요. 보고 싶어 죽을 뻔했어요.

**Grammar+**
- ……死了 : '~해 죽겠다'라는 의미로 정도가 매우 심함을 나타내며, 想死你了 는 '네가 보고 싶어 죽겠다'라는 뜻이다.

## 0006
# 最近
zuìjìn

명 **최근, 요즘**

예 A: 你最近怎么样?
Nǐ zuìjìn zěnmeyàng?
요즘 어떻게 지내요?

B: 我最近还可以，你呢?
Wǒ zuìjìn hái kěyǐ, nǐ ne?
요즘 그런대로 괜찮아요. 당신은요?

## 0007
# 过
guò

동 **보내다, 지내다**

예 A: 你最近过得好吗?
Nǐ zuìjìn guò de hǎo ma?
당신 요즘 잘 지내요?

B: 过得很好，你呢?
Guò de hěn hǎo, nǐ ne?
잘 지내요. 당신은요?

**Grammar+**
- 정도보어 : 동사 뒤에 得를 사용하여 그 뒤에 동사(동작)의 정도를 보충하는 말을 이끈다. [주어 + 동사 + 得 + 정도보어]의 형태로 쓰인다.

### 0008
## 问候
wènhòu

동 안부를 묻다

예 A: 替我问候你的父母。
Tì wǒ wènhòu nǐ de fùmǔ.
저 대신 당신 부모님께 안부를 물어주세요.

B: 好的，谢谢。
Hǎo de, xièxie.
알겠어요. 고마워요.

### 0009
## 身体
shēntǐ

명 신체, 건강

예 A: 你父母最近身体好吗?
Nǐ fùmǔ zuìjìn shēntǐ hǎo ma?
당신 부모님은 요즘 건강이 어떠세요?

B: 还不错。
Hái búcuò.
그런대로 좋으세요.

**Grammar+**
- 不错는 '좋다', '괜찮다'라는 뜻이다.

### 0010
## 忙
máng

형 바쁘다

예 A: 这阵子工作忙吗?
Zhè zhènzi gōngzuò máng ma?
요즘 일 바빠요?

B: 挺忙的。
Tǐng máng de.
꽤 바빠요.

**Grammar+**
- 这阵子는 最近과 같은 뜻으로 회화체에서 자주 사용한다.
- 挺……的 : '매우', '꽤'라는 뜻으로 상태의 정도를 표현한다.

중국어회화 VOCA

## 0011
**周末**
zhōumò

명 주말

예 A: **周末**你做什么了?
Zhōumò nǐ zuò shénme le?
주말에 뭐 했어요?

B: **周末**我见朋友了。
Zhōumò wǒ jiàn péngyou le.
주말에 저는 친구를 만났어요.

## 0012
**再见**
zàijiàn

동 안녕, 잘 가요, 또 봐요 (헤어질 때의 인사)

예 A: **再见**!
Zàijiàn!
또 봐요!

B: **再见**!
Zàijiàn!
잘 가요!

## 0013
**回头见**
huítóu jiàn

이따가 보자, 잠시 후에 보자

예 A: **回头见**!
Huítóu jiàn!
조금 이따 봐요!

B: **回头见**!
Huítóu jiàn!
조금 이따 봐요!

**Grammar⁺**
- 回头 : '머리를 돌리다'라는 뜻이지만 여기서는 짧은 시간을 나타낸다.

## 0014
**明天**
míngtiān

명 내일

예 A: 我先下班了。
Wǒ xiān xiàbān le.
저 먼저 퇴근할게요.

B: 好的, **明天**见!
Hǎo de, míngtiān jiàn!
그래요. 내일 봐요!

03 만남·안부와 헤어짐

### 0015
**下次**
xiàcì

명 다음

예 A: 下次一起吃顿饭吧。
Xiàcì yìqǐ chī dùn fàn ba.
다음에 식사 한 끼 같이 해요.

B: 好！下次见吧！
Hǎo! Xiàcì jiàn ba!
좋아요! 다음에 봐요!

### 0016
**一会儿**
yíhuìr

부 잠시, 잠깐

예 A: 一会儿见。
Yíhuìr jiàn.
이따 봐요.

B: 一会儿见。
Yíhuìr jiàn.
이따 봐요.

### 0017
**我走了**
wǒ zǒu le

저 갈게요

예 A: 我先走了。
Wǒ xiān zǒu le.
나 먼저 갈게.

B: 嗯，拜拜！
Ǹg, báibái!
응, 안녕!

**Grammar+**
- 拜拜는 영어 bye-bye의 발음에서 따온 단어로 회화체에서 자주 사용한다.

### 0018
**慢走**
màn zǒu

동 안녕히 가세요, 조심히 가세요, 살펴 가세요

예 A: 我走了。
Wǒ zǒu le.
저 갈게요.

B: 慢走。
Màn zǒu.
조심히 가세요.

중국어회화 VOCA

### 0019
# 送
sòng

[동] 배웅하다

A: 我送你到门口。
Wǒ sòng nǐ dào ménkǒu.
제가 문 앞까지 배웅할게요.

B: 不用送了。
Bú yòng sòng le.
나올 필요 없어요.

### 0020
# 辛苦
xīnkǔ

[형] 수고하다

A: 辛苦了!
Xīnkǔ le!
수고했어요!

B: 你也辛苦了!明天见!
Nǐ yě xīnkǔ le! Míngtiān jiàn!
당신도 수고했어요! 내일 봐요!

### 0021
# 联系
liánxì

[동] 연락하다

A: 我们再联系。
Wǒmen zài liánxì.
우리 다시 연락해요.

B: 好,常联系吧。
Hǎo, cháng liánxì ba.
그래요. 자주 연락해요.

### 0022
# 注意
zhùyì

[동] 주의하다

A: 下次再见吧,你注意身体啊。
Xiàcì zàijiàn ba, nǐ zhùyì shēntǐ a.
다음에 또 만나요. 건강 주의하세요.

B: 你也注意身体。
Nǐ yě zhùyì shēntǐ.
당신도 건강 주의하세요.

# Chapter 1 인사 · 소개

## 04 축원·축하와 칭찬

**Mind Map Note**

祝 zhù
동 축하하다, 기원하다

希望 xīwàng
동 희망하다, 바라다

祝贺 zhùhè
동 축하하다

恭喜 gōngxǐ
동 축하하다

出色 chūsè
형 출중하다, 뛰어나다

成功 chénggōng
동 성공하다

棒 bàng
형 대단하다, 훌륭하다

了不起 liǎobuqǐ
형 뛰어나다, 대단하다

顺利 shùnlì
형 순조롭다

快乐 kuàilè
형 즐겁다, 행복하다

## Let's Start Up!

주제에 맞는 단어와 예문을 학습해보세요.    1-04

**0001**
## 祝
zhù

동 축하하다, 기원하다

예 A: 祝你生意兴隆。
Zhù nǐ shēngyi xīnglóng.
당신의 사업이 번창하기를 바랍니다.

B: 谢谢！
Xièxie!
고마워요!

**Voca+**
祝你身体健康。 Zhù nǐ shēntǐ jiànkāng. 건강하세요.
祝你旅途愉快。 Zhù nǐ lǚtú yúkuài. 즐거운 여행하세요.
祝你好运。 Zhù nǐ hǎoyùn. 행운을 빌어요.
祝你们俩幸福。 Zhù nǐmen liǎ xìngfú. 두 분이 행복하길 바랍니다.

**0002**
## 祝贺
zhùhè

동 축하하다

예 A: 祝贺你毕业了！
Zhùhè nǐ bìyè le!
졸업을 축하해요!

B: 谢谢！
Xièxie!
고마워요!

**0003**
## 恭喜
gōngxǐ

동 축하하다

예 A: 我快要结婚了。
Wǒ kuài yào jiéhūn le.
저 곧 결혼해요.

B: 真的吗？ 恭喜恭喜！
Zhēn de ma? Gōngxǐ gōngxǐ!
진짜요? 축하해요!

**Grammar+**
- 快要……了 : '곧 ~하려 하다'라는 의미로 어떤 일이 가까운 미래에 금방 일어날 때 쓰는 문형이다.

## 0004
**希望**
xīwàng

동 희망하다, 바라다

A: 希望你早日成功。
Xīwàng nǐ zǎorì chénggōng.
당신이 빠른 시일 내에 성공하기를 바랍니다.

B: 谢谢您!
Xièxie nín!
고맙습니다!

## 0005
**快乐**
kuàilè

형 즐겁다, 행복하다

A: 新年快乐!
Xīnnián kuàilè!
새해 복 많이 받으세요!

B: 祝你新年快乐!
Zhù nǐ xīnnián kuàilè!
새해 복 많이 받으세요!

## 0006
**愉快**
yúkuài

형 유쾌하다, 기쁘다

A: 周末愉快!
Zhōumò yúkuài!
유쾌한 주말 보내세요!

B: 你也周末愉快!
Nǐ yě zhōumò yúkuài!
당신도 즐거운 주말 보내세요!

## 0007
**平安**
píng'ān

형 평안하다

A: 我下周要去美国旅行。
Wǒ xià zhōu yào qù Měiguó lǚxíng.
저는 다음 주에 미국으로 여행을 가요.

B: 祝你一路平安。
Zhù nǐ yílù píng'ān.
여정이 평안하길 바랄게요.

중국어회화 VOCA

### 0008
**顺利**
shùnlì

[형] 순조롭다

[예] A: 明年我去中国工作。
Míngnián wǒ qù Zhōngguó gōngzuò.
내년에 저는 중국에 가서 일해요.

B: 祝你一切顺利。
Zhù nǐ yíqiè shùnlì.
모든 것이 순조롭기를 바랍니다.

### 0009
**成功**
chénggōng

[동] 성공하다

[예] A: 我终于成功了。
Wǒ zhōngyú chénggōng le.
저 드디어 성공했어요.

B: 祝贺你。
Zhùhè nǐ.
축하해요.

### 0010
**发财**
fācái

[동] 큰 돈을 벌다

[예] A: 恭喜发财！
Gōngxǐ fācái!
돈 많이 버세요!

B: 谢谢！谢谢！
Xièxie! Xièxie!
고마워요! 고마워요!

### 0011
**棒**
bàng

[형] 대단하다, 훌륭하다

[예] A: 他会说汉语、日语和英语。
Tā huì shuō Hànyǔ、Rìyǔ hé Yīngyǔ.
그는 중국어, 일본어, 그리고 영어를 할 줄 알아요.

B: 哇！他真棒！
Wā! Tā zhēn bàng!
와! 그는 정말 대단하네요!

**Grammar+**

- 会 : 배움이나 학습을 통해서 '할 줄 안다'라는 뜻의 조동사이며, [주어 + 会 + 동사 + 목적어] 형태로 쓰인다.

## 0012
**了不起**
liǎobuqǐ

[형] 뛰어나다, 대단하다

[예] A: 我考上北京大学了。
Wǒ kǎoshàng Běijīng Dàxué le.
저는 베이징대학교에 합격했어요.

B: 你真了不起啊！
Nǐ zhēn liǎobuqǐ a!
당신 정말 대단해요!

## 0013
**出色**
chūsè

[형] 출중하다, 뛰어나다

[예] A: 你的工作能力很出色。
Nǐ de gōngzuò nénglì hěn chūsè.
당신의 업무 능력이 출중하네요.

B: 谢谢，我还得努力。
Xièxie, wǒ hái děi nǔlì.
고마워요. 저는 아직 노력해야 해요.

## 0014
**聪明**
cōngming

[형] 똑똑하다

[예] A: 我只学了一个月。
Wǒ zhǐ xué le yí ge yuè.
저는 한 달만 배웠어요.

B: 学得那么快，你真聪明啊！
Xué de nàme kuài, nǐ zhēn cōngming a!
그렇게 빨리 배우다니, 당신 정말 똑똑해요!

**Grammar+**
- 시량보어 : 보어는 동사를 보충하는 역할을 하며 동사 뒤에서 동작이 진행된 시간의 양을 보충하며, [주어 + 동사 + 시량보어(一个月)]의 형태로 쓰인다.

## 0015
**过奖**
guòjiǎng

[동] 과찬이다

[예] A: 你做菜做得真棒！
Nǐ zuò cài zuò de zhēn bàng!
당신 요리는 정말 훌륭해요!

B: 你过奖了。
Nǐ guòjiǎng le.
과찬이세요.

중국어회화 VOCA

**0016**
**漂亮**
piàoliang

형 예쁘다, 아름답다, 멋지다

A: 你女朋友真漂亮。
Nǐ nǚ péngyou zhēn piàoliang.
당신 여자친구는 정말 예쁘네요.

B: 当然了，呵呵呵！
Dāngrán le, hē hē hē!
당연하죠. 허허허!

**0017**
**童颜**
tóngyán

명 동안

A: 我今年40岁了。
Wǒ jīnnián sìshí suì le.
저 올해 40세가 되었어요.

B: 真的？你真是童颜啊！
Zhēn de? Nǐ zhēn shì tóngyán a!
진짜요? 당신 정말 동안이시네요!

**0018**
**颜值**
yánzhí

명 얼굴값, 외모의 예쁜 정도

A: 哇！你们家人的颜值都很高。
Wā! Nǐmen jiārén de yánzhí dōu hěn gāo.
와! 당신 가족의 외모가 모두 훌륭하네요.

B: 哪里哪里。
Nǎli nǎli.
별말씀을요.

**Grammar⁺**

- 颜值는 신조어로 '얼굴의 가치'라는 뜻으로 외모가 예쁘고 잘생긴 사람에게 사용한다.
- 哪里哪里는 칭찬을 받았을 때, 예의상 하는 대답으로 우리말의 '아니에요', '뭘요'라는 뜻으로 사용한다.

# Chapter 1 인사 · 소개

## 05 감정표현

### Mind Map Note

心情 xīnqíng
명 기분, 감정

开心 kāixīn
형 즐겁다, 신나다

伤心 shāngxīn
동 상심하다, 슬프다

担心 dānxīn
동 걱정하다, 염려하다

痛苦 tòngkǔ
형 고통스럽다, 괴롭다

感动 gǎndòng
동 감동하다

讨厌 tǎoyàn
동 얄밉다, 싫다

生气 shēngqì
동 화내다, 성나다

失望 shīwàng
동 실망하다

害羞 hàixiū
형 부끄러워하다, 수줍어하다

## Let's Start Up!

주제에 맞는 단어와 예문을 학습해보세요.  1-05

---

**0001**

# 心情
xīnqíng

명 기분, 감정

예 A: 今天心情怎么这么好?
Jīntiān xīnqíng zěnme zhème hǎo?
오늘 기분이 왜 이렇게 좋아요?

B: 我有男朋友了。
Wǒ yǒu nán péngyou le.
저 남자친구가 생겼어요.

---

**0002**

# 笑
xiào

동 웃다

예 A: 你真是个爱笑的人。
Nǐ zhēn shì ge ài xiào de rén.
당신은 정말 잘 웃는 사람이에요.

B: 是啊, 我很喜欢笑。
Shì a, wǒ hěn xǐhuan xiào.
맞아요. 저는 웃는 것을 좋아해요.

**Voca⁺**
微笑 wēixiào 미소 짓다 | 傻笑 shǎxiào 실없이 웃다, 바보스럽게 웃다

---

**0003**

# 开心
kāixīn

형 즐겁다, 신나다

예 A: 这次旅行怎么样?
Zhè cì lǚxíng zěnmeyàng?
이번 여행 어땠어요?

B: 挺好的, 玩儿得非常开心。
Tǐng hǎo de, wánr de fēicháng kāixīn.
매우 좋았어요. 굉장히 즐겁게 놀았어요.

---

**0004**

# 有意思
yǒu yìsi

형 재미있다

예 A: 跟你聊天儿真有意思。
Gēn nǐ liáotiānr zhēn yǒu yìsi.
당신하고 얘기하는 것이 정말 재밌네요.

B: 我也是。
Wǒ yě shì.
나도 그래요.

### 0005
## 哭
kū

동 울다

예 A: 你为什么哭?
Nǐ wèi shénme kū?
당신은 왜 울어요?

B: 这部电影太感人了。
Zhè bù diànyǐng tài gǎnrén le.
이 영화가 너무 감동적이에요.

### 0006
## 感动
gǎndòng

동 감동하다

예 A: 这部电影太让人感动了。
Zhè bù diànyǐng tài ràng rén gǎndòng le.
이 영화는 너무 감동적이에요.

B: 是啊, 我差点儿哭了。
Shì a, wǒ chàdiǎnr kū le.
맞아요. 저는 하마터면 울 뻔했어요.

**Grammar+**
- 差点儿 : '하마터면 ~할 뻔했다'라는 뜻의 부사로 '다행히 ~하지 않았다'라는 표현이다.

### 0007
## 伤心
shāngxīn

형 상심하다, 슬프다

예 A: 你的话让我太伤心了。
Nǐ de huà ràng wǒ tài shāngxīn le.
당신 말이 저를 너무 속상하게 하네요.

B: 我说什么了?
Wǒ shuō shénme le?
제가 뭐라고 말했다고요?

### 0008
## 痛苦
tòngkǔ

형 고통스럽다, 괴롭다

예 A: 你怎么了?
Nǐ zěnme le?
당신 무슨 일이에요?

B: 我跟男朋友分手了, 我很痛苦。
Wǒ gēn nán péngyou fēnshǒu le, wǒ hěn tòngkǔ.
저 남자친구와 헤어졌어요. 너무 괴롭네요.

중국어회화 VOCA

## 0009
**郁闷**
yùmèn

[형] 답답하다

예 A: 我又没通过面试，真郁闷。
　　Wǒ yòu méi tōngguò miànshì, zhēn yùmèn.
　　저 또 면접 통과 못했어요. 너무 답답하네요.

B: 别伤心了，还会有机会的。
　　Bié shāngxīn le, hái huì yǒu jīhuì de.
　　너무 상심하지 마요. 또 기회가 있을 거예요.

## 0010
**失望**
shīwàng

[형] 실망하다

예 A: 我对你太失望了。
　　Wǒ duì nǐ tài shīwàng le.
　　저는 당신에게 무척 실망했어요.

B: 对不起，再给我一次机会吧。
　　Duìbuqǐ, zài gěi wǒ yí cì jīhuì ba.
　　미안해요. 저에게 한 번 더 기회를 주세요.

## 0011
**担心**
dānxīn

[형] 걱정하다

예 A: 我明天有重要的发表，我很担心。
　　Wǒ míngtiān yǒu zhòngyào de fābiǎo, wǒ hěn dānxīn.
　　저 내일 중요한 발표가 있어서 걱정이에요.

B: 担心什么，你没问题！
　　Dānxīn shénme, nǐ méi wèntí!
　　뭘 걱정하고 그래요. 당신은 문제 없어요!

## 0012
**放心**
fàngxīn

[동] 안심하다

예 A: 担心什么，我一定帮你。
　　Dānxīn shénme, wǒ yídìng bāng nǐ.
　　뭘 걱정해요. 제가 꼭 당신을 도와줄게요.

B: 谢谢，那我就放心了。
　　Xièxie, nà wǒ jiù fàngxīn le.
　　고마워요. 그럼 저 마음 놓을게요.

05 감정표현

### 0013
**惹** rě

동 (기분을) 건드리다

예 A: 我心情不好，别惹我。
Wǒ xīnqíng bù hǎo, bié rě wǒ.
저 기분이 안 좋아요. 건드리지 마세요.

B: 你怎么了？
Nǐ zěnme le?
당신 왜 그래요?

### 0014
**气** qì

동 화나다, 화나게 하다

예 A: 他骗我，气死我了。
Tā piàn wǒ, qì sǐ wǒ le.
그가 저를 속였어요. 너무 화가 나요.

B: 他为什么骗你？
Tā wèi shénme piàn nǐ?
그가 왜 당신을 속여요?

### 0015
**生气** shēngqì

동 화를 내다

예 A: 对不起，别生气了。
Duìbuqǐ, bié shēngqì le.
미안해요. 화내지 말아요.

B: 我没生气。
Wǒ méi shēngqì.
저는 화내지 않았어요.

**Grammar+**
- 别……了 : '~하지 마라'라는 금지의 의미이다.

### 0016
**吓** xià

동 놀라다, 놀라게 하다

예 A: 我的天啊！吓死我了。
Wǒ de tiān a! Xià sǐ wǒ le.
세상에! 깜짝 놀랐어요.

B: 出什么事儿了？
Chū shénme shìr le?
무슨 일이 생겼어요?

중국어회화 VOCA

## 0017 怕 pà

[동] 두렵다, 무섭다

예 A: 你的脸色不太好，有什么事儿?
Nǐ de liǎnsè bú tài hǎo, yǒu shénme shìr?
당신의 안색이 별로 안 좋네요. 무슨 일 있어요?

B: 这次考得不好，我怕妈妈生气。
Zhè cì kǎo de bù hǎo, wǒ pà māma shēngqì.
이번 시험을 못 봤어요. 엄마가 화낼까 봐 두려워요.

## 0018 冲动 chōngdòng

[형] 충동적이다

예 A: 他做什么事儿都很冲动。
Tā zuò shénme shìr dōu hěn chōngdòng.
그는 무슨 일을 해도 다 충동적이에요.

B: 因为他性格很急。
Yīnwèi tā xìnggé hěn jí.
그가 성격이 급하기 때문이에요.

## 0019 不像话 bú xiànghuà

(언행이) 말이 안 된다, 이치에 맞지 않다

예 A: 在咖啡厅里怎么能抽烟呢?
Zài kāfēitīng li zěnme néng chōuyān ne?
커피숍 안에서 어떻게 담배를 피울 수 있어요?

B: 是啊，太不像话了。
Shì a, tài bú xiànghuà le.
그러게요. 너무 말도 안 되네요.

**Grammar+**

- [주어 + 怎么能 + 형용사/동사 + 呢?] : 반어문으로 '어떻게 ~할 수가 있어요?', '~할 수 없다'라는 뜻이다.

## 0020 羡慕 xiànmù

[동] 부럽다

예 A: 听说她的男朋友特别帅。
Tīngshuō tā de nán péngyou tèbié shuài.
듣자 하니 그녀의 남자친구가 굉장히 잘생겼다면서요.

B: 真的吗? 太羡慕她了。
Zhēn de ma? Tài xiànmù tā le.
진짜요? 그녀가 너무 부럽네요.

## 0021
## 可惜
kěxī

[형] 안타깝다, 아쉽다

[예] A: 这次考试差点儿就及格了。
Zhè cì kǎoshì chàdiǎnr jiù jígé le.
이번 시험은 거의 합격할 뻔했는데.

B: 真可惜，不过下次还有机会。
Zhēn kěxī, búguò xiàcì hái yǒu jīhuì.
정말 안타깝네요. 하지만 다음에 기회가 또 있어요.

## 0022
## 舍不得
shěbude

[동] ~하기에 아쉽다

[예] A: 我下个月出国。
Wǒ xià ge yuè chūguó.
저는 다음 달에 출국해요.

B: 真的？我舍不得你走。
Zhēn de? Wǒ shěbude nǐ zǒu.
정말요? 당신이 떠나는 것이 아쉽네요.

## 0023
## 害羞
hàixiū

[형] 부끄러워하다, 수줍어하다

[예] A: 你又脸红了。
Nǐ yòu liǎn hóng le.
당신 얼굴이 또 빨개졌어요.

B: 没办法，我一看到他就害羞。
Méi bànfǎ, wǒ yí kàndào tā jiù hàixiū.
방법이 없어요. 저는 그 사람 보기만 하면 부끄러워요.

**Grammar+**
- 一 A 就 B : 'A하자마자 바로 B하다'라는 조건 반응의 표현이다.

## 0024
## 丢人
diūrén

[동] 창피하다, 체면을 잃다

[예] A: 你这么做太丢人了。
Nǐ zhème zuò tài diūrén le.
당신 이렇게 하면 너무 창피해요.

B: 对不起！
Duìbuqǐ!
미안해요!

중국어회화 VOCA

## 0025 无聊 wúliáo

[형] 재미없다, 심심하다

A: 真无聊，我们做点儿什么吧。
Zhēn wúliáo, wǒmen zuò diǎnr shénme ba.
정말 심심하네요. 우리 뭐 좀 해요.

B: 我们去逛街，怎么样？
Wǒmen qù guàngjiē, zěnmeyàng?
우리 쇼핑하러 가는 게 어때요?

## 0026 着急 zháojí

[형] 조급하다, 초조하다

A: 明天考试，我很着急。
Míngtiān kǎoshì, wǒ hěn zháojí.
내일이 시험이어서 초조해요.

B: 别着急，考试不太难。
Bié zháojí, kǎoshì bú tài nán.
초조해하지 마세요. 시험은 그리 어렵지 않아요.

## 0027 激动 jīdòng

[형] (감정이) 격해지다, 흥분하다

A: 你为什么这么激动？
Nǐ wèi shénme zhème jīdòng?
당신은 왜 이렇게 흥분해요?

B: 朋友要给我介绍女朋友。
Péngyou yào gěi wǒ jièshào nǚ péngyou.
친구가 저에게 여자친구를 소개해주려고 해요.

## 0028 倒霉 dǎoméi

[형] 운이 안 좋다, 재수없다

A: 你怎么了？
Nǐ zěnme le?
당신 왜 그래요?

B: 真倒霉，我的钱包丢了。
Zhēn dǎoméi, wǒ de qiánbāo diū le.
정말 운이 안 좋아요. 지갑을 잃어버렸어요.

### 0029
**糟糕**
zāogāo

[형] 망치다, 엉망이 되다, 큰일 나다

[예] A: 糟糕了，我起晚了。
Zāogāo le, wǒ qǐwǎn le.
큰일났어요. 저 늦게 일어났어요.

B: 快准备吧。
Kuài zhǔnbèi ba.
빨리 준비해요.

### 0030
**讨厌**
tǎoyàn

[형] 얄밉다, 싫다

[예] A: 你最近胖了，少吃点儿。
Nǐ zuìjìn pàng le, shǎo chī diǎnr.
당신 요즘 살쪘어요. 적게 좀 먹어요.

B: 你真讨厌！
Nǐ zhēn tǎoyàn!
당신 진짜 얄밉네요!

### 0031
**烦**
fán

[형] 귀찮다, 성가시다

[예] A: 今天晚上我们得加班。
Jīntiān wǎnshang wǒmen děi jiābān.
오늘 저녁에 우리는 야근해야 해요.

B: 真烦！
Zhēn fán!
진짜 짜증나요!

### 0032
**冷静**
lěngjìng

[형] 침착하다

[예] A: 我太生气了。
Wǒ tài shēngqì le.
너무 화가 나요.

B: 你冷静一下儿。
Nǐ lěngjìng yíxiàr.
좀 침착하세요.

# voca Review

다음 빈칸에 한자, 병음, 뜻을 알맞게 채워보세요~

| | 한자 | 병음 | 뜻 |
|---|---|---|---|
| 1 | 介绍 | jièshào | 소개하다 |
| 2 | 名字 | míngzi | 이름 |
| 3 | 年纪 | niánjì | 나이, 연령, 연세 |
| 4 | 性格 | xìnggé | 성격 |
| 5 | 血型 | xuèxíng | 혈액형 |
| 6 | 爱好 | àihào | 취미 |
| 7 | 感谢 | gǎnxiè | 감사하다 |
| 8 | 心意 | xīnyì | 성의, 마음 |
| 9 | 抱歉 | bàoqiàn | 미안하다, 죄송하다 |
| 10 | 多亏 | duōkuī | 덕분이다 |
| 11 | 麻烦 | máfan | 귀찮게 하다, 폐를 끼치다 |
| 12 | 原谅 | yuánliàng | 용서하다 |
| 13 | 早安 | zǎo'ān | 잘 잤니?, 안녕히 주무셨어요? |
| 14 | 晚安 | wǎn'ān | 잘 자요, 안녕히 주무세요 |
| 15 | 好久不见 | hǎo jiǔ bú jiàn | 오랜만이다 |

| | 한자 | 병음 | 뜻 |
|---|---|---|---|
| 16 | 最近 | zuìjìn | 최근, 요즘 |
| 17 | 慢走 | mànzǒu | 안녕히 가세요, 조심히 가세요 |
| 18 | 联系 | liánxì | 연락하다 |
| 19 | 祝贺 | zhùhè | 축하하다 |
| 20 | 希望 | xīwàng | 희망하다, 바라다 |
| 21 | 快乐 | kuàilè | 즐겁다, 행복하다 |
| 22 | 棒 | bàng | 대단하다, 훌륭하다 |
| 23 | 了不起 | liǎobuqǐ | 뛰어나다, 대단하다 |
| 24 | 过奖 | guòjiǎng | 과찬이다 |
| 25 | 开心 | kāixīn | 즐겁다, 신나다 |
| 26 | 伤心 | shāngxīn | 상심하다, 슬프다 |
| 27 | 失望 | shīwàng | 실망이다 |
| 28 | 生气 | shēngqì | 화를 내다 |
| 29 | 可惜 | kěxī | 안타깝다, 아깝다 |
| 30 | 烦 | fán | 귀찮다, 성가시다 |

# Chapter 2
# 취미 · 여가

| | | |
|---|---|---|
| 01 운동 | 50 |
| 02 요리 | 58 |
| 03 영화·공연 | 67 |
| 04 오락·놀이 | 74 |
| 05 전시회 | 81 |
| - voca Review | 87 |

# Chapter 2 취미 · 여가

## 01 운동

### Mind Map Note

运动 yùndòng
동 운동하다

足球 zúqiú
명 축구

棒球 bàngqiú
명 야구

篮球 lánqiú
명 농구

减肥 jiǎnféi
동 살을 빼다, 다이어트를 하다

游泳 yóuyǒng
명 수영 동 수영하다

瑜伽 yújiā
명 요가

滑雪 huáxuě
명 스키 동 스키를 타다

跑步 pǎobù
동 달리다

健身房 jiànshēnfáng
명 헬스클럽

## Let's Start Up!

주제에 맞는 단어와 예문을 학습해보세요.  2-01

**0001**
**运动**
yùndòng

동 운동하다

예 A: 你平时喜欢做什么?
Nǐ píngshí xǐhuan zuò shénme?
당신은 평소에 뭐 하는 것을 좋아해요?

B: 我非常喜欢运动。
Wǒ fēicháng xǐhuan yùndòng.
저는 운동하는 것을 굉장히 좋아해요.

**0002**
**体育**
tǐyù

명 체육, 스포츠

예 A: 我特别爱看体育直播。
Wǒ tèbié ài kàn tǐyù zhíbō.
저는 스포츠 생중계를 특히 즐겨 봐요.

B: 我从来不看。
Wǒ cónglái bú kàn.
저는 (스포츠 채널을) 아예 보지 않아요.

**0003**
**足球**
zúqiú

명 축구

예 A: 昨天的足球比赛怎么样?
Zuótiān de zúqiú bǐsài zěnmeyàng?
어제 축구 시합 어땠어요?

B: 踢得特棒,韩国队赢了。
Tī de tè bàng, Hánguó duì yíng le.
아주 멋있게 찼어요. 한국팀이 이겼어요.

### Grammar+
- 踢 : '(발로) 차다'라는 뜻의 동사이다. 주로 발로 하는 운동과 함께 쓰인다.

### Voca+
棒球 bàngqiú 야구 | 篮球 lánqiú 농구 | 网球 wǎngqiú 테니스 | 排球 páiqiú 배구 | 乒乓球 pīngpāngqiú 탁구 | 羽毛球 yǔmáoqiú 배드민턴 | 保龄球 bǎolíngqiú 볼링

### 0004
## 比赛
bǐsài

명 시합, 대회

예 A: 你喜欢看什么比赛?
Nǐ xǐhuan kàn shénme bǐsài?
당신은 어떤 시합을 보는 것을 좋아해요?

B: 我喜欢看棒球比赛。
Wǒ xǐhuan kàn bàngqiú bǐsài.
저는 야구 시합 보는 것을 좋아해요.

### 0005
## 高尔夫球
gāo'ěrfūqiú

명 골프

예 A: 你周末做什么?
Nǐ zhōumò zuò shénme?
당신은 주말에 뭐 해요?

B: 我周末跟同事去打高尔夫球。
Wǒ zhōumò gēn tóngshì qù dǎ gāo'ěrfūqiú.
저는 주말에 동료와 골프 치러 가요.

**Grammar+**
- 打 : '(손으로) 치다, 때리다, 두드리다'라는 뜻의 동사이다. 주로 손으로 하는 운동과 함께 쓰인다.

### 0006
## 滑雪
huáxuě

명 스키 동 스키를 타다

예 A: 你学过滑雪吗?
Nǐ xuéguo huáxuě ma?
당신은 스키를 배운 적이 있나요?

B: 我没学过，今年冬天我想去学。
Wǒ méi xuéguo, jīnnián dōngtiān wǒ xiǎng qù xué.
저는 배워본 적 없어요. 올 겨울에 가서 배워보고 싶어요.

**Grammar+**
- 滑 : '미끄럽다', '미끄러지다'라는 뜻의 동사이다. 스키는 눈 위에서 미끄러지듯 타는 운동이므로 滑雪, 스케이트는 얼음 위에서 미끄러지듯 타는 운동이므로 滑冰huábīng이라고 한다.
- 过 : 동태조사로 동사의 뒤에 쓰여 '~한 적 있다'라는 뜻이며 과거의 경험을 나타낸다. [주어 + 동사 + 过 + 목적어]의 형태로 쓰인다.

중국어회화 VOCA

## 0007 游泳 yóuyǒng

명 수영  동 수영하다

예 A: 你会游泳吗?
Nǐ huì yóuyǒng ma?
당신은 수영할 줄 알아요?

B: 我当然会，游得很好。
Wǒ dāngrán huì, yóu de hěn hǎo.
당연히 할 줄 알죠. 수영을 아주 잘해요.

## 0008 瑜伽 yújiā

명 요가

예 A: 你练了多长时间瑜伽?
Nǐ liàn le duō cháng shíjiān yújiā?
당신은 얼마 동안 요가를 배웠나요?

B: 我练了一年瑜伽。
Wǒ liàn le yì nián yújiā.
저는 1년 동안 요가를 배웠어요.

**Voca+**
空中瑜伽 kōngzhōng yújiā 플라잉요가 | 普拉提 pǔlātí 필라테스

## 0009 跳绳 tiàoshéng

명 줄넘기

예 A: 有什么简单的运动吗?
Yǒu shénme jiǎndān de yùndòng ma?
간단한 운동 있을까요?

B: 跳绳又简单又不花钱。
Tiàoshéng yòu jiǎndān yòu bù huā qián.
줄넘기는 간단하기도 하고 돈도 안 들어요.

## 0010 跑步 pǎobù

동 달리다

예 A: 你最近瘦多了。
Nǐ zuìjìn shòu duō le.
당신 요즘 살이 많이 빠졌네요.

B: 我每天早上跑一个小时步。
Wǒ měitiān zǎoshang pǎo yí ge xiǎoshí bù.
저는 매일 아침 한 시간 동안 달리기를 해요.

## 0011 跑步机 pǎobùjī

명 러닝머신

예 A: 我打算买台跑步机。
Wǒ dǎsuàn mǎi tái pǎobùjī.
저는 러닝머신을 한 대 살 생각이에요.

B: 跑步机不贵吗?
Pǎobùjī bú guì ma?
러닝머신은 비싸지 않나요?

**Voca+**

哑铃 yǎlíng 아령 | 呼啦圈 hūlāquān 훌라후프 | 沙袋 shādài 샌드백, 모래주머니 | 运动垫 yùndòng diàn 운동 매트

## 0012 马拉松 mǎlāsōng

명 마라톤

예 A: 你周末干什么了?
Nǐ zhōumò gàn shénme le?
당신은 주말에 뭐했어요?

B: 我参加了马拉松比赛。
Wǒ cānjiā le mǎlāsōng bǐsài.
마라톤 대회에 참가했어요.

## 0013 自行车 zìxíngchē

명 자전거

예 A: 最近我体力不太好。
Zuìjìn wǒ tǐlì bú tài hǎo.
저는 요즘 체력이 안 좋아요.

B: 骑自行车可以锻炼锻炼身体。
Qí zìxíngchē kěyǐ duànliàn duànliàn shēntǐ.
자전거 타기는 몸을 좀 단련할 수 있어요.

**Grammar+**

- 骑 : '~을 타다'라는 뜻의 동사이다. 말을 타거나 자전거, 오토바이, 운동기구 등을 탈 때 쓰인다.

**Voca+**

骑马 qí mǎ 말을 타다 | 骑摩托车 qí mótuōchē 오토바이를 타다 | 骑动感单车 qí dònggǎndānchē 스피닝하다

중국어회화 VOCA

## 0014
**铁人三项赛**
tiěrén sān xiàng sài

철인 3종 경기

A: 铁人三项赛包括什么?
Tiěrén sān xiàng sài bāokuò shénme?
철인 3종 경기에는 무엇이 포함되죠?

B: 包括游泳、自行车、长跑。
Bāokuò yóuyǒng、zìxíngchē、chángpǎo.
수영, 자전거, 오래달리기가 포함돼요.

## 0015
**有氧**
yǒuyǎng

유산소

A: 平时你做什么有氧运动。
Píngshí nǐ zuò shénme yǒuyǎng yùndòng.
평소 당신은 어떤 유산소 운동을 하나요?

B: 我每天去公园慢跑。
Wǒ měitiān qù gōngyuán mànpǎo.
저는 매일 공원에 가서 조깅을 해요.

## 0016
**晨练**
chénliàn

아침 운동을 하다

A: 你为什么每天起得这么早?
Nǐ wèi shénme měitiān qǐ de zhème zǎo?
당신은 왜 매일 이렇게 일찍 일어나세요?

B: 我早上去公园晨练。
Wǒ zǎoshang qù gōngyuán chénliàn.
저는 아침에 공원에 가서 아침 운동을 해요.

## 0017
**减肥**
jiǎnféi

살을 빼다, 다이어트를 하다

A: 我想减肥, 什么方法好呢?
Wǒ xiǎng jiǎnféi, shénme fāngfǎ hǎo ne?
다이어트를 하고 싶은데, 어떤 방법이 좋을까요?

B: 最好每天运动。
Zuì hǎo měitiān yùndòng.
가장 좋은 건 매일 운동을 하는 거예요.

## 0018
**跳舞**
tiàowǔ

동 춤을 추다

예 A: 听说跳舞可以减肥，我想学跳舞。
　　Tīngshuō tiàowǔ kěyǐ jiǎnféi, wǒ xiǎng xué tiàowǔ.
　　춤을 추면 다이어트가 된다던데, 춤을 배우고 싶어요.

　　B: 那你学尊巴吧，最近尊巴很流行。
　　Nà nǐ xué zūnbā ba, zuìjìn zūnbā hěn liúxíng.
　　그럼 줌바를 배우세요. 요즘 줌바가 유행이에요.

Grammar+
- 尊巴 : 라틴 음악에 맞춰서 춤을 추듯이 하는 댄스 운동이다.

## 0019
**健身房**
jiànshēnfáng

명 헬스클럽

예 A: 我家附近新开了一家健身房。
　　Wǒ jiā fùjìn xīn kāi le yì jiā jiànshēnfáng.
　　우리 집 근처에 헬스클럽이 새로 오픈했어.

　　B: 太好了，我们一起去健身吧。
　　Tài hǎo le, wǒmen yìqǐ qù jiànshēn ba.
　　너무 잘됐네. 우리 같이 가서 운동하자.

Grammar+
- 健身 : '몸을 건강하게 하다'라는 뜻으로 '(헬스클럽에서) 운동을 하다'의 의미로도 쓰인다.

## 0020
**教练**
jiàoliàn

명 코치

예 A: 我没来过健身房，不知道怎么运动。
　　Wǒ méi láiguo jiànshēnfáng, bù zhīdào zěnme yùndòng.
　　저는 헬스클럽에 와본 적이 없어서 어떻게 운동해야 하는지를 모르겠어요.

　　B: 你去问问教练吧。
　　Nǐ qù wènwen jiàoliàn ba.
　　코치에게 가서 한번 물어보세요.

## 0021
**选手**
xuǎnshǒu

명 선수

예 A: 你以后想当什么?
　　Nǐ yǐhòu xiǎng dāng shénme?
　　당신은 앞으로 뭐가 되고 싶어요?

　　B: 我非常喜欢游泳，想当游泳选手。
　　Wǒ fēicháng xǐhuan yóuyǒng, xiǎng dāng yóuyǒng xuǎnshǒu.
　　저는 수영하는 것을 굉장히 좋아해서 수영선수가 되고 싶어요.

중국어회화 VOCA

### 0022
## 肌肉
jīròu

명 근육

예 A: 你的肌肉真发达。
Nǐ de jīròu zhēn fādá.
당신 근육이 정말 발달했네요.

B: 我平时喜欢运动。
Wǒ píngshí xǐhuan yùndòng.
저는 평소에 운동하는 것을 좋아해요.

### 0023
## 神经
shénjīng

명 신경

예 A: 你运动神经真好！
Nǐ yùndòng shénjīng zhēn hǎo!
당신은 운동신경이 정말 좋네요!

B: 我从小喜欢运动。
Wǒ cóngxiǎo xǐhuan yùndòng.
저는 어려서부터 운동하는 것을 좋아했어요.

# Chapter 2 취미 · 여가

## 02 요리

### Mind Map Note

烹调 pēngtiáo
명 요리 동 요리하다

烤 kǎo
동 (불에) 굽다

炸 zhá
동 튀기다

炒 chǎo
동 볶다

调味料 tiáowèiliào
명 양념, 조미료

厨师 chúshī
명 요리사, 셰프

味道 wèidao
명 맛, 냄새

好吃 hǎochī
형 맛있다, 맛나다

美食家 měishíjiā
명 미식가

拿手菜 náshǒucài
가장 자신 있는 요리

## Let's Start Up!

주제에 맞는 단어와 예문을 학습해보세요.  2-02

---

**0001**

# 烹调
pēngtiáo

동 요리하다

예 A: 你平时有什么爱好?
Nǐ píngshí yǒu shénme àihào?
당신은 평소에 어떤 취미가 있어요?

B: 我平时爱好烹调。
Wǒ píngshí àihào pēngtiáo.
저는 평소에 요리하는 것을 좋아해요.

---

**0002**

# 料理
liàolǐ

명 요리

예 A: 你会做什么料理?
Nǐ huì zuò shénme liàolǐ?
당신은 어떤 요리 할 줄 알아요?

B: 我会做日本料理。
Wǒ huì zuò Rìběn liàolǐ.
저는 일본 요리를 할 줄 알아요.

---

**0003**

# 烹饪书
pēngrènshū

명 요리책

예 A: 我想学做中国菜。
Wǒ xiǎng xué zuò Zhōngguó cài.
저는 중국요리 만드는 것을 배우고 싶어요.

B: 那你去书店看看烹饪书吧。
Nà nǐ qù shūdiàn kànkan pēngrènshū ba.
그럼 서점에 가서 요리책을 한번 봐요.

---

**0004**

# 厨师
chúshī

명 요리사, 셰프

예 A: 你以后想当什么?
Nǐ yǐhòu xiǎng dāng shénme?
넌 나중에 뭐가 되고 싶니?

B: 平时我喜欢做菜，所以我想当厨师。
Píngshí wǒ xǐhuan zuò cài, suǒyǐ wǒ xiǎng dāng chúshī.
난 평소에 요리하는 것을 좋아해서 요리사가 되고 싶어.

### 0005
**厨师证**
chúshīzhèng

명 요리사 자격증

예 A: 你韩国菜做得这么好！
Nǐ Hánguó cài zuò de zhème hǎo!
당신 한국 요리를 이렇게 잘 만들었네요!

B: 我喜欢做菜，取得了厨师证。
Wǒ xǐhuan zuò cài, qǔdé le chúshīzhèng.
저는 요리하는 것을 좋아해서 요리사 자격증을 취득했어요.

### 0006
**面点师**
miàndiǎnshī

명 제빵사

예 A: 你的爱好是什么？
Nǐ de àihào shì shénme?
당신의 취미는 뭐예요?

B: 我的爱好是做面包，想当面点师。
Wǒ de àihào shì zuò miànbāo, xiǎng dāng miàndiǎnshī.
제 취미는 빵을 만드는 거예요. 제빵사가 되고 싶어요.

### 0007
**美食家**
měishíjiā

명 미식가

예 A: 我每周末都去找各种美食。
Wǒ měi zhōumò dōu qù zhǎo gèzhǒng měishí.
저는 주말마다 여러 종류의 맛있는 음식을 찾으러 다녀요.

B: 你真是个美食家。
Nǐ zhēn shì ge měishíjiā.
당신 진짜 미식가네요.

### 0008
**中餐**
zhōngcān

명 중식

예 A: 你喜欢吃中餐还是韩餐？
Nǐ xǐhuan chī Zhōngcān háishi Háncān?
당신은 중식을 좋아해요? 아니면 한식을 좋아해요?

B: 我更喜欢吃中餐。
Wǒ gèng xǐhuan chī Zhōngcān.
저는 중식을 더 좋아해요.

**Voca+**
韩餐 Háncān 한식 | 日餐 Rìcān 일식 | 西餐 Xīcān 양식

중국어회화 VOCA

### 0009 正宗 zhèngzōng

형 정통의, 원조의

예 A: 这是我做的中国菜，你尝尝。
Zhè shi wǒ zuò de Zhōngguó cài, nǐ chángchang.
이것은 제가 만든 중국요리예요. 맛 좀 보세요.

B: 哦！做得真正宗。
Ó! Zuò de zhēn zhèngzōng.
오! 진짜 원조의 맛이네요.

### 0010 好吃 hǎochī

형 맛있다, 맛나다

예 A: 你做的中国菜都很好吃。
Nǐ zuò de Zhōngguó cài dōu hěn hǎochī.
당신이 만든 중국요리가 모두 맛있어요.

B: 我学过做中国菜。
Wǒ xuéguo zuò Zhōngguó cài.
저는 중국요리를 배운 적이 있어요.

### 0011 口味 kǒuwèi

명 입맛, 구미

예 A: 这个菜好吃吗?
Zhè ge cài hǎochī ma?
이 음식 맛있어요?

B: 非常好吃，很合我的口味。
Fēicháng hǎochī, hěn hé wǒ de kǒuwèi.
굉장히 맛있어요. 제 입맛에 잘 맞아요.

### 0012 饱 bǎo

형 배부르다

예 A: 你再吃点儿吧，我做了很多菜。
Nǐ zài chī diǎnr ba, wǒ zuò le hěn duō cài.
좀 더 드세요. 제가 많은 음식을 했어요.

B: 我饱了，一会儿吃吧。
Wǒ bǎo le, yíhuìr chī ba.
배불러요. 이따 먹을게요.

### 0013
## 味道
wèidao

명 맛, 냄새

예 A: 你喜欢什么味道的菜?
Nǐ xǐhuan shénme wèidao de cài?
당신은 어떤 맛의 음식을 좋아해요?

B: 我喜欢又酸又甜的。
Wǒ xǐhuan yòu suān yòu tián de.
저는 새콤달콤한 음식을 좋아해요.

Grammar+
- 又A又B : 'A하기도 하고, 또 B하기도 하다'라는 두 가지 성질을 나열할 때 쓰는 구문이다.

Voca+
辣 là 맵다 | 酸 suān 시다, 새콤하다 | 甜 tián 달다, 달콤하다 | 苦 kǔ 쓰다 | 咸 xián 짜다 | 淡 dàn 싱겁다 | 油腻 yóuni 느끼하다, 기름지다 | 清淡 qīngdàn 담백하다

### 0014
## 胃口
wèikǒu

명 식욕, 입맛

예 A: 我最近没有胃口, 什么也不想吃。
Wǒ zuìjìn méi yǒu wèikǒu, shénme yě bù xiǎng chī.
요즘 입맛이 없어. 아무것도 먹고 싶지 않아.

B: 你等等, 我给你做好吃的。
Nǐ děngdeng, wǒ gěi nǐ zuò hǎochī de.
잠깐 기다려. 내가 맛있는 음식을 해 줄게.

### 0015
## 拿手菜
náshǒucài

가장 자신 있는 요리

예 A: 听说你菜做得非常好, 会做什么菜?
Tīngshuō nǐ cài zuò de fēicháng hǎo, huì zuò shénme cài?
당신이 요리를 굉장히 잘한다고 들었어요. 어떤 요리를 할 줄 알아요?

B: 我的拿手菜是麻婆豆腐。
Wǒ de náshǒucài shì mápódòufu.
제가 가장 자신 있는 요리는 마파두부예요.

중국어회화 VOCA

## 0016
### 家常菜
jiāchángcài

명 가정식, 집 반찬

예 A: 我家常菜做得很好吃。
Wǒ jiāchángcài zuò de hěn hǎochī.
제가 집 반찬을 맛있게 만들어요.

B: 是吗？那你教我几道家常菜吧。
Shì ma? Nà nǐ jiāo wǒ jǐ dào jiāchángcài ba.
그래요? 그럼 제게 집 반찬 몇 가지만 가르쳐줘요.

## 0017
### 平底锅
píngdǐguō

명 프라이팬

예 A: 做这个得用什么锅？
Zuò zhè ge děi yòng shénme guō?
이것을 만들려면 어떤 냄비를 사용해야 해요?

B: 用平底锅吧。
Yòng píngdǐguō ba.
프라이팬을 사용하세요.

**Voca+**
小锅 xiǎoguō 냄비 | 汤勺 tāngsháo 국자 | 菜刀 càidāo 식칼 | 茶勺儿 cháshǎor 티스푼 | 菜板 càibǎn 도마 | 厨房纸巾 chúfáng zhǐjīn 키친타월

## 0018
### 调味料
tiáowèiliào

명 양념, 조미료

예 A: 这个菜要放什么调味料？
Zhè ge cài yào fàng shénme tiáowèiliào?
이 음식은 어떤 양념을 넣어야 해요?

B: 放盐、糖、香油、酱油。
Fàng yán, táng, xiāngyóu, jiàngyóu.
소금, 설탕, 참기름, 간장을 넣으세요.

**Voca+**
醋 cù 식초 | 盐 yán 소금 | 糖 táng 설탕 | 酱油 jiàngyóu 간장 | 香油 xiāngyóu 참기름 | 胡椒粉 hújiāofěn 후추 | 食用油 shíyòngyóu 식용유 | 番茄酱 fānqié jiàng 케첩

## 0019 炒 chǎo

[동] 볶다

A: 这个菜怎么做?
Zhè ge cài zěnme zuò?
이 음식은 어떻게 만들어요?

B: 先炒肉，然后放蔬菜。
Xiān chǎo ròu, ránhòu fàng shūcài.
먼저 고기를 볶고, 그 다음에 채소를 넣어요.

**Voca+**
炸 zhá 튀기다 | 煎 jiān 부치다 | 蒸 zhēng 찌다 | 煮 zhǔ 삶다 | 涮 shuàn 살짝 데치다 | 烤 kǎo 굽다 | 拌 bàn 비비다

## 0020 切 qiē

[동] 썰다, 자르다

A: 这个太大了，你切一下儿。
Zhè ge tài dà le, nǐ qiē yíxiàr.
이건 너무 커요. 썰어 주세요.

B: 好的，我来切。
Hǎo de, wǒ lái qiē.
알았어요. 제가 썰게요.

## 0021 热 rè

[동] 데우다, 가열하다 [형] 뜨겁다

A: 这个菜凉了。
Zhè ge cài liáng le.
이 음식은 식었어요.

B: 那你用微波炉热一下儿吧。
Nà nǐ yòng wēibōlú rè yíxiàr ba.
그럼 전자레인지를 이용해서 살짝 데우세요.

**Voca+**
煤气灶 méiqìzào 가스레인지 | 烤箱 kǎoxiāng 오븐 | 搅拌机 jiǎobànjī 믹서기 | 烤面包机 kǎomiànbāojī 토스트기

중국어회화 VOCA

### 0022 糊 hú

형 타다

예 A: 这个海鲜饼煎糊了。
Zhè ge hǎixiānbǐng jiānhú le.
이 해물전은 탔어요.

B: 呵呵，因为我刚学会。
Hēhē, yīnwèi wǒ gāng xuéhuì.
하하, 왜냐하면 이제 막 배워서 할 수 있게 되었거든요.

### 0023 开胃菜 kāiwèicài

명 애피타이저, 전채

예 A: 这是开胃菜，你尝尝。
Zhè shì kāiwèicài, nǐ chángchang.
애피타이저예요. 먹어봐요.

B: 哇！这是水果沙拉吗？
Wā! Zhè shì shuǐguǒ shālā ma?
와! 이거 과일 샐러드인가요?

### 0024 主食 zhǔshí

명 메인 요리

예 A: 你要吃什么主食？
Nǐ yào chī shénme zhǔshí?
당신은 어떤 메인 요리를 먹을 거예요?

B: 我要吃炒饭。
Wǒ yào chī chǎofàn.
저는 볶음밥을 먹을게요.

### 0025 甜点 tiándiǎn

명 디저트

예 A: 这是你做的甜点吗？
Zhè shì nǐ zuò de tiándiǎn ma?
이건 당신이 만든 디저트인가요?

B: 对，是我跟厨师学的。
Duì, shì wǒ gēn chúshī xué de.
맞아요. 셰프한테 배운 거예요.

**0026**

**小吃**
xiǎochī

명 간식, 간단히 먹는 것

예 A: 我有点儿饿，你会做什么小吃？
　　Wǒ yǒudiǎnr è, nǐ huì zuò shénme xiǎochī?
　　조금 배고픈데, 어떤 간식을 만들 줄 알아요?

　　B: 我会做炒年糕。
　　Wǒ huì zuò chǎoniángāo.
　　전 떡볶이를 만들 줄 알아요.

**0027**

**夜宵**
yèxiāo

명 야식

예 A: 我能做很多夜宵。
　　Wǒ néng zuò hěn duō yèxiāo.
　　저는 많은 야식을 만들 수 있어요.

　　B: 真的？那教我几个吧。
　　Zhēn de? Nà jiāo wǒ jǐ ge ba.
　　정말요? 그럼 저에게 몇 개 가르쳐주세요.

# Chapter 2 취미 · 여가

## 03 영화·공연

### Mind Map Note

演出 yǎnchū
명 공연

歌剧 gējù
명 뮤지컬, 오페라

话剧 huàjù
명 연극

电影 diànyǐng
명 영화

买票 mǎipiào
동 표를 구매하다

订票 dìngpiào
동 표를 예약하다

剧场 jùchǎng
명 극장, 공연장

退票 tuìpiào
동 표를 환불하다

演员 yǎnyuán
명 배우, 연기자

上映 shàngyìng
동 상영하다

## Let's Start Up!
주제에 맞는 단어와 예문을 학습해보세요.   2-03

**0001**
**电影**
diànyǐng

명 영화

예 A: 周末你想做什么?
Zhōumò nǐ xiǎng zuò shénme?
주말에 당신 뭐하고 싶어요?

B: 我们去看电影怎么样?
Wǒmen qù kàn diànyǐng zěnmeyàng?
우리 영화 보러 가는 게 어때요?

**0002**
**电影院**
diànyǐngyuàn

명 영화관

예 A: 这儿附近有电影院吗?
Zhèr fùjìn yǒu diànyǐngyuàn ma?
여기 근처에 영화관이 있나요?

B: 有一家星聚汇电影院。
Yǒu yì jiā xīngjùhuì diànyǐngyuàn.
CGV 영화관이 하나 있어요.

**0003**
**买票**
mǎipiào

동 표(티켓)를 사다

예 A: 你买票了吗?
Nǐ mǎipiào le ma?
당신 표 샀어요?

B: 当然, 已经买好了。
Dāngrán, yǐjīng mǎihǎo le.
당연하죠. 이미 샀어요.

**Voca⁺**
电影票 diànyǐngpiào 영화표 | 火车票 huǒchēpiào 기차표 | 机票 jīpiào 비행기표 | 门票 ménpiào 입장표

**0004**
**订票**
dìngpiào

동 표를 예약하다(예매하다)

예 A: 我们一起去看电影吧。
Wǒmen yìqǐ qù kàn diànyǐng ba.
우리 같이 영화 보러 가요.

B: 好啊, 那我在网上订票。
Hǎo a, nà wǒ zài wǎngshàng dìngpiào.
좋아요. 그럼 제가 인터넷으로 표를 예약할게요.

중국어회화 VOCA

## 0005 上映 shàngyìng

동 상영하다

예 A: 那部电影什么时候上映?
Nà bù diànyǐng shénme shíhou shàngyìng?
그 영화는 언제 상영해요?

B: 下个星期一上映。
Xià ge xīngqīyī shàngyìng.
다음 주 월요일에 상영해요.

## 0006 首映式 shǒuyìngshì

명 시사회

예 A: 我想去参加那部电影的首映式。
Wǒ xiǎng qù cānjiā nà bù diànyǐng de shǒuyìngshì.
저는 그 영화 시사회에 참석하고 싶어요.

B: 太好了, 我正好有两张票。
Tài hǎo le, wǒ zhènghǎo yǒu liǎng zhāng piào.
너무 잘됐네요. 마침 표 두 장이 있어요.

## 0007 演员 yǎnyuán

명 연기자

예 A: 你喜欢哪位电影演员?
Nǐ xǐhuan nǎ wèi diànyǐng yǎnyuán?
당신은 어떤 영화 배우를 좋아해요?

B: 我都很喜欢。你呢?
Wǒ dōu hěn xǐhuan. Nǐ ne?
저는 다 좋아합니다. 당신은요?

## 0008 演 yǎn

동 연기하다

예 A: 那个演员演得怎么样?
Nà ge yǎnyuán yǎn de zěnmeyàng?
그 배우는 연기하는 게 어때요?

B: 演得很出色, 所以我很喜欢他。
Yǎn de hěn chūsè, suǒyǐ wǒ hěn xǐhuan tā.
연기가 아주 출중해요. 그래서 저는 그를 좋아해요.

2 취미 · 여가

03 영화 · 공연

## 0009
**主角**
zhǔjué

명 주연

예 A: 你喜欢这部话剧的主角吗?
Nǐ xǐhuan zhè bù huàjù de zhǔjué ma?
당신은 이 연극의 주인공을 좋아하나요?

B: 当然了，我喜欢他演的话剧。
Dāngrán le, wǒ xǐhuan tā yǎn de huàjù.
당연하죠. 저는 그가 출연하는 연극을 좋아해요.

## 0010
**开始**
kāishǐ

동 시작하다

예 A: 电影几点开始?
Diànyǐng jǐ diǎn kāishǐ?
영화는 몇 시에 시작하나요?

B: 快要开始了，我们快走吧。
Kuài yào kāishǐ le, wǒmen kuài zǒu ba.
곧 시작해요. 우리 빨리 가요.

**Voca+**
结束 jiéshù 끝나다, 마치다, 종료하다

## 0011
**爆米花**
bàomǐhuā

명 팝콘

예 A: 电影还没开始呢，你要吃什么?
Diànyǐng hái méi kāishǐ ne, nǐ yào chī shénme?
영화는 아직 시작하지 않았어. 너 뭐 먹을래?

B: 我们买爆米花和可乐吧。
Wǒmen mǎi bàomǐhuā hé kělè ba.
우리 팝콘이랑 콜라를 사자.

## 0012
**座位**
zuòwèi

명 좌석, 자리

예 A: 我们的座位在哪儿?
Wǒmen de zuòwèi zài nǎr?
우리 좌석은 어디에요?

B: 等一下儿，我看看票。
Děng yíxiàr, wǒ kànkan piào.
잠깐만요. 표를 좀 볼게요.

중국어회화 VOCA

### 0013
**VIP席**
VIPxí

🔲 VIP석

🔲 A: 我一直很想看这个歌剧。
Wǒ yìzhí hěn xiǎng kàn zhè ge gējù.
저는 줄곧 이 뮤지컬을 보고 싶었어요.

B: 那我上网看看有没有VIP席的票。
Nà wǒ shàngwǎng kànkan yǒu méi yǒu VIPxí de piào.
그럼 제가 인터넷으로 VIP석 표가 있는지 볼게요.

### 0014
**早场**
zǎochǎng

🔲 조조영화

🔲 A: 我们明天去看早场电影吧，早场电影便宜点儿。
Wǒmen míngtiān qù kàn zǎochǎng diànyǐng ba, zǎochǎng diànyǐng piányi diǎnr.
우리 내일 조조영화 봐요. 조조영화 표가 좀 저렴해요.

B: 太早了，我们看夜场怎么样?
Tài zǎo le, wǒmen kàn yèchǎng zěnmeyàng?
시간이 너무 일러요. 심야영화를 보는 게 어때요?

### 0015
**热门**
rèmén

🔲 인기 있다

🔲 A: 最近有什么热门电影吗?
Zuìjìn yǒu shénme rèmén diànyǐng ma?
요즘 인기 있는 영화가 있나요?

B: 我找找，最近这部电影很热门。
Wǒ zhǎozhao, zuìjìn zhè bù diànyǐng hěn rèmén.
제가 찾아 볼게요. 요즘 이 영화가 인기 있어요.

### 0016
**排行榜**
páihángbǎng

🔲 순위, 랭킹

🔲 A: 我真不知道看什么电影好了。
Wǒ zhēn bù zhīdào kàn shénme diànyǐng hǎo le.
어떤 영화를 보면 좋을지 정말 모르겠어요.

B: 先看一下电影排行榜吧。
Xiān kàn yíxià diànyǐng páihángbǎng ba.
우선 영화 순위를 한번 봐요.

### 0017
**喜剧片**
xǐjùpiàn

명 코미디 영화

예 A: 你喜欢什么电影?
Nǐ xǐhuan shénme diànyǐng?
당신은 어떤 영화 좋아해요?

B: 我非常喜欢喜剧片。
Wǒ fēicháng xǐhuan xǐjùpiàn.
저는 코미디 영화를 굉장히 좋아해요.

**Voca+**
爱情片 àiqíngpiàn 멜로 영화 | 动作片 dòngzuòpiàn 액션 영화 | 恐怖片 kǒngbùpiàn 공포 영화 | 科幻片 kēhuànpiàn SF, 공상과학 영화 | 悬疑片 xuányípiàn 미스터리 영화 | 惊悚片 jīngsǒngpiàn 스릴러 영화 | 纪录片 jìlùpiàn 다큐멘터리 영화

### 0018
**大片儿**
dàpiānr

명 블록버스터, 대작

예 A: 你看过《泰坦尼克》吗?
Nǐ kànguo 《Tàitǎnníkè》ma?
당신 〈타이타닉〉 봤어요?

B: 当然看过,那是有名的大片儿嘛!
Dāngrán kànguo, nà shì yǒumíng de dàpiānr ma!
당연히 봤죠. 유명한 블록버스터 영화잖아요!

### 0019
**演出**
yǎnchū

명 공연

예 A: 周末我要去看这个演出。
Zhōumò wǒ yào qù kàn zhè ge yǎnchū.
주말에 저는 이 공연을 보러 갈 거예요.

B: 我也想去看。
Wǒ yě xiǎng qù kàn.
저도 보러 가고 싶어요.

### 0020
**话剧**
huàjù

명 연극

예 A: 我们明天晚上去看电影,好吗?
Wǒmen míngtiān wǎnshang qù kàn diànyǐng, hǎo ma?
우리 내일 저녁에 영화 보러 가요. 좋아요?

B: 我不太喜欢看电影,我喜欢看话剧。
Wǒ bú tài xǐhuan kàn diànyǐng, wǒ xǐhuan kàn huàjù.
저는 영화 보는 것을 별로 안 좋아해요. 연극 보는 것을 좋아해요.

중국어회화 VOCA

**0021**
## 歌剧
gējù

명 뮤지컬, 오페라

예 A: 你看过什么有名的歌剧?
Nǐ kànguo shénme yǒumíng de gējù?
당신 무슨 유명한 뮤지컬을 본 적 있어요?

B: 以前我看过《芝加哥》, 很不错。
Yǐqián wǒ kànguo 《Zhījiāgē》, hěn búcuò.
예전에 〈시카고〉를 본 적 있어요. 매우 좋았어요.

**0022**
## 剧场
jùchǎng

명 극장, 공연장

예 A: 这家剧场挺小的。
Zhè jiā jùchǎng tǐng xiǎo de.
이 극장은 매우 작네요.

B: 一般话剧都在小剧场演出。
Yìbān huàjù dōu zài xiǎo jùchǎng yǎnchū.
일반적으로 연극은 소극장에서 공연해요.

**0023**
## 演唱会
yǎnchànghuì

명 콘서트

예 A: 我有两张演唱会票, 你想去吗?
Wǒ yǒu liǎng zhāng yǎnchànghuì piào, nǐ xiǎng qù ma?
저는 두 장의 콘서트 표가 있는데, 당신 가고 싶어요?

B: 太好了, 我喜欢看演唱会。
Tài hǎo le, wǒ xǐhuan kàn yǎnchànghuì.
너무 잘됐네요. 저는 콘서트 보는 것을 좋아해요.

# Chapter 2 취미·여가

## 04 오락·놀이

### Mind Map Note

娱乐 yúlè
- 명 오락
- 동 오락하다, 즐겁게 보내다

游戏 yóuxì
- 명 놀이, 게임

练歌厅 liàngētīng
- 명 노래방

游乐园 yóulèyuán
- 명 놀이공원

玩家 wánjiā
- 명 게이머

好玩儿 hǎowánr
- 형 재미있다, 놀기가 좋다

麻将 májiàng
- 명 마작

网络游戏 wǎngluò yóuxì
- 명 온라인 게임

象棋 xiàngqí
- 명 장기

围棋 wéiqí
- 명 바둑

## Let's Start Up!
주제에 맞는 단어와 예문을 학습해보세요.  2-04

**0001**
# 娱乐
yúlè

명 오락 동 오락하다, 즐겁게 보내다

예 A: 你喜欢什么娱乐活动?
Nǐ xǐhuan shénme yúlè huódòng?
당신은 어떤 오락 활동을 좋아해요?

B: 我喜欢打台球。
Wǒ xǐhuan dǎ táiqiú.
저는 당구 치는 것을 좋아해요.

**0002**
# 游戏
yóuxì

명 놀이, 게임, 레크리에이션

예 A: 你平时玩儿游戏吗?
Nǐ píngshí wánr yóuxì ma?
당신은 평소에 게임을 하나요?

B: 我不太喜欢玩儿游戏。
Wǒ bú tài xǐhuan wánr yóuxì.
저는 게임하는 것을 별로 안 좋아해요.

**0003**
# 智能手机
zhìnéng shǒujī

명 스마트폰

예 A: 最近很多人用智能手机玩儿游戏。
Zuìjìn hěn duō rén yòng zhìnéng shǒujī wánr yóuxì.
요즘 많은 사람들이 스마트폰을 사용해서 게임을 해요.

B: 是啊，智能手机很方便。
Shì a, zhìnéng shǒujī hěn fāngbiàn.
그래요. 스마트폰은 매우 편리하죠.

**0004**
# 网络游戏
wǎngluò yóuxì

명 인터넷(온라인) 게임

예 A: 你玩儿过网络游戏吗?
Nǐ wánrguo wǎngluò yóuxì ma?
당신은 인터넷 게임을 해본 적 있나요?

B: 当然，我常常玩儿。
Dāngrán, wǒ chángcháng wánr.
당연하죠. 저는 자주 해요.

### 0005
**游戏机**
yóuxìjī

- 게임기

A: 你正在做什么呢?
　　Nǐ zhèngzài zuò shénme ne?
　　뭐 하고 있어요?

B: 我打游戏机呢。
　　Wǒ dǎ yóuxìjī ne.
　　게임기 하고 있어요.

**Grammar+**
- 正在 : '~하고 있는 중이다'라는 뜻으로 진행형을 나타낸다. [주어 + 正在 + 동사 + 呢]의 형태로 쓰인다.

### 0006
**下载**
xiàzài

- 다운로드를 하다

A: 你常常用手机下载什么?
　　Nǐ chángcháng yòng shǒujī xiàzài shénme?
　　당신은 자주 휴대전화를 사용해서 무엇을 다운로드하나요?

B: 我常常下载音乐。
　　Wǒ chángcháng xiàzài yīnyuè.
　　저는 자주 음악을 다운로드해요.

### 0007
**软件**
ruǎnjiàn

- 소프트웨어, 앱(APP, 애플리케이션)

A: 这是免费的游戏软件吗?
　　Zhè shì miǎnfèi de yóuxì ruǎnjiàn ma?
　　이것은 무료 게임 앱이 맞나요?

B: 是免费的。
　　Shì miǎnfèi de.
　　무료예요.

**Grammar+**
- 软件 : 원래는 '소프트웨어'라는 뜻이지만, 최근에는 스마트폰에서 사용하는 앱을 가리키기도 한다.

중국어회화 VOCA

### 0008
# 玩家
wánjiā

명 게이머

예 A: 你做什么工作?
Nǐ zuò shénme gōngzuò?
당신은 어떤 일을 하세요?

B: 我是专业玩家。
Wǒ shì zhuānyè wánjiā.
저는 프로 게이머입니다.

### 0009
# 好玩儿
hǎowánr

형 재미있다

예 A: 这个游戏很好玩儿, 你玩儿过吗?
Zhè ge yóuxì hěn hǎowánr, nǐ wánrguo ma?
이 게임은 재미있어요. 당신 해본 적 있어요?

B: 玩儿过, 我觉得不太好玩儿。
Wánrguo, wǒ juéde bú tài hǎowánr.
해본 적 있어요. 제 생각에는 별로 재미없는 것 같아요.

### 0010
# 沉迷
chénmí

동 깊이 빠지다

예 A: 我最近沉迷在电脑游戏里了。
Wǒ zuìjìn chénmí zài diànnǎo yóuxì lǐ le.
저 요즘 컴퓨터 게임에 심하게 빠졌어요.

B: 我没玩儿过, 有那么好玩儿吗?
Wǒ méi wánrguo, yǒu nàme hǎowánr ma?
저는 해본 적 없어요. 그렇게 재미있어요?

### 0011
# 中毒
zhòngdú

동 중독되다

예 A: 我每天玩儿十个小时游戏。
Wǒ měitiān wánr shí ge xiǎoshí yóuxì.
저는 매일 10시간씩 게임을 해요.

B: 你疯了吧? 你游戏中毒了!
Nǐ fēng le ba? Nǐ yóuxì zhòngdú le!
당신 미쳤어요? 게임에 중독된 거예요!

## 0012
**赌场**
dǔchǎng

명 카지노

예 A: 你为什么学习汉语?
Nǐ wèi shénme xuéxí Hànyǔ?
당신은 왜 중국어를 배워요?

B: 我想在赌场工作。
Wǒ xiǎng zài dǔchǎng gōngzuò.
저는 카지노에서 일하고 싶어요.

## 0013
**游乐园**
yóulèyuán

명 놀이공원

예 A: 你知道上海有什么游乐园吗?
Nǐ zhīdào Shànghǎi yǒu shénme yóulèyuán ma?
당신은 상하이에 어떤 놀이동산이 있는지 알아요?

B: 上海有一家迪士尼乐园。
Shànghǎi yǒu yì jiā Díshìní lèyuán.
상하이에 디즈니랜드가 있어요.

**Voca⁺**
迪士尼乐园 Díshìní lèyuán 디즈니랜드 | 爱宝乐园 Àibǎo lèyuán 에버랜드 | 乐天世界 Lètiān shìjiè 롯데월드

## 0014
**网吧**
wǎngbā

명 PC방

예 A: 你休息的时候做什么?
Nǐ xiūxi de shíhou zuò shénme?
당신은 쉴 때 뭐하세요?

B: 我常常去网吧。
Wǒ chángcháng qù wǎngbā.
저는 자주 PC방에 가요.

## 0015
**练歌厅**
liàngētīng

명 노래방

예 A: 我特别喜欢唱歌。
Wǒ tèbié xǐhuan chànggē.
저는 노래 부르는 것을 특히 좋아해요.

B: 那就去练歌厅吧!
Nà jiù qù liàngētīng ba!
그럼 노래방에 가요!

중국어회화 VOCA

### 0016 保龄球场 bǎolíngqiúchǎng

명 볼링장

예 A: 你去过保龄球场吗?
Nǐ qùguo bǎolíngqiúchǎng ma?
당신 볼링장에 가본 적 있어요?

B: 当然去过, 我每周都去。
Dāngrán qùguo, wǒ měi zhōu dōu qù.
당연히 가본 적 있죠. 저는 매 주 다 가요.

### 0017 抓娃娃机 zhuā wáwa jī

명 인형 뽑기 기계

예 A: 最近又开始流行抓娃娃机了。
Zuìjìn yòu kāishǐ liúxíng zhuā wáwa jī le.
요즘 또 인형 뽑기 기계가 유행하기 시작했어요.

B: 对啊, 不过不容易抓。
Duì a, búguò bù róngyi zhuā.
맞아요. 그런데 쉽게 잡히지 않아요.

### 0018 麻将 májiàng

명 마작

예 A: 你打过麻将吗?
Nǐ dǎguo májiàng ma?
당신 마작해본 적 있나요?

B: 我在中国的时候打过, 很有意思。
Wǒ zài Zhōngguó de shíhou dǎguo, hěn yǒuyìsi.
중국에 있을 때 해본 적 있어요. 매우 재밌어요.

### 0019 象棋 xiàngqí

명 장기

예 A: 你会下象棋吗?
Nǐ huì xià xiàngqí ma?
당신은 장기 둘 줄 알아요?

B: 当然会, 我从小喜欢下象棋。
Dāngrán huì, wǒ cóngxiǎo xǐhuan xià xiàngqí.
당연히 할 줄 알죠. 저는 어려서부터 장기 두는 것을 좋아했어요.

## 0020
**围棋**
wéiqí

명 바둑

예 A: 我们下围棋吧。
Wǒmen xià wéiqí ba.
우리 바둑 둬요.

B: 我不会下，你教教我吧。
Wǒ bú huì xià, nǐ jiāojiao wǒ ba.
저는 바둑 둘 줄 몰라요. 당신이 저를 좀 가르쳐줘요.

## 0021
**踢毽子**
tī jiànzi

제기차기

예 A: 韩国有什么传统的游戏?
Hánguó yǒu shénme chuántǒng de yóuxì?
한국에 어떤 전통 놀이가 있나요?

B: 有很多，你知道踢毽子吗?
Yǒu hěn duō, nǐ zhīdào tī jiànzi ma?
많이 있어요. 당신 제기차기 알아요?

## 0022
**翻板子**
fān bǎnzi

윷놀이

예 A: 你会玩儿翻板子游戏吗?
Nǐ huì wánr fān bǎnzi yóuxì ma?
당신은 윷놀이 게임을 할 줄 알아요?

B: 会是会，不过好久没玩儿了。
Huì shi huì, búguò hǎo jiǔ méi wánr le.
할 줄 알지만 오랫동안 해보지 않았어요.

**Grammar+**

- A 是 A, 不过 B : 'A하긴 A하지만 그러나 B하다'라는 뜻으로 不过 대신 但是나 可是를 사용할 수 있다.

# Chapter 2 취미 · 여가

## 05 전시회

### Mind Map Note

**展览会** zhǎnlǎnhuì
[명] 전시회, 전람회

**展览馆** zhǎnlǎnguǎn
[명] 전시관, 전람관

**美术馆** měishùguǎn
[명] 미술관

**博物馆** bówùguǎn
[명] 박물관

**作品** zuòpǐn
[명] 작품

**作家** zuòjiā
[명] 작가

**展示** zhǎnshì
[동] 전시하다

**讲解员** jiǎngjiěyuán
[명] 안내원, 해설자, 도슨트

**参观** cānguān
[동] 참관하다

**观赏** guānshǎng
[동] 감상하다, 보고 즐기다

## Let's Start Up!

주제에 맞는 단어와 예문을 학습해보세요.  🎧 2-05

---

**0001**
### 展览会
zhǎnlǎnhuì

명 전시회, 전람회

예 A: 星期六我去看展览会。
　　Xīngqīliù wǒ qù kàn zhǎnlǎnhuì.
　　토요일에 저는 전시회를 보러 가요.

　B: 我也想去，一起去怎么样？
　　Wǒ yě xiǎng qù, yìqǐ qù zěnmeyàng?
　　저도 가고 싶은데, 같이 가는 게 어때요?

---

**0002**
### 展览馆
zhǎnlǎnguǎn

명 전시관

예 A: 你知道这家展览馆吗？
　　Nǐ zhīdào zhè jiā zhǎnlǎnguǎn ma?
　　당신은 이 전시관을 알아요?

　B: 当然，是最有名的展览馆。
　　Dāngrán, shì zuì yǒumíng de zhǎnlǎnguǎn.
　　당연하죠. 가장 유명한 전시관이에요.

---

**0003**
### 画展
huàzhǎn

명 그림 전시회

예 A: 你喜欢看画展吗？
　　Nǐ xǐhuan kàn huàzhǎn ma?
　　그림 전시회 보는 거 좋아해요?

　B: 我非常喜欢，我常去看。
　　Wǒ fēicháng xǐhuan, wǒ cháng qù kàn.
　　저는 굉장히 좋아해서 자주 보러 가요.

---

**0004**
### 画廊
huàláng

명 화랑, 갤러리

예 A: 我朋友开了家画廊，你来看看吧。
　　Wǒ péngyou kāi le jiā huàláng, nǐ lái kànkan ba.
　　제 친구가 갤러리를 열었어요. 한번 보러 오세요.

　B: 我周末一定去。
　　Wǒ zhōumò yídìng qù.
　　주말에 꼭 갈게요.

중국어회화 VOCA

**0005 美术馆** měishùguǎn

명 미술관

예 A: 你去过这家美术馆吗?
Nǐ qùguo zhè jiā měishùguǎn ma?
이 미술관에 가본 적 있어요?

B: 我去过一次。
Wǒ qùguo yí cì.
한 번 가봤어요.

**0006 博物馆** bówùguǎn

명 박물관

예 A: 我昨天去历史博物馆了。
Wǒ zuótiān qù lìshǐ bówùguǎn le.
저 어제 역사 박물관 갔었어요.

B: 以前我也去过，觉得很有意义。
Yǐqián wǒ yě qùguo, juéde hěn yǒu yìyì.
예전에 저도 가본 적 있는데, 아주 의미 있는 것 같아요.

**0007 讲解员** jiǎngjiěyuán

명 안내원, 해설자, 도슨트

예 A: 有中文讲解员吗?
Yǒu Zhōngwén jiǎngjiěyuán ma?
중국어 안내원이 있나요?

B: 有，等一下。
Yǒu, děng yíxià.
있어요. 잠시만 기다리세요.

**0008 作家** zuòjiā

명 작가

예 A: 这个作家有名吗?
Zhè ge zuòjiā yǒumíng ma?
이 작가는 유명한가요?

B: 你不知道吗? 他非常有名。
Nǐ bù zhīdào ma? Tā fēicháng yǒumíng.
당신 몰라요? 그는 굉장히 유명해요.

## 0009 作品 zuòpǐn

명 작품

A: 你觉得这个作品怎么样?
Nǐ juéde zhè ge zuòpǐn zěnmeyàng?
당신 생각에 이 작품은 어떤가요?

B: 我不太懂。
Wǒ bú tài dǒng.
저는 이해가 잘 안 돼요.

## 0010 举办 jǔbàn

동 개최하다

A: 周末在我家附近举办展览会。
Zhōumò zài wǒ jiā fùjìn jǔbàn zhǎnlǎnhuì.
주말에 우리 집 근처에서 전시회를 열어요.

B: 那我们去看看吧。
Nà wǒmen qù kànkan ba.
그럼 우리 한번 보러 가요.

## 0011 日程表 rìchéngbiǎo

명 일정표

A: 这里这个月有什么展览?
Zhè lǐ zhè ge yuè yǒu shénme zhǎnlǎn?
이곳은 이번 달에 어떤 전시가 있나요?

B: 有很多,给您一张日程表吧。
Yǒu hěn duō, gěi nín yì zhāng rìchéngbiǎo ba.
아주 많아요. 일정표 한 장 드릴게요.

## 0012 票价 piàojià

명 표 가격, 푯값

A: 这个展览会的票价贵吗?
Zhè ge zhǎnlǎnhuì de piàojià guì ma?
이 전시회의 표 가격은 비싸나요?

B: 不太贵,你要去看吗?
Bú tài guì, nǐ yào qù kàn ma?
별로 안 비싸요. 당신 보러 갈 거예요?

중국어회화 VOCA

### 0013
## 展示
zhǎnshì

동 전시하다

예 A: 这里展示了什么?
　　Zhè lǐ zhǎnshì le shénme?
　　여기는 무엇을 전시해놓았죠?

　　B: 都是艺术作品。
　　Dōu shì yìshù zuòpǐn.
　　모두 예술 작품이에요.

### 0014
## 参观
cānguān

동 참관하다

예 A: 这个展览厅可以参观吗?
　　Zhè ge zhǎnlǎntīng kěyǐ cānguān ma?
　　이 전시장을 참관할 수 있나요?

　　B: 这里得收费。
　　Zhè lǐ děi shōufèi.
　　이곳은 유료예요.

### 0015
## 兴趣
xìngqù

명 흥미

예 A: 我最近对名画感兴趣。
　　Wǒ zuìjìn duì mínghuà gǎn xìngqù.
　　저는 요즘 명화에 흥미가 있어요.

　　B: 那我们一起去名画展览会吧。
　　Nà wǒmen yìqǐ qù mínghuà zhǎnlǎnhuì ba.
　　그럼 우리 명화 전시회에 같이 가요.

**Grammar⁺**
- 对A感兴趣 : 'A에 흥미가 있다'라는 뜻이다.

### 0016
## 工艺品
gōngyìpǐn

명 공예품

예 A: 这周五有工艺品展, 你去吗?
　　Zhè zhōuwǔ yǒu gōngyìpǐn zhǎn, nǐ qù ma?
　　이번 주에 공예품전이 있어요. 당신 가나요?

　　B: 我不太喜欢去展览会。
　　Wǒ bú tài xǐhuan qù zhǎnlǎnhuì.
　　저는 전시회 가는 것을 별로 안 좋아해요.

### 0017
## 照片
zhàopiàn

명 사진

예 A: 这张照片怎么样?
Zhè zhāng zhàopiàn zěnmeyàng?
이 사진 어때요?

B: 拍得很美。
Pāi de hěn měi.
아름답게 찍었네요.

### 0018
## 观赏
guānshǎng

동 감상하다, 보고 즐기다

예 A: 你看什么呢?
Nǐ kàn shénme ne?
당신 뭐 보고 있어요?

B: 我正在观赏这张照片。
Wǒ zhèngzài guānshǎng zhè zhāng zhàopiàn.
이 사진을 감상하고 있는 중이에요.

## voca Review

다음 빈칸에 한자, 병음, 뜻을 알맞게 채워보세요~

| | 한자 | 병음 | 뜻 |
|---|---|---|---|
| 1 | 运动 | yùndòng | 운동하다 |
| 2 | 足球 | zúqiú | 축구 |
| 3 | 游泳 | yóuyǒng | 수영, 수영하다 |
| 4 | 滑雪 | huáxuě | 스키, 스키를 타다 |
| 5 | 瑜伽 | yújiā | 요가 |
| 6 | 跑步 | pǎobù | 달리다 |
| 7 | 烹调 | pēngtiáo | 요리하다 |
| 8 | 厨师 | chúshī | 요리사, 셰프 |
| 9 | 美食家 | měishíjiā | 양념, 조미료 |
| 10 | 饱 | bǎo | 배부르다 |
| 11 | 拿手菜 | náshǒucài | 가장 자신 있는 요리 |
| 12 | 夜宵 | yèxiāo | 야식 |
| 13 | 电影 | diànyǐng | 영화 |
| 14 | 话剧 | huàjù | 연극 |
| 15 | 演唱会 | yǎnchànghuì | 콘서트 |

| | 한자 | 병음 | 뜻 |
|---|---|---|---|
| 16 | 订票 | dìngpiào | 표를 예약하다, 표를 예매하다 |
| 17 | 热门 | rèmén | 인기 있다 |
| 18 | 排行榜 | páihángbǎng | 순위, 랭킹 |
| 19 | 娱乐 | yúlè | 오락, 오락하다, 즐겁게 보내다 |
| 20 | 网络游戏 | wǎngluò yóuxì | 인터넷 게임 |
| 21 | 下载 | xiàzài | 다운로드를 하다 |
| 22 | 好玩儿 | hǎowánr | 재미있다 |
| 23 | 游乐园 | yóulèyuán | 놀이공원 |
| 24 | 围棋 | wéiqí | 바둑 |
| 25 | 展览会 | zhǎnlǎnhuì | 전시회, 전람회 |
| 26 | 博物馆 | bówùguǎn | 박물관 |
| 27 | 讲解员 | jiǎngjiěyuán | 안내원, 해설자, 도슨트 |
| 28 | 作品 | zuòpǐn | 작품 |
| 29 | 兴趣 | xìngqù | 흥미 |
| 30 | 观赏 | guānshǎng | 감상하다, 보고 즐기다 |

# Chapter 3
# 약속

01 시간 정할 때    90

02 장소 정할 때    96

03 약속 제안할 때    102

04 약속 변경·취소할 때    108

- voca Review    114

# Chapter 3 약속

## 01 시간 정할 때

### Mind Map Note

**约会** yuēhuì
명 약속  동 만날 약속을 하다

**时间** shíjiān
명 시간

**几点** jǐ diǎn
몇 시

**礼拜** lǐbài
명 요일, 주

**时候** shíhou
명 때

**马上** mǎshàng
부 금방, 당장, 곧

**早** zǎo
형 이르다

**随时** suíshí
부 언제나, 아무 때나

**准时** zhǔnshí
부 정시에, 제때에

**迟到** chídào
동 지각하다, 늦다

## Let's Start Up!

주제에 맞는 단어와 예문을 학습해보세요.  3-01

**0001**
**时间**
shíjiān

명 시간

예 A: 你现在有时间吗?
Nǐ xiànzài yǒu shíjiān ma?
당신 지금 시간이 있나요?

B: 现在我很忙，没有时间。
Xiànzài wǒ hěn máng, méi yǒu shíjiān.
지금 바빠요. 시간 없어요.

**0002**
**几点**
jǐ diǎn

몇 시

예 A: 我们晚上能见面吗?
Wǒmen wǎnshang néng jiànmiàn ma?
우리 저녁에 만날 수 있어요?

B: 可以，那几点见?
Kěyǐ, nà jǐ diǎn jiàn?
가능해요. 그럼 몇 시에 만날까요?

**0003**
**时候**
shíhou

명 때

예 A: 我们什么时候一起去玩儿?
Wǒmen shénme shíhou yìqǐ qù wánr?
우리 언제 같이 놀러 갈까요?

B: 这个月很忙，下个月吧。
Zhè ge yuè hěn máng, xià ge yuè ba.
이번 달은 바쁘고, 다음 달에 가요.

**0004**
**后天**
hòutiān

명 모레

예 A: 后天你有事吗?
Hòutiān nǐ yǒu shì ma?
당신 모레 일 있어요?

B: 没事，我都有时间。
Méi shì, wǒ dōu yǒu shíjiān.
없어요. 저는 시간이 다 돼요.

**Voca⁺**
前天 qiántiān 그저께 | 昨天 zuótiān 어제 | 明天 míngtiān 내일

**0005**

## 凌晨
língchén

몡 새벽

예 A: 明天我们去看日出吧。
Míngtiān wǒmen qù kàn rìchū ba.
내일 우리 일출 보러 가요.

B: 那我们得凌晨起床。
Nà wǒmen děi língchén qǐchuáng.
그럼 우리 새벽에 일어나야 해요.

**Grammar+**
- 得 děi : '~해야 한다'라는 뜻의 조동사로 의무나 필연을 나타낸다. [주어 + 得 + 동사 + 목적어]의 형태로 쓰인다.

**0006**

## 早上
zǎoshang

몡 아침

예 A: 我们明天早上几点出发?
Wǒmen míngtiān zǎoshang jǐ diǎn chūfā?
우리 내일 아침 몇 시에 출발해요?

B: 七点出发吧。
Qī diǎn chūfā ba.
7시에 출발해요.

**0007**

## 上午
shàngwǔ

몡 오전

예 A: 上午你在公司吗? 能见一会儿吗?
Shàngwǔ nǐ zài gōngsī ma? Néng jiàn yíhuìr ma?
오전에 당신은 회사에 있어요? 잠시 만날 수 있어요?

B: 嗯，你到了以后打电话。
Ňg, nǐ dào le yǐhòu dǎ diànhuà.
네, 도착한 후에 전화하세요.

**Voca+**
下午 xiàwǔ 오후 | 晚上 wǎnshang 저녁

중국어회화 VOCA

**0008**
# 中午
zhōngwǔ

명 정오

예 A: 你明天早上有时间还是中午有时间?
Nǐ míngtiān zǎoshang yǒu shíjiān háishi zhōngwǔ yǒu shíjiān?
당신 내일 아침에 시간 있나요? 아니면 정오에 시간 있나요?

B: 十二点怎么样?
Shí'èr diǎn zěnmeyàng?
12시 어때요?

**0009**
# 礼拜
lǐbài

명 요일, 주

예 A: 我们礼拜几看电影?
Wǒmen lǐbài jǐ kàn diànyǐng?
우리 무슨 요일에 영화 볼까요?

B: 这个礼拜三去吧。
Zhè ge lǐbàisān qù ba.
이번 주 수요일에 가요.

**0010**
# 星期
xīngqī

명 요일, 주

예 A: 你星期几有时间?
Nǐ xīngqī jǐ yǒu shíjiān?
당신은 무슨 요일에 시간이 있어요?

B: 我星期三和星期五有时间。
Wǒ xīngqīsān hé xīngqīwǔ yǒu shíjiān.
수요일과 금요일에 시간이 있어요.

**0011**
# 号
hào

명 일(날짜)

예 A: 我们几号能一起吃饭?
Wǒmen jǐ hào néng yìqǐ chīfàn?
우리 며칠에 같이 밥 먹을 수 있어요?

B: 三号怎么样?
Sān hào zěnmeyàng?
3일 어때요?

**0012**
**今年**
jīnnián

명 올해

예 A: 你这么忙，我们今年能见吗？
Nǐ zhème máng, wǒmen jīnnián néng jiàn ma?
당신 이렇게 바쁜데, 우리 올해 만날 수 있어요?

B: 哈哈，这个周末怎么样？
Hāhā, zhè ge zhōumò zěnmeyàng?
하하, 이번 주말에 어때요?

**0013**
**以后**
yǐhòu

명 이후

예 A: 我们下班以后见吧。
Wǒmen xiàbān yǐhòu jiàn ba.
우리 퇴근 후에 만나요.

B: 好啊，没问题。
Hǎo a, méi wèntí.
좋아요. 문제없어요.

**0014**
**马上**
mǎshàng

부 금방, 당장, 곧

예 A: 我们现在能见吗？
Wǒmen xiànzài néng jiàn ma?
우리 지금 만날 수 있어요?

B: 下课以后，我马上去。
Xiàkè yǐhòu, wǒ mǎshàng qù.
수업 마친 후에 제가 바로 갈게요.

**0015**
**早**
zǎo

형 (때가) 이르다

예 A: 明天我们凌晨五点见。
Míngtiān wǒmen língchén wǔ diǎn jiàn.
내일 우리 새벽 5시에 만나요.

B: 太早了，晚点儿吧。
Tài zǎo le, wǎn diǎnr ba.
너무 이르네요. 좀 늦게 만나요.

중국어회화 VOCA

### 0016
**迟到** chídào

동 지각하다, 늦다

A: 我们晚上七点见，对吗?
Wǒmen wǎnshang qī diǎn jiàn, duì ma?
우리 저녁 7시에 만나는 게 맞나요?

B: 对，你别又迟到了。
Duì, nǐ bié yòu chídào le.
맞아요. 또 늦지 말아요.

### 0017
**准时** zhǔnshí

부 정시에, 제때에

A: 你每次都迟到，这次别迟到了。
Nǐ měicì dōu chídào, zhè cì bié chídào le.
당신은 매번 다 늦는데, 이번에는 늦지 마세요.

B: 知道了，这次一定准时到。
Zhīdào le, zhè cì yídìng zhǔnshí dào.
알겠어요. 이번에는 반드시 제때에 도착할게요.

### 0018
**随时** suíshí

부 언제나, 아무 때나

A: 我几点去找你?
Wǒ jǐ diǎn qù zhǎo nǐ?
제가 몇 시에 당신을 찾아가면 될까요?

B: 你随时来吧。
Nǐ suíshí lái ba.
아무 때나 오세요.

### 0019
**圣诞节** Shèngdàn Jié

명 성탄절, 크리스마스

A: 圣诞节你有没有时间?
Shèngdàn Jié nǐ yǒu méi yǒu shíjiān?
크리스마스에 시간 있어요? 없어요?

B: 那天我没有时间，不好意思。
Nà tiān wǒ méi yǒu shíjiān, bù hǎo yìsi.
그날은 시간이 없어요. 미안해요.

**Voca+**
春节 Chūn Jié 설, 춘절 | 中秋节 Zhōngqiū Jié 추석 | 情人节 Qíngrén Jié 밸런타인 데이 | 万圣节 Wànshèng Jié 핼러윈 데이

# Chapter 3 약속

## 02 장소 정할 때

### Mind Map Note

**地点** dìdiǎn
명 장소, 위치, 지점

**地方** dìfang
명 장소, 곳

**哪儿** nǎr
대 어디, 어느 곳

**附近** fùjìn
명 부근, 근처

**门口** ménkǒu
명 입구

**地铁站** dìtiězhàn
명 지하철역

**出口** chūkǒu
명 출구

**老地方** lǎo dìfang
명 늘 가던 곳

**咖啡店** kāfēidiàn
명 커피숍

**百货商店** bǎihuò shāngdiàn
명 백화점

## Let's Start Up!   주제에 맞는 단어와 예문을 학습해보세요.   🔘 3-02

**0001**
### 地点
dìdiǎn

명 장소, 위치, 지점

예 A: 你知道集合地点吗?
Nǐ zhīdào jíhé dìdiǎn ma?
당신은 모이는 장소를 알고 있나요?

B: 知道，我带你去。
Zhīdào, wǒ dài nǐ qù.
알아요. 제가 당신을 데려갈게요.

**0002**
### 地方
dìfang

명 장소, 곳

예 A: 我们在什么地方见?
Wǒmen zài shénme dìfang jiàn?
우리 어디에서 만나요?

B: 我们在明洞站见吧。
Wǒmen zài Míngdòng zhàn jiàn ba.
우리 명동역에서 만나요.

**Grammar⁺**
- 在 : '~에서 (~하다)'라는 뜻의 개사로 주어와 동사 사이에 온다. [주어 + 在 + 장소 + 동사]의 형태로 쓰인다.

**0003**
### 那儿
nàr

대 거기, 그곳, 저곳

예 A: 我们在那儿见吧。
Wǒmen zài nàr jiàn ba.
우리 거기에서 만나요.

B: 太远了，换个地方吧。
Tài yuǎn le, huàn ge dìfang ba.
너무 멀어요. 장소를 바꿔요.

**Voca⁺**
这儿 zhèr 여기, 이곳

**0004**
### 哪儿
nǎr

대 어디, 어느 곳

예 A: 你在哪儿?
Nǐ zài nǎr?
당신 어디에요?

B: 我在公司，你能来我这儿吗?
Wǒ zài gōngsī, nǐ néng lái wǒ zhèr ma?
회사에 있어요. 제가 있는 여기로 올 수 있어요?

### 0005
**出口**
chūkǒu

명 출구

예 A: 我在几号出口等你?
Wǒ zài jǐ hào chūkǒu děng nǐ?
제가 몇 번 출구에서 기다릴까요?

B: 你在三号出口等我吧。
Nǐ zài sān hào chūkǒu děng wǒ ba.
3번 출구에서 기다리세요.

### 0006
**门口**
ménkǒu

명 입구

예 A: 我们在哪儿见面?
Wǒmen zài nǎr jiànmiàn?
우리 어디에서 만날까요?

B: 在电影院门口见，好吗?
Zài diànyǐngyuàn ménkǒu jiàn, hǎo ma?
영화관 입구에서 만나요. 어때요?

### 0007
**对面**
duìmiàn

명 맞은편

예 A: 我们公司对面新开了一家日本料理。
Wǒmen gōngsī duìmiàn xīn kāi le yì jiā Rìběn liàolǐ.
우리 회사 맞은편에 일본 요리점이 새로 오픈했어요.

B: 是吗? 那以后一起去吃吧。
Shì ma? Nà yǐhòu yìqǐ qù chī ba.
그래요? 그럼 나중에 같이 가서 먹어요.

### 0008
**前边**
qiánbian

명 앞쪽

예 A: 我在新华书店等你，你知道那儿吗?
Wǒ zài Xīnhuá shūdiàn děng nǐ, nǐ zhīdào nàr ma?
신화서점에서 당신 기다릴게요. 거기 알아요?

B: 在中国银行前边，对吗?
Zài Zhōngguó yínháng qiánbian, duì ma?
중국은행 앞쪽에 있는 것이 맞나요?

**Grammar⁺**
- 新华书店 : 베이징(北京)의 왕푸징(王府井) 거리에 있으며, 중국에서 오래된 대형 서점으로 유명하다.

**Voca⁺**
后边 hòubian 뒤쪽 | 右边 yòubian 오른쪽 | 左边 zuǒbian 왼쪽 | 里边 lǐbian 안쪽 | 外边 wàibian 바깥쪽 | 旁边 pángbiān 옆쪽

중국어회화 VOCA

**0009**
## 附近
fùjìn

명 부근, 근처

예 A: 你家附近有什么大楼吗?
Nǐ jiā fùjìn yǒu shénme dà lóu ma?
당신 집 근처에 큰 건물이 있나요?

B: 有一家火锅店，很容易能找到。
Yǒu yì jiā huǒguōdiàn, hěn róngyì néng zhǎodào.
샤브샤브 가게가 하나 있어요. 쉽게 찾을 수 있어요.

**Grammar+**
- 火锅 : 훠궈, 중국식 샤브샤브 요리이다.
- 결과보어 : 동사 뒤에 동사(동작)의 목적 달성을 보충한다. [주어 + 동사 + 결과보어(到) + 목적어]의 형태로 쓰인다.

**0010**
## 街
jiē

명 거리, 길

예 A: 你们公司在钟路三街吗?
Nǐmen gōngsī zài Zhōnglù sān jiē ma?
당신 회사는 종로 3가에 있나요?

B: 对，你坐地铁来吧。
Duì, nǐ zuò dìtiě lái ba.
맞아요. 지하철을 타고 오세요.

**0011**
## 楼
lóu

명 층

예 A: 我在三楼等你。
Wǒ zài sān lóu děng nǐ.
3층에서 당신을 기다릴게요.

B: 好的，我马上去。
Hǎo de, wǒ mǎshàng qù.
알았어요. 바로 갈게요.

**0012**
## 楼下
lóuxià

명 아래층

예 A: 周末我去你家楼下等你。
Zhōumò wǒ qù nǐ jiā lóuxià děng nǐ.
주말에 제가 당신 집 아래층에 가서 기다릴게요.

B: 好，你到了以后，给我打电话。
Hǎo, nǐ dào le yǐhòu, gěi wǒ dǎ diànhuà.
좋아요. 도착한 후에 저한테 전화해요.

### 0013 老地方
lǎo dìfang

명 늘 가던 곳

예 A: 我们好久没见了。
Wǒmen hǎo jiǔ méi jiàn le.
우리 오랫동안 못 만났네요.

B: 那明天晚上我们在老地方见，怎么样？
Nà míngtiān wǎnshang wǒmen zài lǎo dìfang jiàn, zěnmeyàng?
그럼 내일 저녁에 우리 늘 가던 곳에서 만나요. 어때요?

### 0014 地铁站
dìtiězhàn

명 지하철역

예 A: 今天我们在东大门站见。
Jīntiān wǒmen zài Dōngdàmén zhàn jiàn.
오늘 우리 동대문 역에서 만나요.

B: 好的。在地铁站里见吧。
Hǎo de. Zài dìtiězhàn lǐ jiàn ba.
좋아요. 지하철역 안에서 만나요.

### 0015 地下商街
dìxià shāngjiē

명 지하상가

예 A: 我到了，我先在地下商街逛逛。
Wǒ dào le, wǒ xiānzài dìxià shāngjiē guàngguang.
저 도착했어요. 저 먼저 지하상가에서 구경 좀 할게요.

B: 知道了，我十分钟以后到。
Zhīdào le, wǒ shí fēnzhōng yǐhòu dào.
알겠어요. 저는 10분 후에 도착해요.

### 0016 咖啡厅
kāfēitīng

명 커피숍

예 A: 我在哪儿等你？
Wǒ zài nǎr děng nǐ?
제가 어디에서 당신을 기다릴까요?

B: 你在咖啡厅等我吧。
Nǐ zài kāfēitīng děng wǒ ba.
커피숍에서 기다리세요.

**Voca+**

星巴克 Xīngbākè 스타벅스 | 咖啡陪你 Kāfēipéinǐ 카페베네 | 香啡缤咖啡 Xiāngfēibīn kāfēi 커피빈 | 安琪莉诺咖啡 Ānqílìnuò kāfēi 엔젤리너스

## 0017
### 百货商店
bǎihuò shāngdiàn

명 백화점

예 A: 我想去逛街。
Wǒ xiǎng qù guàngjiē.
저는 쇼핑하고 싶어요.

B: 那去百货商店看看吧，我们几点见？
Nà qù bǎihuò shāngdiàn kànkan ba, wǒmen jǐ diǎn jiàn?
그럼 백화점에 가서 한번 둘러봐요. 우리 몇 시에 만날까요?

## 0018
### 书店
shūdiàn

명 서점

예 A: 外面太冷了，你先进去吧。
Wàimian tài lěng le, nǐ xiān jìnqù ba.
바깥이 너무 추우니 당신 먼저 들어가요.

B: 好，那你到书店以后联系吧。
Hǎo, nà nǐ dào shūdiàn yǐhòu liánxì ba.
알았어요. 그럼 서점에 도착하면 연락하세요.

## 0019
### 休息室
xiūxishì

명 휴게실

예 A: 那儿有休息室吗？
Nàr yǒu xiūxishì ma?
그곳에 휴게실 있어요?

B: 有啊，你能找到吗？
Yǒu a, nǐ néng zhǎodào ma?
있어요. 당신 찾을 수 있어요?

# Chapter 3 약속

## 03 약속 제안할 때

### Mind Map Note

空 kòng
명 틈, 겨를

事情 shìqing
명 일

安排 ānpái
명 일정, 스케줄

约 yuē
명 약속 동 약속하다

商量 shāngliang
동 상의하다

一起 yìqǐ
부 같이, 함께

拜访 bàifǎng
동 방문하다

聊 liáo
동 얘기하다, 수다를 떨다

方便 fāngbiàn
형 편하다

纪念日 jìniànrì
명 기념일

## Let's Start Up!
주제에 맞는 단어와 예문을 학습해보세요.   3-03

**0001**
## 空
kòng

명 틈, 겨를

예 A: 你什么时候有空?
Nǐ shénme shíhou yǒu kòng?
당신 언제 시간 있어요?

B: 星期三和星期五有空。
Xīngqīsān hé xīngqīwǔ yǒu kòng.
수요일과 금요일에 시간 있어요.

**0002**
## 事情
shìqing

명 일

예 A: 下个周末我们去爬山吧。
Xià ge zhōumò wǒmen qù páshān ba.
다음 주말에 우리 등산가요.

B: 对不起，那天我有事情。
Duìbuqǐ, nà tiān wǒ yǒu shìqing.
미안해요. 그날 제가 일이 있어요.

**0003**
## 心事
xīnshì

명 걱정거리

예 A: 我有点儿心事，想跟你说说。
Wǒ yǒu diǎnr xīnshì, xiǎng gēn nǐ shuōshuo.
제가 걱정거리가 좀 있어서 당신과 얘기를 좀 하고 싶어요.

B: 可以，我们晚上见吧。
Kěyǐ, wǒmen wǎnshang jiàn ba.
그래요. 우리 저녁에 만나요.

**0004**
## 安排
ānpái

명 일정, 스케줄

예 A: 这个星期你有什么安排?
Zhè ge xīngqī nǐ yǒu shénme ānpái?
이번 주에 당신 무슨 일정이 있어요?

B: 没有，你有什么事吗?
Méi yǒu, nǐ yǒu shénme shì ma?
없어요. 무슨 일 있어요?

**0005 请 qǐng**

동 청하다

예 A: 中午我请你吃饭，你有时间吗?
Zhōngwǔ wǒ qǐng nǐ chīfàn, nǐ yǒu shíjiān ma?
점심에 제가 밥 살게요. 시간 있어요?

B: 真的？当然有时间啊！
Zhēn de? Dāngrán yǒu shíjiān a!
진짜요? 당연히 시간 있죠!

**0006 接 jiē**

동 받다, 마중하다

예 A: 明天你能带我去那儿吗?
Míngtiān nǐ néng dài wǒ qù nàr ma?
내일 당신이 저를 데리고 거기에 갈 수 있나요?

B: 好，那我去接你。
Hǎo, nà wǒ qù jiē nǐ.
좋아요. 그럼 내가 데리러 갈게요.

**0007 想 xiǎng**

동 보고 싶다

예 A: 我们两个月没见了，我想你了。
Wǒmen liǎng ge yuè méi jiàn le, wǒ xiǎng nǐ le.
두 달 동안 만나지 못했네요. 당신이 보고 싶어요.

B: 我也想你，我们约时间见吧。
Wǒ yě xiǎng nǐ, wǒmen yuē shíjiān jiàn ba.
나도 보고 싶어요. 우리 시간을 정해서 만나요.

**0008 聊 liáo**

동 얘기하다, 수다를 떨다

예 A: 我有事儿，想跟你聊聊。
Wǒ yǒu shìr, xiǎng gēn nǐ liáoliao.
제가 일이 있는데, 당신과 얘기를 좀 하고 싶어요.

B: 那我们几点见?
Nà wǒmen jǐ diǎn jiàn?
그럼 우리 몇 시에 만날까요?

중국어회화 VOCA

### 0009
# 一起
yìqǐ

**부** 같이, 함께

**예** A: 今天晚上我们一起去百货商店，怎么样？
Jīntiān wǎnshang wǒmen yìqǐ qù bǎihuò shāngdiàn, zěnmeyàng?
오늘 저녁에 우리 같이 백화점에 가요. 어때요?

B: 当然好，你要买什么？
Dāngrán hǎo, nǐ yào mǎi shénme?
당연히 좋죠. 무엇을 살 거예요?

### 0010
# 约
yuē

**명** 약속 **동** 약속하다

**예** A: 你今天有约吗？
Nǐ jīntiān yǒu yuē ma?
당신 오늘 약속 있어요?

B: 没有约，你有什么想做的吗？
Méi yǒu yuē, nǐ yǒu shénme xiǎng zuò de ma?
약속 없어요. 하고 싶은 게 있나요?

### 0011
# 拜访
bàifǎng

**동** 방문하다

**예** A: 我们什么时候去拜访老师？
Wǒmen shénme shíhou qù bàifǎng lǎoshī?
우리 언제 선생님 뵈러 갈까요?

B: 我们先问问老师吧。
Wǒmen xiān wènwen lǎoshī ba.
우리 먼저 선생님께 한번 여쭤봐요.

### 0012
# 方便
fāngbiàn

**형** 편하다

**예** A: 星期四你几点方便？
Xīngqīsì nǐ jǐ diǎn fāngbiàn?
목요일에 당신은 몇 시가 편해요?

B: 我都可以。
Wǒ dōu kěyǐ.
저는 다 좋아요.

### 0013
**决定** juédìng

동 결정하다

예 A: 这次我们去哪儿，你决定了吗?
Zhè cì wǒmen qù nǎr, nǐ juédìng le ma?
이번에 우리 어디로 갈까요? 당신 결정했어요?

B: 还没决定呢，我再想想。
Hái méi juédìng ne, wǒ zài xiǎngxiang.
아직 결정 못했어요. 다시 생각 좀 해볼게요.

### 0014
**商量** shāngliang

동 상의하다

예 A: 我想跟你商量一件事儿。
Wǒ xiǎng gēn nǐ shāngliang yí jiàn shìr.
저는 당신과 한 가지 일을 상의하고 싶어요.

B: 是吗? 那晚上见怎么样?
Shì ma? Nà wǎnshang jiàn zěnmeyàng?
그래요? 그럼 저녁에 만나는 게 어때요?

### 0015
**派对** pàiduì

명 파티

예 A: 下个月我要开生日派对，你能来吗?
Xià ge yuè wǒ yào kāi shēngrì pàiduì, nǐ néng lái ma?
다음 달에 저는 생일파티를 하려고 하는데, 당신 올 수 있어요?

B: 是吗? 几号啊?
Shì ma? Jǐ hào a?
그래요? 며칠이에요?

### 0016
**生日** shēngrì

명 생일

예 A: 这个月3号是我的生日，你能来吗?
Zhè ge yuè sān hào shì wǒ de shēngrì, nǐ néng lái ma?
이번 달 3일이 제 생일이에요. 당신 올 수 있어요?

B: 我看看时间吧。
Wǒ kànkan shíjiān ba.
제가 시간을 좀 볼게요.

**0017**

## 纪念日
jìniànrì

명 기념일

예 A: 今天是结婚纪念日，你没忘吧？
Jīntiān shì jiéhūn jìniànrì, nǐ méi wàng ba?
오늘 결혼 기념일인데, 당신 안 잊었죠?

B: 当然，我们在外面吃饭吧。
Dāngrán, wǒmen zài wàimian chīfàn ba.
당연하죠. 우리 밖에서 외식해요.

**0018**

## 上半年
shàngbànnián

명 상반기

예 A: 你今年上半年什么时候有假？
Nǐ jīnnián shàngbànnián shénme shíhou yǒu jià?
당신은 올해 상반기 언제 휴가가 있나요?

B: 三月有四天假，我们在国内走走吧。
Sān yuè yǒu sì tiān jià, wǒmen zài guónèi zǒuzou ba.
3월에 4일 휴가가 있어요. 우리 국내에서 돌아다녀 봐요.

**Voca+**
下半年 xiàbànnián 하반기

# Chapter 3 약속

## 04 약속 변경 · 취소할 때

**Mind Map Note**

取消 qǔxiāo
동 취소하다

改天 gǎitiān
명 다른 날

拒绝 jùjué
동 거절하다

换 huàn
동 바꾸다

推迟 tuīchí
동 (시간을) 미루다

提前 tíqián
동 (시간을) 앞당기다

借口 jièkǒu
명 변명, 핑계

晚点 wǎndiǎn
동 늦다, 연착하다

变心 biànxīn
동 마음이 바뀌다, 변심하다

不见不散 bújiàn búsàn
성 만날 때까지 기다리다, 꼭 만나다

## Let's Start Up!
주제에 맞는 단어와 예문을 학습해보세요.  3-04

**0001**
## 换
huàn

동 바꾸다

예 A: 工作还没做完，我们换个时间见。
Gōngzuò hái méi zuòwán, wǒmen huàn ge shíjiān jiàn.
일이 아직 안 끝났어요. 우리 시간을 변경해서 만나요.

B: 那晚一个小时吧。
Nà wǎn yí ge xiǎoshí ba.
그럼 한 시간 늦춰요.

**0002**
## 取消
qǔxiāo

동 취소하다

예 A: 对不起，今天的约会可以取消吗?
Duìbuqǐ, jīntiān de yuēhuì kěyǐ qǔxiāo ma?
미안해요. 오늘 약속을 취소할 수 있을까요?

B: 怎么了? 你有什么事?
Zěnme le? Nǐ yǒu shénme shì?
왜 그러는데요? 무슨 일 있어요?

**0003**
## 拒绝
jùjué

동 거절하다

예 A: 我约她了，可是她拒绝了。
Wǒ yuē tā le, kěshì tā jùjué le.
제가 그녀에게 데이트를 신청했지만 그녀는 거절했어요.

B: 真的? 她为什么拒绝了?
Zhēn de? Tā wèi shénme jùjué le?
진짜요? 그녀는 왜 거절했을까요?

**0004**
## 改天
gǎitiān

명 다른 날

예 A: 今天太冷了，我们改天见吧。
Jīntiān tài lěng le, wǒmen gǎitiān jiàn ba.
오늘은 너무 추워요. 우리 다른 날에 만나요.

B: 不行，今天一定要见。
Bù xíng, jīntiān yídìng yào jiàn.
안 돼요. 오늘 반드시 만나야 해요.

## 0005 晚点 wǎndiǎn

동 늦다, 연착하다

예 A: 不好意思，地铁晚点了。
Bù hǎo yìsi, dìtiě wǎndiǎn le.
미안해요. 지하철이 연착됐어요.

B: 没关系，我等你。
Méi guānxi, wǒ děng nǐ.
괜찮아요. 기다릴게요.

## 0006 突然 tūrán

부 갑자기

예 A: 我突然有事，今天不能见面了。
Wǒ tūrán yǒu shì, jīntiān bù néng jiànmiàn le.
제가 갑자기 일이 생겨서 오늘은 못 만날 것 같아요.

B: 那你以后请我吃饭。
Nà nǐ yǐhòu qǐng wǒ chīfàn.
그럼 나중에 밥 한 끼 사요.

## 0007 不舒服 bù shūfu

형 (몸이) 아프다, 불편하다

예 A: 你别忘了今晚的约会。
Nǐ bié wàng le jīnwǎn de yuēhuì.
당신 오늘 저녁 약속 잊지 말아요.

B: 对不起，我今天不舒服，改天吧。
Duìbuqǐ, wǒ jīntiān bù shūfu, gǎitiān ba.
미안해요. 제가 오늘 몸이 안 좋아서 다른 날에 만나요.

**Voca⁺**
今晚 jīnwǎn 오늘 저녁 | 昨晚 zuówǎn 어제 저녁 | 明晚 míngwǎn 내일 저녁

## 0008 加班 jiābān

동 야근하다

예 A: 这个星期我每天得加班。
Zhè ge xīngqī wǒ měitiān děi jiābān.
이번 주에 제가 매일 야근해야 해요.

B: 没办法，那我们下个星期见吧。
Méi bànfǎ, nà wǒmen xià ge xīngqī jiàn ba.
방법이 없네요. 그럼 우리 다음 주에 만나요.

중국어회화VOCA

## 0009
**休息**
xiūxi

[동] 쉬다

A: 周末我们去骑自行车吧。
Zhōumò wǒmen qù qí zìxíngchē ba.
주말에 우리 자전거 타러 가요.

B: 我最近太累了，周末想休息。
Wǒ zuìjìn tài lèi le, zhōumò xiǎng xiūxi.
제가 요즘 너무 바빠요. 주말에는 쉬고 싶어요.

## 0010
**关门**
guānmén

[동] 문을 닫다

A: 听说那儿星期一关门。
Tīngshuō nàr xīngqīyī guānmén.
듣자 하니, 그곳은 월요일에 문을 닫는대요.

B: 是吗？那我们星期二去吧。
Shì ma? Nà wǒmen xīngqī'èr qù ba.
그래요? 그럼 우리 화요일에 가요.

**Grammar+**
- 听说 : '듣자 하니~'라는 뜻으로 전해들은 내용이 听说 뒤에 이어진다.

## 0011
**机会**
jīhuì

[명] 기회

A: 我这个周末没有时间。
Wǒ zhè ge zhōumò méi yǒu shíjiān.
제가 이번 주말에 시간이 없어요.

B: 有机会的时候，再去玩儿吧。
Yǒu jīhuì de shíhou, zài qù wánr ba.
기회가 있을 때, 다시 놀러 가요.

## 0012
**恐怕**
kǒngpà

[부] 아마도 ~일 것이다

A: 明晚我恐怕不能跟你见面了。
Míngwǎn wǒ kǒngpà bù néng gēn nǐ jiànmiàn le.
내일 저녁에 제가 아마도 당신과 못 만날 것 같아요.

B: 那今晚怎么样？
Nà jīnwǎn zěnmeyàng?
그럼 오늘 저녁은 어때요?

**0013**
## 推迟
tuīchí

동 (시간을) 미루다

예 A: 我们能推迟几天见吗?
Wǒmen néng tuīchí jǐ tiān jiàn ma?
우리 며칠 미뤄서 만날 수 있어요?

B: 可以，那再联系吧。
Kěyǐ, nà zài liánxi ba.
가능해요. 그럼 다시 연락해요.

**0014**
## 提前
tíqián

동 (시간을) 앞당기다

예 A: 星期六车太多了。
Xīngqīliù chē tài duō le.
토요일은 차가 너무 많아요.

B: 那提前一天，星期五晚上出发吧。
Nà tíqián yi tiān, xīngqīwǔ wǎnshang chūfā ba.
그럼 하루 앞당겨서 금요일 저녁에 출발해요.

**0015**
## 离
lí

개 ~으로부터, ~에서

예 A: 我家离那儿太远了。
Wǒ jiā lí nàr tài yuǎn le.
우리 집은 거기에서 너무 멀어요.

B: 是吗？那我们换个地方吧。
Shì ma? Nà wǒmen huàn ge dìfang ba.
그래요? 그럼 우리 장소를 바꿔요.

#### Grammar+
- 离 : 개사로 'A는 B에서 가깝다/멀다'라는 두 지점간의 거리를 나타낸다. [A离B(기준점)近/远]의 형태로 쓰인다.

**0016**
## 不见不散
bújiàn búsàn

성 만날 때까지 기다리다, 꼭 만나다

예 A: 对不起，我今天不能去了。
Duìbuqǐ, wǒ jīntiān bù néng qù le.
미안해요. 오늘 갈 수 없게 되었어요.

B: 好吧，下次一定不见不散。
Hǎo ba, xiàcì yídìng bújiàn búsàn.
알겠어요. 다음에는 반드시 만나야 해요.

중국어회화 VOCA

### 0017
**借口**
jièkǒu

몡 변명, 핑계

A: 对不起，我这几天太忙了，下次见吧。
Duìbuqǐ, wǒ zhè jǐ tiān tài máng le, xiàcì jiàn ba.
미안해요. 제가 요 며칠 너무 바쁜데, 다음에 만나요.

B: 你别找借口了。
Nǐ bié zhǎo jièkǒu le.
핑계대지 말아요.

### 0018
**出事**
chūshì

동 일이 생기다, 문제가 생기다

A: 我朋友出事了，我要去看她。
Wǒ péngyou chūshì le, wǒ yào qù kàn tā.
제 친구에게 문제가 생겼어요. 그녀를 보러 가야 해요.

B: 你快去吧，下次见。
Nǐ kuài qù ba, xiàcì jiàn.
빨리 가보세요. 다음에 봐요.

### 0019
**懒**
lǎn

형 게으르다

A: 我今天不想起来，能不能改时间？
Wǒ jīntiān bù xiǎng qǐlai, néng bu néng gǎi shíjiān?
저 오늘 일어나기 싫어요. 시간을 바꿀 수 있나요?

B: 你太懒了。
Nǐ tài lǎn le.
당신 너무 게으르네요.

### 0020
**变心**
biànxīn

동 마음이 바뀌다, 변심하다

A: 我们能不能改天再去？
Wǒmen néng bu néng gǎitiān zài qù?
우리 날을 바꿔서 갈 수 있어요?

B: 你怎么又变心了？
Nǐ zěnme yòu biànxīn le?
당신은 어째서 또 마음이 바뀌었어요?

## VOCA Review

다음 빈칸에 한자, 병음, 뜻을 알맞게 채워보세요~

| | 한자 | 병음 | 뜻 |
|---|---|---|---|
| 1 | 时间 | shíjiān | 시간 |
| 2 | 迟到 | chídào | 지각하다 |
| 3 | 准时 | zhǔnshí | 정시에, 제때에 |
| 4 | 随时 | suíshí | 언제나, 아무 때나 |
| 5 | 地点 | dìdiǎn | 장소, 위치, 지점 |
| 6 | 附近 | fùjìn | 근처, 부근 |
| 7 | 老地方 | lǎo dìfang | 늘 가던 곳 |
| 8 | 咖啡厅 | kāfēitīng | 커피숍 |
| 9 | 空 | kòng | 틈, 겨를 |
| 10 | 安排 | ānpái | 일정, 스케줄 |
| 11 | 拜访 | bàifǎng | 방문하다 |
| 12 | 纪念日 | jìniànrì | 기념일 |
| 13 | 取消 | qǔxiāo | 취소하다 |
| 14 | 拒绝 | jùjué | 거절하다 |
| 15 | 借口 | jièkǒu | 변명, 핑계 |

# Chapter 4
# 쇼핑

| 01 | 식품 | 116 |
| 02 | 전자제품 | 126 |
| 03 | 의류 | 134 |
| 04 | 화장품 | 144 |
| 05 | 액세서리 | 151 |
| – | voca Review | 157 |

# Chapter 4 쇼핑

## 01 식품

### Mind Map Note

食品 shípǐn
명 식품

超市 chāoshì
명 마트

购物车 gòuwùchē
명 쇼핑 카트

试吃 shìchī
동 시식하다

蔬菜 shūcài
명 채소

肉 ròu
명 고기

营养 yíngyǎng
명 영양

海鲜 hǎixiān
명 해산물

新鲜 xīnxiān
형 신선하다

保质期 bǎozhìqī
명 유통기한

## Let's Start Up!

주제에 맞는 단어와 예문을 학습해보세요.  4-01

**0001**
### 钱
qián

명 돈

예 A: 这个多少钱?
Zhè ge duōshao qián?
이건 얼마예요?

B: 一百块。
Yì bǎi kuài.
100위안이에요.

**0002**
### 卖
mài

동 팔다, 판매하다

예 A: 苹果怎么卖?
Píngguǒ zěnme mài?
사과는 어떻게 팔아요?

B: 十块一斤。
Shí kuài yi jīn.
한 근에 10위안이에요.

**0003**
### 食品
shípǐn

명 식품

예 A: 我要买绿色食品。
Wǒ yào mǎi lǜsè shípǐn.
저는 친환경식품을 살 거예요.

B: 食品区往前走，在右边。
Shípǐnqū wǎng qián zǒu, zài yòubian.
식품 코너는 앞으로 가면 오른쪽에 있어요.

**Grammar+**
- 往 : '~쪽으로'라는 뜻의 개사로 방향을 나타낸다. [주어 + 往 + 방위사 + 동사]의 형태로 쓰인다.

**0004**
### 超市
chāoshì

명 마트, 슈퍼마켓

예 A: 你去哪儿?
Nǐ qù nǎr?
어디 가세요?

B: 我去超市买些吃的。
Wǒ qù chāoshì mǎi xiē chī de.
마트에 먹을 것 좀 사러 가요.

01 식품   117

### 0005
## 购物车
gòuwùchē

명 쇼핑 카트

예 A: 我们要买很多东西，你推个购物车过来吧。
Wǒmen yào mǎi hěn duō dōngxi, nǐ tuī ge gòuwùchē guòlái ba.
우리 물건을 많이 사야하니, 카트를 끌고 오세요.

B: 好的，你有没有硬币？
Hǎo de, nǐ yǒu méi yǒu yìngbì?
알겠어요. 동전 있어요?

### 0006
## 试吃
shìchī

동 시식하다

예 A: 这是新出的，试吃一下儿。
Zhè shì xīnchū de, shìchī yíxiàr.
이것은 새로 나온 거예요. 시식 한번 해보세요.

B: 味道不错，给我来一袋儿吧。
Wèidao búcuò, gěi wǒ lái yí dàir ba.
맛이 좋네요. 한 봉지 주세요.

### 0007
## 水果
shuǐguǒ

명 과일

예 A: 最近水果很便宜。
Zuìjìn shuǐguǒ hěn piányi.
요즘 과일이 싸요.

B: 那回家的时候买点儿吧。
Nà huíjiā de shíhou mǎi diǎnr ba.
그럼 집에 돌아갈 때 좀 삽시다.

**Voca⁺**
梨 lí 배 | 桃 táo 복숭아 | 苹果 píngguǒ 사과 | 草莓 cǎoméi 딸기 | 西瓜 xīguā 수박 | 葡萄 pútáo 포도 | 芒果 mángguǒ 망고 | 香蕉 xiāngjiāo 바나나 | 菠萝 bōluó 파인애플 | 猕猴桃 míhóutáo 키위

## 0008 蔬菜 shūcài

명 채소

예 A: 我们买什么蔬菜?
Wǒmen mǎi shénme shūcài?
우리 어떤 채소를 살까요?

B: 买点儿黄瓜和菠菜吧。
Mǎi diǎnr huángguā hé bōcài ba.
오이랑 시금치를 조금 사요.

**Voca⁺**
黄瓜 huángguā 오이 | 萝卜 luóbo 무 | 葱 cōng 파 | 茄子 qiézi 가지 | 辣椒 làjiāo 고추 | 豆芽 dòuyá 콩나물 | 土豆 tǔdòu 감자 | 白菜 báicài 배추 | 生菜 shēngcài 상추 | 菠菜 bōcài 시금치 | 油菜 yóucài 청경채

## 0009 新鲜 xīnxiān

형 신선하다

예 A: 这个蔬菜新鲜吗?
Zhè ge shūcài xīnxiān ma?
이 채소는 신선해요?

B: 这个今天来的，特别新鲜。
Zhè ge jīntiān lái de, tèbié xīnxiān.
이것은 오늘 온 거예요. 굉장히 신선해요.

## 0010 营养 yíngyǎng

명 영양

예 A: 你应该吃点儿有营养的。
Nǐ yīnggāi chī diǎnr yǒu yíngyǎng de.
당신은 영양가가 있는 것을 좀 먹어야 해요.

B: 那买只鸡做参鸡汤吧。
Nà mǎi zhī jī zuò shēnjītāng ba.
그럼 닭 한 마리를 사서 삼계탕을 만들죠.

## 0011
**肉** ròu

명 고기

예 A: 我今晚想吃肉。
Wǒ jīnwǎn xiǎng chī ròu.
오늘 저녁은 고기를 먹고 싶어요.

B: 我已经买猪肉了。
Wǒ yǐjīng mǎi zhūròu le.
제가 이미 돼지고기를 샀어요.

**Voca+**
猪肉 zhūròu 돼지고기 | 牛肉 niúròu 소고기 | 鸡肉 jīròu 닭고기 | 羊肉 yángròu 양고기 | 鸭肉 yāròu 오리고기

## 0012
**鱼** yú

명 생선

예 A: 最近什么鱼好吃?
Zuìjìn shénme yú hǎochī?
요즘 어떤 생선이 맛있어요?

B: 你看，这条很不错。
Nǐ kàn, zhè tiáo hěn búcuò.
보세요. 이거 아주 좋아요.

**Voca+**
鳗鱼 mányú 장어 | 带鱼 dàiyú 갈치 | 小银鱼 xiǎoyínyú 멸치 | 三文鱼 sānwényú 연어 | 金枪鱼 jīnqiāngyú 참치 | 鲐鲅鱼 táibàyú 고등어

## 0013
**海鲜** hǎixiān

명 해산물

예 A: 那家的海鲜又便宜又新鲜。
Nà jiā de hǎixiān yòu piányi yòu xīnxiān.
저 집의 해산물은 저렴하고 신선해요.

B: 那我们去那家买吧。
Nà wǒmen qù nà jiā mǎi ba.
그럼 우리 그 가게로 가서 사요.

**Voca+**
虾 xiā 새우 | 螃蟹 pángxiè 게 | 牡蛎 mǔlì 굴 | 蛤蜊 gélí 조개 | 鲍鱼 bàoyú 전복 | 章鱼 zhāngyú 문어 | 鱿鱼 yóuyú 오징어 | 龙虾 lóngxiā 바닷가재, 랍스터 | 海带 hǎidài 미역, 다시마

## 0014
**乳制品**
rǔzhìpǐn

명 유제품

예 A: 多吃乳制品能保护肠胃健康。
Duō chī rǔzhìpǐn néng bǎohù chángwèi jiànkāng.
유제품을 많이 먹으면 위장 건강을 보호할 수 있어요.

B: 可是我不太喜欢。
Kěshì wǒ bú tài xǐhuan.
하지만 저는 별로 안 좋아해요.

**Voca+**
牛奶 niúnǎi 우유 | 酸奶 suānnǎi 요거트 | 奶酪 nǎilào 치즈

## 0015
**香肠**
xiāngcháng

명 소시지

예 A: 这个香肠今天买一送一。
Zhè ge xiāngcháng jīntiān mǎi yī sòng yī.
이 소시지 오늘 하나 사면 하나 더 드려요.

B: 好吃吗? 给我一个吧。
Hǎochī ma? Gěi wǒ yí ge ba.
맛있어요? 하나 주세요.

## 0016
**面条**
miàntiáo

명 면, 국수

예 A: 晚上我们做面条吃吧。
Wǎnshang wǒmen zuò miàntiáo chī ba.
저녁에 우리 국수 만들어 먹어요.

B: 那我买回去吧。
Nà wǒ mǎi huíqù ba.
그럼 내가 사 가지고 갈게요.

## 0017
**方便面**
fāngbiànmiàn

명 라면

예 A: 我忘拿方便面了。
Wǒ wàng ná fāngbiànmiàn le.
라면 가져오는(사는) 것을 깜박했어요.

B: 等一下儿, 我去拿来。
Děng yíxiàr, wǒ qù nálái.
잠시만 기다려요. 내가 가서 가져올게요.

### 0018
**大米**
dàmǐ

명 쌀

예 A: 家里的大米快吃完了。
Jiā li de dàmǐ kuài chīwán le.
집에 있는 쌀을 거의 다 먹어가요.

B: 那我们买五公斤吧。
Nà wǒmen mǎi wǔ gōngjīn ba.
그럼 우리 5kg 사요.

### 0019
**泡菜**
pàocài

명 김치

예 A: 你要买什么泡菜?
Nǐ yào mǎi shénme pàocài?
어떤 김치 사실 거예요?

B: 我要买辣白菜。
Wǒ yào mǎi là báicài.
배추김치 사려고요.

### 0020
**紫菜**
zǐcài

명 김

예 A: 问一下儿，哪儿有紫菜?
Wèn yíxiàr, nǎr yǒu zǐcài?
말씀 좀 물을게요. 김은 어디에 있나요?

B: 您去前边看看吧。
Nín qù qiánbian kànkan ba.
앞쪽에 가서 한번 보세요.

### 0021
**豆腐**
dòufu

명 두부

예 A: 你回来的时候买一块儿豆腐吧。
Nǐ huílái de shíhou mǎi yíkuàir dòufu ba.
당신 돌아올 때 두부 한 모 사오세요.

B: 好的，还需要别的吗?
Hǎo de, hái xūyào biéde ma?
알았어요. 또 다른 거 필요해요?

중국어회화 VOCA

### 0022
## 牛肉干
niúròu gān

**명** 소고기 육포

**예** A: 哪个牌子的牛肉干好吃？
Nǎ ge páizi de niúròu gān hǎochī?
어느 브랜드의 육포가 맛있나요?

B: 您尝尝这个牌子的吧。
Nín chángchang zhè ge páizi de ba.
이 브랜드의 것을 한번 먹어보세요.

### 0023
## 坚果
jiānguǒ

**명** 견과류

**예** A: 家里的坚果都吃完了。
Jiā li de jiānguǒ dōu chīwán le.
집에 있는 견과류를 다 먹었어요.

B: 这次买杏仁，怎么样？
Zhè cì mǎi xìngrén, zěnmeyàng?
이번에는 아몬드를 사는 게 어때요?

**Grammar+**
- 完 : 동사 뒤에서 결과보어로 쓰여 동작이 완료되었음을 보충한다. [주어 + 동사 + 完 + 목적어]의 형태로 쓰인다.

**Voca+**
花生 huāshēng 땅콩 | 核桃 hétao 호두 | 杏仁 xìngrén 아몬드 | 腰果 yāoguǒ 캐슈넛 | 榛果 zhēnguǒ 헤이즐넛, 개암

### 0024
## 罐头
guàntou

**명** 통조림

**예** A: 我们买几个鱼罐头吧。
Wǒmen mǎi jǐ ge yú guàntou ba.
우리 생선 통조림 몇 개 사요.

B: 家里还有。
Jiā li hái yǒu.
집에 아직 있어요.

01 식품 123

### 0025 冷冻 lěngdòng

명 냉동

예 A: 没时间的时候，冷冻食品很方便。
Méi shíjiān de shíhou, lěngdòng shípǐn hěn fāngbiàn.
시간 없을 때에는 냉동식품이 편리해요.

B: 那我们买几包吧。
Nà wǒmen mǎi jǐ bāo ba.
그럼 우리 몇 봉지 사요.

### 0026 零食 língshí

명 군것질, 간식

예 A: 家里有零食吗？
Jiā li yǒu língshí ma?
집에 간식거리가 있나요?

B: 没有，你想吃吗？
Méi yǒu, nǐ xiǎng chī ma?
없어요. 당신 먹고 싶어요?

### 0027 饮料 yǐnliào

명 음료

예 A: 这个饮料买一送一。
Zhè ge yǐnliào mǎi yī sòng yī.
이 음료는 1+1이에요.

B: 真便宜啊，买一个吧。
Zhēn piányi a, mǎi yí ge ba.
정말 싸네요. 하나 살게요.

### 0028 酒 jiǔ

명 술

예 A: 你喝过白酒吗？
Nǐ hēguo báijiǔ ma?
당신 백주 마셔본 적 있어요?

B: 没喝过，我们买一瓶吧。
Méi hēguo, wǒmen mǎi yì píng ba.
마셔본 적 없어요. 우리 한 병 사요.

**Voca+**
白酒 báijiǔ 백주 | 啤酒 píjiǔ 맥주 | 红酒 hóngjiǔ 와인 | 洋酒 yángjiǔ 양주 | 烧酒 shāojiǔ 소주 | 米酒 mǐjiǔ 막걸리, 동동주

중국어회화 VOCA

---

**0029**
**国产**
guóchǎn

명 국산

예 A: 这个是不是国产？
Zhè ge shì bu shì guóchǎn?
이것은 국산인가요, 아닌가요?

B: 这个是美国产，那个是国产。
Zhè ge shì Měiguóchǎn, nà ge shì guóchǎn.
이것은 미국산이고, 저것이 국산이에요.

---

**0030**
**保质期**
bǎozhìqī

명 유통기한

예 A: 你好好儿看保质期。
Nǐ hǎohāor kàn bǎozhìqī.
당신 유통기한을 잘 보세요.

B: 这个保质期还有一个月。
Zhè ge bǎozhìqī hái yǒu yí ge yuè.
이건 유통기한이 아직 1개월 남았어요.

---

**0031**
**有机食品**
yǒujī shípǐn

명 유기농 식품

예 A: 有机食品对身体好，我们买点儿吧。
Yǒujī shípǐn duì shēntǐ hǎo, wǒmen mǎi diǎnr ba.
유기농 식품은 몸에 좋아요. 우리 조금 사요.

B: 可是有点儿贵。
Kěshì yǒudiǎnr guì.
그런데 좀 비싸요.

**Voca+**
加工食品 jiāgōng shípǐn 가공식품 | 速冻食品 sùdòng shípǐn 냉동식품 |
健康食品 jiànkāng shípǐn 건강식품 | 绿色食品 lǜsè shípǐn 친환경식품 |
减肥食品 jiǎnféi shípǐn 다이어트식품

---

**0032**
**微波食品**
wēibō shípǐn

명 전자레인지용 식품

예 A: 这是微波食品吗？
Zhè shì wēibō shípǐn ma?
이것은 전자레인지용 식품인가요?

B: 对，转三分钟就可以。
Duì, zhuàn sān fēnzhōng jiù kěyǐ.
맞아요. 3분 돌리면 바로 돼요.

# Chapter 4 쇼핑

## 02 전자제품

### Mind Map Note

**电子产品** diànzǐ chǎnpǐn
명 전자제품

**加湿器** jiāshīqì
명 가습기

**电脑** diànnǎo
명 컴퓨터, PC

**空调** kōngtiáo
명 에어컨

**二手** èrshǒu
형 중고의

**送货** sònghuò
동 (물건을) 배송하다

**正品** zhèngpǐn
명 정품

**牌子** páizi
명 브랜드, 상표

**安装** ānzhuāng
동 설치하다

**保修期** bǎoxiūqī
명 수리 보증 기간

## Let's Start Up!
주제에 맞는 단어와 예문을 학습해보세요.  🔘 4-02

---

**0001**
### 电子产品
diànzǐ chǎnpǐn

명 전자제품

예 A: 这家的电子产品正在打折。
Zhè jiā de diànzǐ chǎnpǐn zhèngzài dǎzhé.
이 가게의 전자제품이 세일 중이에요.

B: 是吗? 今天我们去看看吧。
Shì ma? Jīntiān wǒmen qù kànkan ba.
그래요? 오늘 우리 한번 보러 가요.

---

**0002**
### 付款
fùkuǎn

동 돈을 지불하다, 계산하다

예 A: 你要分几个月付款?
Nǐ yào fēn jǐ ge yuè fùkuǎn?
당신은 몇 개월로 나눠서 계산하실 건가요?

B: 三个月可以吗?
Sān ge yuè kěyǐ ma?
3개월 가능한가요?

---

**0003**
### 信用卡
xìnyòngkǎ

명 신용카드

예 A: 您用信用卡付款吗?
Nín yòng xìnyòngkǎ fùkuǎn ma?
신용카드로 계산하실 건가요?

B: 对，什么信用卡有优惠?
Duì, shénme xìnyòngkǎ yǒu yōuhuì?
네, 어떤 신용카드가 혜택이 있나요?

---

**0004**
### 现金
xiànjīn

명 현금

예 A: 我用现金, 那可以便宜点儿吗?
Wǒ yòng xiànjīn, nà kěyǐ piányi diǎnr ma?
제가 현금을 사용하면 좀 싸게 할 수 있나요?

B: 不好意思，现金和信用卡一样。
Bù hǎo yìsi, xiànjīn hé xìnyòngkǎ yíyàng.
죄송해요. 현금과 신용카드가 같아요.

### 0005
**质量**
zhìliàng

명 품질

예 A: 这个质量特别好，你可以看看。
Zhè ge zhìliàng tèbié hǎo, nǐ kěyǐ kànkan.
이건 품질이 아주 좋아요. 보셔도 돼요.

B: 还不错，多少钱？
Hái búcuò, duōshao qián?
그런대로 좋네요. 얼마예요?

### 0006
**商品**
shāngpǐn

명 제품, 상품

예 A: 我觉得三星的商品都很好。
Wǒ juéde Sānxīng de shāngpǐn dōu hěn hǎo.
제 생각에는 삼성의 제품은 다 좋은 것 같아요.

B: 对，很多人用三星的商品。
Duì, hěn duō rén yòng Sānxīng de shāngpǐn.
맞아요. 많은 사람들이 삼성의 제품을 사용하죠.

### 0007
**正品**
zhèngpǐn

명 정품

예 A: 太贵了，能便宜点儿吗？
Tài guì le, néng piányi diǎnr ma?
너무 비싸네요. 좀 싸게 할 수 있어요?

B: 这是正品，不能便宜。
Zhè shì zhèngpǐn, bù néng piányi.
이것은 정품이라 싸게 할 수 없어요.

### 0008
**山寨**
shānzhài

명 가짜 제품, 모조품, 복제품

예 A: 这台这么便宜？是山寨货吗？
Zhè tái zhème piányi? Shì shānzhài huò ma?
이 제품이 이렇게 저렴해요? 복제품인가요?

B: 这是展示品，所以便宜。
Zhè shì zhǎnshìpǐn, suǒyǐ piányi.
이것은 진열 상품이에요. 그래서 저렴해요.

**Grammar+**
- 台 : '컴퓨터 한 대', '세탁기 한 대' 등 비교적 큰 전자제품을 셀 때 쓰는 단위이다.

중국어회화 VOCA

### 0009
**明码标价**
míngmǎ biāojià

명 정찰제

예 A: 这儿的商品都是明码标价吗?
Zhèr de shāngpǐn dōu shì míngmǎ biāojià ma?
이곳의 상품은 모두 정찰제인가요?

B: 对，你要买什么?
Duì, nǐ yào mǎi shénme?
맞아요. 무엇을 살 건가요?

### 0010
**二手**
èrshǒu

형 중고의

예 A: 这儿有二手手机吗?
Zhèr yǒu èrshǒu shǒujī ma?
여기 중고 휴대전화가 있나요?

B: 有，你要什么手机?
Yǒu, nǐ yào shénme shǒujī?
있어요. 어떤 휴대전화를 원하세요?

### 0011
**牌子**
páizi

명 브랜드, 상표

예 A: 我要买LG牌子的洗衣机。
Wǒ yào mǎi LG páizi de xǐyījī.
저는 LG 브랜드의 세탁기를 사려고 해요.

B: 你要买什么价位的?
Nǐ yào mǎi shénme jiàwèi de?
어떤 가격대를 원하세요?

### 0012
**讨价还价**
tǎojià huánjià

동 흥정하다

예 A: 去那儿买东西可以讨价还价吗?
Qù nàr mǎi dōngxi kěyǐ tǎojià huánjià ma?
거기 가서 물건을 사면 흥정할 수 있나요?

B: 可以，但是不容易。
Kěyǐ, dànshì bù róngyì.
가능해요. 하지만 쉽지 않아요.

## 0013
**送货**
sònghuò

동 물건을 배송하다

예 A: 什么时候能送货?
Shénme shíhou néng sònghuò?
언제 배송해줄 수 있나요?

B: 今天晚上能送到。
Jīntiān wǎnshang néng sòngdào.
오늘 저녁에 배송해드릴 수 있어요.

## 0014
**安装**
ānzhuāng

동 설치하다

예 A: 买这个给安装吗?
Mǎi zhè ge gěi ānzhuāng ma?
이것을 사면 설치해주나요?

B: 当然了，您几点在家?
Dāngrán le, nín jǐ diǎn zài jiā?
당연하죠. 몇 시에 집에 계세요?

## 0015
**生产**
shēngchǎn

동 생산하다

예 A: 这是什么时候生产的?
Zhè shì shénme shíhou shēngchǎn de?
이것은 언제 만들어진 제품이에요?

B: 是去年生产的。
Shì qùnián shēngchǎn de.
작년에 생산된 제품이에요.

## 0016
**保修期**
bǎoxiūqī

명 수리 보증 기간

예 A: 这台电视的保修期是几年?
Zhè tái diànshì de bǎoxiūqī shì jǐ nián?
이 텔레비전의 수리 보증 기간은 몇 년인가요?

B: 可以保修一年。
Kěyǐ bǎoxiū yì nián.
1년 동안 무상 수리가 가능해요.

### 0017
**空调**
kōngtiáo

📖 에어컨

💬 A: 这台空调功能怎么样?
　　Zhè tái kōngtiáo gōngnéng zěnmeyàng?
　　이 에어컨의 기능은 어때요?

　　B: 这台的功能非常好，很有人气。
　　Zhè tái de gōngnéng fēicháng hǎo, hěn yǒu rénqì.
　　이 에어컨의 기능은 굉장히 좋아서 매우 인기 있어요.

**Voca+**
电视 diànshì 텔레비전 | 电脑 diànnǎo 컴퓨터 | 冰箱 bīngxiāng 냉장고 |
吸尘器 xīchénqì 청소기 | 洗衣机 xǐyījī 세탁기

### 0018
**电饭锅**
diànfànguō

📖 전기밥솥

💬 A: 你要买几人用的电饭锅?
　　Nǐ yào mǎi jǐ rén yòng de diànfànguō?
　　당신은 몇 인용의 전기밥솥을 원하세요?

　　B: 有3、4人用的吗?
　　Yǒu sān、sì rén yòng de ma?
　　3~4인용 있어요?

### 0019
**微波炉**
wēibōlú

📖 전자레인지

💬 A: 哪个是最新型的微波炉?
　　Nǎ ge shì zuì xīnxíng de wēibōlú?
　　어느 것이 가장 최신형 전자레인지인가요?

　　B: 这是最新型的。
　　Zhè shì zuì xīnxíng de.
　　이것이 가장 최신형이에요.

**Voca+**
烤箱 kǎoxiāng 오븐레인지

**0020**

## 数码相机
shùmǎ xiàngjī

명 디지털 카메라

예 A: 我想换数码相机，有小点儿的吗?
Wǒ xiǎng huàn shùmǎ xiàngjī, yǒu xiǎo diǎnr de ma?
디지털 카메라를 바꾸고 싶어요. 좀 작은 것이 있나요?

B: 您看看这台怎么样?
Nín kànkan zhè tái zěnmeyàng?
이게 어떤지 좀 보실래요?

**0021**

## 充电器
chōngdiànqì

명 충전기

예 A: 对了，我的充电器坏了。
Duì le, wǒ de chōngdiànqì huài le.
맞다. 제 충전기가 고장 났어요.

B: 你要新买一个吗?
Nǐ yào xīn mǎi yí ge ma?
당신은 새로 하나 살 거예요?

**0022**

## 空气净化器
kōngqì jìnghuàqì

명 공기 청정기

예 A: 家里空气不太好。
Jiā li kōngqì bú tài hǎo.
집 안의 공기가 너무 안 좋아요.

B: 是啊，那我们买一台空气净化器，怎么样?
Shì a, nà wǒmen mǎi yì tái kōngqì jìnghuàqì, zěnmeyàng?
그래요. 그럼 우리 공기 청정기를 하나 사는 게 어때요?

**0023**

## 加湿器
jiāshīqì

명 가습기

예 A: 太干燥了，我想买一台加湿器。
Tài gānzào le, wǒ xiǎng mǎi yì tái jiāshīqì.
너무 건조하네요. 저는 가습기 한 대를 사고 싶어요.

B: 不过最近加湿器有很多问题。
Búguò zuìjìn jiāshīqì yǒu hěn duō wèntí.
그런데 요즘 가습기에는 문제가 많아요.

중국어회화 VOCA

### 0024 吸尘器
xīchénqì

명 청소기

예 A: 哪台**吸尘器**的功能最好?
Nǎ tái xīchénqì de gōngnéng zuì hǎo?
어떤 청소기의 기능이 가장 좋아요?

B: 这台贵是贵，不过功能真的很好。
Zhè tái guì shì guì, búguò gōngnéng zhēn de hěn hǎo.
이게 비싸긴 비싼데, 그런데 기능이 정말 좋아요.

### 0025 吹风机
chuīfēngjī

명 (헤어) 드라이어

예 A: 怎么办? **吹风机**坏了。
Zěnme bàn? Chuīfēngjī huài le.
어떡해요? 드라이어가 망가졌어요.

B: 下班以后去买吧。
Xiàbān yǐhòu qù mǎi ba.
퇴근한 후에 사러 가요.

### 0026 洗衣机
xǐyījī

명 세탁기

예 A: 家里的**洗衣机**用得太久了。
Jiā li de xǐyījī yòng de tài jiǔ le.
집에 있는 세탁기 너무 오래 사용했어요.

B: 是啊，我也正想换一台。
Shì a, wǒ yě zhèng xiǎng huàn yì tái.
맞아요. 나도 마침 한 대 바꾸고 싶었어요.

### 0027 按摩椅
ànmóyǐ

명 안마 의자

예 A: 您试试这个**按摩椅**吧。
Nín shìshi zhè ge ànmóyǐ ba.
이 안마 의자를 한번 이용해보세요.

B: 哦！很舒服，多少钱?
Ó! Hěn shūfu, duōshao qián?
오! 편안하네요. 얼마예요?

# Chapter 4 쇼핑

## 03 의류

### Mind Map Note

**服装** fúzhuāng
명 의류, 의복

**休闲服** xiūxiánfú
명 캐주얼복, 평상복

**正装** zhèngzhuāng
명 정장, 슈트

**内衣** nèiyī
명 속옷

**号码** hàomǎ
명 사이즈, 치수

**颜色** yánsè
명 색상, 색깔

**过时** guòshí
형 유행이 지나다

**款式** kuǎnshì
명 스타일, 양식

**流行** liúxíng
동 형 유행하다

**时尚** shíshàng
명 트렌드, 유행
형 시대에 맞다, 멋스럽다

## Let's Start Up!

주제에 맞는 단어와 예문을 학습해보세요.  🎧 4-03

---

**0001**

# 衣服
yīfu

🟩 옷, 의복

예 A: 天气冷了，我要买新衣服。
Tiānqì lěng le, wǒ yào mǎi xīn yīfu.
날씨가 추워졌어요. 새 옷을 사야겠어요.

B: 你想买什么衣服？
Nǐ xiǎng mǎi shénme yīfu?
당신은 어떤 옷을 사고 싶어요?

**Voca⁺**
裤子 kùzi 바지 | 裙子 qúnzi 치마 | 衬衫 chènshān 와이셔츠 | T恤衫 T-xùshān T셔츠 | 毛衣 máoyī 스웨터 | 外套 wàitào 외투 | 内衣 nèiyī 속옷

---

**0002**

# 穿
chuān

🟩 입다, 신다

예 A: 我穿这件外套好看吗？
Wǒ chuān zhè jiàn wàitào hǎokàn ma?
제가 이 외투를 입으면 예쁜가요?

B: 真好看，买一件吧。
Zhēn hǎokàn, mǎi yí jiàn ba.
진짜 예뻐요. 한 벌 사세요.

---

**0003**

# 号码
hàomǎ

🟩 사이즈, 치수

예 A: 你穿多大号码的衣服？
Nǐ chuān duō dà hàomǎ de yīfu?
당신은 몇 치수의 옷을 입으세요?

B: 我穿S的。
Wǒ chuān S de.
저는 S사이즈를 입어요.

---

**0004**

# 个子
gèzi

🟩 키

예 A: 我不知道男朋友穿多大的。
Wǒ bù zhīdào nánpéngyou chuān duō dà de.
남자친구가 몇 사이즈를 입는지 모르겠어요.

B: 那他个子多高？
Nà tā gèzi duō gāo?
그럼 그분은 키가 얼마나 되나요?

03 의류  135

### 0005 有点儿 yǒudiǎnr

부 조금, 약간

예 A: 这件有点儿大。
Zhè jiàn yǒudiǎnr dà.
이 옷은 조금 크네요.

B: 我觉得还可以，那你看看这件。
Wǒ juéde hái kěyǐ, nà nǐ kànkan zhè jiàn.
제 생각에는 괜찮은데, 그럼 이 옷을 한번 보세요.

### 0006 肥 féi

형 헐렁하다

예 A: 怎么样？合适吗？
Zěnmeyàng? Héshì ma?
어때요? 잘 맞아요?

B: 有点儿肥。
Yǒudiǎnr féi.
조금 헐렁해요.

### 0007 紧 jǐn

형 (옷, 신발 등이) 꼭 끼다

예 A: 这条裤子有点儿紧。
Zhè tiáo kùzi yǒudiǎnr jǐn.
이 바지는 조금 껴요.

B: 那您再试试大一号的吧。
Nà nín zài shìshi dà yí hào de ba.
그럼 한 사이즈 큰 것으로 다시 입어보세요.

### 0008 厚 hòu

형 두껍다

예 A: 这件很厚，我想买薄一点儿的。
Zhè jiàn hěn hòu, wǒ xiǎng mǎi báo yìdiǎnr de.
이 옷은 두꺼운데, 저는 좀 더 얇은 것으로 사고 싶어요.

B: 那这件怎么样？
Nà zhè jiàn zěnmeyàng?
그럼 이 옷은 어때요?

중국어회화 VOCA

**0009**
## 短
duǎn

[형] 짧다

[예] A: 这条裤子有点儿短。
　　 Zhè tiáo kùzi yǒudiǎnr duǎn.
　　 이 바지 조금 짧네요.

　　 B: 最近流行这样的裤子。
　　 Zuìjìn liúxíng zhèyàng de kùzi.
　　 요즘 이런 바지가 유행이에요.

**0010**
## 七分袖
qīfēnxiù

[명] 7부(약간 짧은 소매)

[예] A: 这儿有七分袖的T恤衫吗?
　　 Zhèr yǒu qīfēnxiù de T-xùshān ma?
　　 여기 7부 티셔츠 있나요?

　　 B: 有，在那边。
　　 Yǒu, zài nàbiān.
　　 있어요. 저쪽에 있어요.

**0011**
## 颜色
yánsè

[명] 색상, 색깔

[예] A: 这条裙子有什么颜色?
　　 Zhè tiáo qúnzi yǒu shénme yánsè?
　　 이 치마는 무슨 색깔이 있나요?

　　 B: 有黑色和灰色。
　　 Yǒu hēisè hé huīsè.
　　 검은색과 회색이 있어요.

**Voca⁺**
红色 hóngsè 빨간색 | 黄色 huángsè 노란색 | 绿色 lǜsè 초록색 | 蓝色 lánsè 파란색 | 黑色 hēisè 검은색 | 白色 báisè 흰색 | 灰色 huīsè 회색

**0012**
## 图案
tú'àn

[명] 무늬

[예] A: 我喜欢花的图案。
　　 Wǒ xǐhuan huā de tú'àn.
　　 저는 꽃무늬를 좋아해요.

　　 B: 我们这儿正好有一件，你看看。
　　 Wǒmen zhèr zhènghǎo yǒu yí jiàn, nǐ kànkan.
　　 여기에 마침 한 벌이 있어요. 한번 보세요.

## 0013
**款式** kuǎnshì

[명] 스타일, 양식

[예] A: 你看我穿这个款式怎么样?
Nǐ kàn wǒ chuān zhè ge kuǎnshì zěnmeyàng?
당신이 보기에 제가 이런 스타일로 입는 건 어때요?

B: 不错，挺漂亮的。
Búcuò, tǐng piàoliang de.
아주 좋아요. 참 예쁘네요.

## 0014
**新款** xīnkuǎn

[명] 신상품

[예] A: 这是新款，你喜欢吗?
Zhè shì xīnkuǎn, nǐ xǐhuan ma?
이것은 신상이에요. 마음에 드세요?

B: 很漂亮，多少钱?
Hěn piàoliang, duōshao qián?
예쁘네요. 얼마예요?

## 0015
**合适** héshì

[형] 알맞다, 적합하다

[예] A: 你觉得怎么样? 合适吗?
Nǐ juéde zěnmeyàng? Héshì ma?
당신 생각에는 어때요? 잘 맞아요?

B: 这双鞋很合适。
Zhè shuāng xié hěn héshì.
이 신발이 아주 잘 맞네요.

## 0016
**时尚** shíshàng

[명] 트렌드, 유행 [형] 시대에 맞다, 멋스럽다

[예] A: 你很时尚。
Nǐ hěn shíshàng.
당신은 스타일이 참 좋아요.

B: 谢谢，我很喜欢打扮自己。
Xièxie, wǒ hěn xǐhuan dǎban zìjǐ.
고마워요. 저는 자신을 꾸미는 것을 좋아해요.

## 0017
**流行**
liúxíng

[동] [형] 유행하다

[예] A: 今年很流行五分袖。
Jīnnián hěn liúxíng wǔfēnxiù.
올해 5부 반소매가 매우 유행하고 있어요.

B: 那给我看看五分袖的衣服吧。
Nà gěi wǒ kànkan wǔfēnxiù de yīfu ba.
그럼 저에게 5부 반소매 옷을 좀 보여주세요.

## 0018
**过时**
guòshí

[형] 유행이 지나다

[예] A: 这件衣服怎么样?
Zhè jiàn yīfu zěnmeyàng?
이 옷 어때요?

B: 已经过时了，我要买新款。
Yǐjīng guòshí le, wǒ yào mǎi xīnkuǎn.
이미 유행이 지났어요. 저는 신상을 사고 싶어요.

## 0019
**别的**
biéde

[대] 다른 것

[예] A: 我不太喜欢这个颜色，有没有别的?
Wǒ bú tài xǐhuan zhè ge yánsè, yǒu méi yǒu biéde?
저는 이 색깔을 별로 안 좋아하는데, 다른 것 있나요?

B: 只有一个颜色。
Zhǐ yǒu yí ge yánsè.
오직 한 색깔만 있어요.

## 0020
**试**
shì

[동] 시도하다, 해보다

[예] A: 我可以试试吗?
Wǒ kěyǐ shìshi ma?
제가 좀 입어봐도 될까요?

B: 不好意思，白色的衣服不能试。
Bù hǎo yìsi, báisè de yīfu bù néng shì.
죄송해요. 흰색 옷은 입어볼 수 없어요.

**0021**
## 试衣间
shìyījiān

명 탈의실

예 A: 试衣间在哪儿?
Shìyījiān zài nǎr?
탈의실이 어디에 있나요?

B: 在那边，您去试试吧。
Zài nàbiān, nín qù shìshi ba.
저쪽에 있어요. 가서 한번 입어보세요.

**0022**
## 便宜
piányi

형 싸다

예 A: 这双鞋为什么这么便宜?
Zhè shuāng xié wèi shénme zhème piányi?
이 신발은 왜 이렇게 싸요?

B: 这是最后一双。
Zhè shi zuìhòu yì shuāng.
이것이 마지막 한 켤레예요.

**0023**
## 发票
fāpiào

명 영수증

예 A: 请给我开发票。
Qǐng gěi wǒ kāi fāpiào.
영수증 끊어 주세요.

B: 好，马上给您。
Hǎo, mǎshàng gěi nín.
알겠습니다. 바로 드릴게요.

**0024**
## 退
tuì

동 환불하다

예 A: 这件衣服有问题，我要退。
Zhè jiàn yīfu yǒu wèntí, wǒ yào tuì.
이 옷이 문제가 있어서 환불하려고 해요.

B: 您是什么时候买的? 请给我发票。
Nín shì shénme shíhou mǎi de? Qǐng gěi wǒ fāpiào.
언제 사신 건가요? 영수증을 주세요.

중국어회화 VOCA

### 0025
## 老顾客
lǎo gùkè

단골손님

A: 我是老顾客嘛，便宜点儿吧。
Wǒ shì lǎo gùkè ma, piányi diǎnr ba.
제가 단골손님이잖아요. 좀 싸게 해주세요.

B: 已经很便宜了，别再讨价还价了。
Yǐjīng hěn piányi le, bié zài tǎojià huánjià le.
이미 충분히 싸요. 더 흥정하지 말아요.

### 0026
## 模特
mótè

명 마네킹

A: 那个模特穿的衣服在哪儿?
Nà ge mótè chuān de yīfu zài nǎr?
저 마네킹이 입은 옷이 어디에 있나요?

B: 在那边，我给您拿来。
Zài nàbiān, wǒ gěi nín nálái.
저쪽에 있어요. 제가 가져올게요.

### 0027
## 正装
zhèngzhuāng

명 정장

A: 我明天穿这套正装怎么样?
Wǒ míngtiān chuān zhè tào zhèngzhuāng zěnmeyàng?
제가 내일 이 정장 입는 거 어때요?

B: 我觉得样子有点儿老，买套新的吧。
Wǒ juéde yàngzi yǒudiǎnr lǎo, mǎi tào xīn de ba.
제 생각에는 스타일이 좀 오래된 것 같아요. 새 정장 한 벌 사세요.

### 0028
## 休闲服
xiūxiánfú

명 캐주얼복, 평상복

A: 请问，几楼卖休闲服?
Qǐngwèn, jǐ lóu mài xiūxiánfú?
실례해요. 몇 층에서 캐주얼 옷을 판매하나요?

B: 您去三楼吧。
Nín qù sān lóu ba.
3층으로 가세요.

### 0029
**羽绒服**
yǔróngfú

명 패딩 점퍼

예 A: 我要买一件羽绒服。
   Wǒ yào mǎi yí jiàn yǔróngfú.
   저는 패딩 점퍼를 한 벌 사려고 해요.

B: 你要买什么牌子的?
   Nǐ yào mǎi shénme páizi de?
   당신은 어떤 브랜드를 살 거예요?

### 0030
**高领**
gāolǐng

명 (목)폴라

예 A: 请问，有高领毛衣吗?
   Qǐngwèn, yǒu gāolǐng máoyī ma?
   실례해요. 폴라 스웨터 있어요?

B: 有啊，有三个样子。
   Yǒu a, yǒu sān ge yàngzi.
   있어요. 세 가지 스타일이 있어요.

### 0031
**裙子**
qúnzi

명 치마

예 A: 我觉得这条裙子很适合你。
   Wǒ juéde zhè tiáo qúnzi hěn shìhé nǐ.
   제 생각에는 이 치마가 당신에게 잘 어울리는 것 같아요.

B: 我平时不太喜欢穿裙子。
   Wǒ píngshí bú tài xǐhuan chuān qúnzi.
   저는 평소에 치마 입는 것을 별로 안 좋아해요.

### 0032
**牛仔裤**
niúzǎikù

명 청바지

예 A: 这条牛仔裤太小了，有大一号的吗?
   Zhè tiáo niúzǎikù tài xiǎo le, yǒu dà yí hào de ma?
   이 청바지는 너무 작아요. 한 사이즈 큰 것이 있나요?

B: 等一下儿，我找找。
   Děng yíxiàr, wǒ zhǎozhao.
   잠시만 기다리세요. 좀 찾아볼게요.

**Grammar+**
- 条 : 바지, 치마 등 가늘고 긴 것을 세는 단위이다.

중국어회화 VOCA

**0033**
## 睡衣
shuìyī

명 잠옷

예 A: 我想送父母一套睡衣。
Wǒ xiǎng sòng fùmǔ yí tào shuìyī.
저는 부모님께 잠옷을 한 벌 사드리고 싶어요.

B: 您父母穿多大号的?
Nín fùmǔ chuān duō dà hào de?
부모님께서 무슨 사이즈를 입으세요?

**0034**
## 袜子
wàzi

명 양말

예 A: 现在穿的袜子太旧了。
Xiànzài chuān de wàzi tài jiù le.
지금 신은 양말이 너무 낡았어요.

B: 一楼卖袜子，去看看吧。
Yī lóu mài wàzi, qù kànkan ba.
1층에 양말을 팔아요. 가서 한번 봐요.

**0035**
## 丝袜
sīwà

명 스타킹

예 A: 请给我三条肉色丝袜。
Qǐng gěi wǒ sān tiáo ròusè sīwà.
살색 스타킹 세 개 주세요.

B: 请稍等。
Qǐng shāo děng.
잠시만 기다려주세요.

**0036**
## 鞋
xié

명 신발, 구두

예 A: 这双鞋怎么样?
Zhè shuāng xié zěnmeyàng?
이 신발 어때요?

B: 很好看，我可以穿一下儿吗?
Hěn hǎokàn, wǒ kěyǐ chuān yíxiàr ma?
예쁘네요. 좀 신어봐도 될까요?

**Voca⁺**
皮鞋 píxié 구두 | 凉鞋 liángxié 샌들 | 靴子 xuēzi 부츠 | 高跟鞋 gāogēnxié 하이힐 | 平底鞋 píngdǐxié 플랫슈즈 | 运动鞋 yùndòngxié 운동화

# Chapter 4 쇼핑

## 04 화장품

### Mind Map Note

**化妆品** huàzhuāngpǐn
몡 화장품

**皮肤** pífū
몡 피부

**彩妆** cǎizhuāng
몡 색조 화장(품)

**卸妆** xièzhuāng
동 화장을 지우다

**防晒霜** fángshàishuāng
몡 선크림

**美白** měibái
몡 미백

**香水** xiāngshuǐ
몡 향수

**面膜** miànmó
몡 마스크 팩

**保湿** bǎoshī
몡 보습

**除皱** chúzhòu
동 주름을 없애다

## Let's Start Up!
주제에 맞는 단어와 예문을 학습해보세요.  🔊 4-04

**0001**

### 化妆品
huàzhuāngpǐn

명 화장품

예 A: 您要买点儿什么?
Nín yào mǎi diǎnr shénme?
무엇을 사실 건가요?

B: 我想给女朋友买化妆品。
Wǒ xiǎng gěi nǚ péngyou mǎi huàzhuāngpǐn.
제가 여자친구에게 화장품을 사주려고요.

**0002**

### 套装
tàozhuāng

명 세트 상품

예 A: 这个套装多少钱?
Zhè ge tàozhuāng duōshao qián?
이 세트는 얼마예요?

B: 800块。买套装能便宜点儿。
Bā bǎi kuài. Mǎi tàozhuāng néng piányi diǎnr.
800위안이에요. 세트로 사면 조금 더 싸요.

**0003**

### 样品
yàngpǐn

명 샘플

예 A: 请多给我点儿样品。
Qǐng duō gěi wǒ diǎnr yàngpǐn.
샘플 좀 많이 주세요.

B: 好的,你试试这个吧。
Hǎo de, nǐ shìshi zhè ge ba.
네, 이것 한번 써보세요.

**0004**

### 赠送
zèngsòng

동 증정하다

예 A: 您买这个可以赠送5毫升的眼霜。
Nín mǎi zhè ge kěyǐ zèngsòng wǔ háoshēng de yǎnshuāng.
이것을 사시면 5ml의 아이크림을 증정해드려요.

B: 那给我来一个吧。
Nà gěi wǒ lái yí ge ba.
그럼 하나 주세요.

04 화장품　145

### 0005
**开封**
kāifēng

[동] 개봉하다

[예] A: 开封以后可以用多长时间?
Kāifēng yǐhòu kěyǐ yòng duōcháng shíjiān?
개봉 후에 얼마 동안 사용할 수 있어요?

B: 可以用两年。
Kěyǐ yòng liǎng nián.
2년 동안 사용할 수 있어요.

### 0006
**皮肤**
pífū

[명] 피부

[예] A: 我的皮肤很敏感，想换一种化妆品。
Wǒ de pífū hěn mǐngǎn, xiǎng huàn yì zhǒng huàzhuāngpǐn.
제 피부가 민감해서 화장품 종류를 바꾸고 싶어요.

B: 那您用这个吧。
Nà nín yòng zhè ge ba.
그럼 이것을 사용해 보세요.

### 0007
**除皱**
chúzhòu

[동] 주름을 없애다

[예] A: 这种化妆品可以除皱。
Zhè zhǒng huàzhuāngpǐn kěyǐ chúzhòu.
이 화장품은 주름을 없앨 수 있어요.

B: 真的吗? 那有样品吗?
Zhēn de ma? Nà yǒu yàngpǐn ma?
진짜요? 그럼 샘플 있어요?

### 0008
**保养**
bǎoyǎng

[동] 보양하다, 가꾸다

[예] A: 你最近有皱纹了，得保养保养了。
Nǐ zuìjìn yǒu zhòuwén le, děi bǎoyǎng bǎoyǎng le.
당신 요즘 주름이 생겼어요. 좀 가꿔야겠어요.

B: 用什么化妆品好呢?
Yòng shénme huàzhuāngpǐn hǎo ne?
어떤 화장품을 쓰면 좋을까요?

## 0009
### 美白
měibái

명 미백

예 A: 我要买美白营养霜。
　　Wǒ yào mǎi měibái yíngyǎng shuāng.
　　저는 미백 영양크림을 사려고 해요.

B: 你要买什么牌子的?
　　Nǐ yào mǎi shénme páizi de?
　　당신은 어떤 브랜드를 사려고 해요?

## 0010
### 保湿
bǎoshī

명 보습

예 A: 这是最新出的保湿霜，您看看。
　　Zhè shì zuì xīn chū de bǎoshī shuāng, nín kànkan.
　　이것은 최신 출시된 수분크림이에요. 한번 보세요.

B: 我可以试用一下儿吗?
　　Wǒ kěyǐ shìyòng yíxiàr ma?
　　한번 사용해볼 수 있어요?

## 0011
### 效果
xiàoguǒ

명 효과

예 A: 这个美白效果怎么样?
　　Zhè ge měibái xiàoguǒ zěnmeyàng?
　　이것의 미백 효과는 어떤가요?

B: 很多人都说效果非常好。
　　Hěn duō rén dōu shuō xiàoguǒ fēicháng hǎo.
　　많은 사람들이 말하기를 효과가 굉장히 좋다고 해요.

## 0012
### 容量
róngliàng

명 용량

예 A: 这个香水有什么容量的?
　　Zhè ge xiāngshuǐ yǒu shénme róngliàng de?
　　이 향수는 어떤 용량이 있어요?

B: 有30毫升、50毫升、100毫升的。
　　Yǒu sānshí háoshēng、wǔshí háoshēng、yībǎi háoshēng de.
　　30ml, 50ml, 100ml가 있어요.

## 0013
**面膜**
miànmó

명 마스크 팩

예 A: 这个面膜买二送一。
Zhè ge miànmó mǎi èr sòng yī.
이 마스크 팩은 두 개 사면 하나를 더 드립니다.

B: 那我买十张吧。
Nà wǒ mǎi shí zhāng ba.
그럼 10장 살게요.

## 0014
**爽肤水**
shuǎngfūshuǐ

명 스킨, 토너

예 A: 我的爽肤水用完了。
Wǒ de shuǎngfūshuǐ yòngwán le.
제 스킨을 다 썼어요.

B: 我也用完了，我们一起去买吧。
Wǒ yě yòngwán le, wǒmen yìqǐ qù mǎi ba.
저도 다 썼는데, 우리 같이 가서 사요.

**Voca+**
乳液 rǔyè 로션 | 眼霜 yǎnshuāng 아이크림 | 精华液 jīnghuáyè 에센스 | 营养霜 yíngyǎngshuāng 영양크림

## 0015
**防晒霜**
fángshàishuāng

명 선크림

예 A: 我没用过防晒霜，想买一个。
Wǒ méi yòngguo fángshàishuāng, xiǎng mǎi yí ge.
저는 선크림을 써본 적이 없어요. 하나 사고 싶어요.

B: 我用的防晒霜很好，你也买这个牌子吧。
Wǒ yòng de fángshàishuāng hěn hǎo, nǐ yě mǎi zhè ge páizi ba.
제가 쓰는 선크림이 좋아요. 당신도 이 브랜드를 사세요.

## 0016
**遮瑕膏**
zhēxiágāo

명 컨실러

예 A: 这个遮瑕膏的效果好吗?
Zhè ge zhēxiágāo de xiàoguǒ hǎo ma?
이 컨실러의 효과가 좋아요?

B: 我觉得还可以。
Wǒ juéde hái kěyǐ.
제 생각엔 그럭저럭 괜찮아요.

중국어회화 VOCA

## 0017 彩妆 cǎizhuāng

명 색조 화장, 색조 화장품

예 A: 我没有彩妆，买什么好呢?
Wǒ méi yǒu cǎizhuāng, mǎi shénme hǎo ne?
저는 색조 화장품이 없어요. 무엇을 사면 좋을까요?

B: 我们去百货商店看看吧。
Wǒmen qù bǎihuò shāngdiàn kànkan ba.
우리 백화점에 가서 한번 봐요.

## 0018 BB霜 BB shuāng

명 BB크림

예 A: 这个BB霜颜色有点儿深。
Zhè ge BB shuāng yánsè yǒudiǎnr shēn.
이 BB크림 색이 조금 진하네요.

B: 这是23号，你用几号?
Zhè shì èrshísān hào, nǐ yòng jǐ hào?
이것은 23호예요. 당신은 몇 호를 쓰세요?

**Voca+**
CC霜 CC shuāng CC크림 | 隔离霜 gélíshuāng 메이컵 베이스 | 粉底液 fěndǐyè 파운데이션 | 气垫粉 qìdiànfěn 에어쿠션 | 粉饼 fěnbǐng 파우더팩트

## 0019 眼影 yǎnyǐng

명 아이섀도

예 A: 现在流行什么颜色的眼影?
Xiànzài liúxíng shénme yánsè de yǎnyǐng?
지금 어떤 색깔의 아이섀도가 유행해요?

B: 棕色系很流行。
Zōngsèxì hěn liúxíng.
갈색 계열이 유행해요.

**Voca+**
眉笔 méibǐ 아이브로우 | 眼线笔 yǎnxiànbǐ 아이라이너 | 睫毛膏 jiémáogāo 마스카라 | 腮红 sāihóng 블러셔 | 口红 kǒuhóng 립스틱

### 0020
**喷雾**
pēnwù

미스트

예 A: 我可以试试这个保湿喷雾吗?
Wǒ kěyǐ shìshi zhè ge bǎoshī pēnwù ma?
제가 이 수분 미스트를 한번 사용해봐도 될까요?

当然可以。这个很好用。
Dāngrán kěyǐ. Zhè ge hěn hǎoyòng.
당연히 가능하죠. 이것은 쓰기 좋아요.

### 0021
**香水**
xiāngshuǐ

명 향수

예 A: 这个周末是我朋友的生日，送什么好呢?
Zhè ge zhōumò shì wǒ péngyou de shēngri, sòng shénme hǎo ne?
이번 주말이 친구의 생일인데, 무엇을 선물하면 좋을까요?

B: 送香水吧，她肯定喜欢。
Sòng xiāngshuǐ ba, tā kěndìng xǐhuan.
향수를 선물하세요. 그녀가 분명히 좋아할 거예요.

### 0022
**洗面奶**
xǐmiànnǎi

명 클렌징 폼

예 A: 有没有男士洗面奶?
Yǒu méi yǒu nánshì xǐmiànnǎi?
남성 클렌징 폼 있어요?

B: 这个不错，正在打折。
Zhè ge bú cuò, zhèngzài dǎzhé.
이게 좋아요. 세일 중이에요.

### 0023
**广告**
guǎnggào

명 광고

예 A: 这个广告上的化妆品是什么牌子?
Zhè ge guǎnggào shang de huàzhuāngpǐn shì shénme páizi?
이 광고상의 화장품은 어떤 브랜드인가요?

B: 是爱茉莉的，很受欢迎。
Shì Àimòlì de, hěn shòu huānyíng.
아모레예요. 아주 인기 있어요.

# Chapter 4 쇼핑

## 05 액세서리

### Mind Map Note

**首饰** shǒushì
명 액세서리

**项链** xiàngliàn
명 목걸이

**耳环** ěrhuán
명 귀고리

**戒指** jièzhi
명 반지

**黄金** huángjīn
명 황금

**钻石** zuànshí
명 다이아몬드

**戴** dài
동 착용하다

**珍珠** zhēnzhū
명 진주

**华丽** huálì
형 화려하다

**搭配** dāpèi
동 조합하다, 맞추다
형 잘 어울리다

## Let's Start Up!
주제에 맞는 단어와 예문을 학습해보세요.   4-05

**0001**
# 首饰
shǒushì

명 액세서리

예 A: 这儿附近有首饰店吗?
Zhèr fùjìn yǒu shǒushìdiàn ma?
여기 근처에 액세서리 가게가 있나요?

B: 有一家，我带你去吧。
Yǒu yì jiā, wǒ dài nǐ qù ba.
하나 있어요. 내가 당신을 데리고 갈게요.

**0002**
# 项链
xiàngliàn

명 목걸이

예 A: 你的项链很漂亮，在哪儿买的?
Nǐ de xiàngliàn hěn piàoliang, zài nǎr mǎi de?
당신의 목걸이가 무척 예쁘네요. 어디에서 산 거예요?

B: 在百货商店买的。
Zài bǎihuò shāngdiàn mǎi de.
백화점에서 산 거예요.

**Voca⁺**
手链 shǒuliàn 팔찌 | 脚链 jiǎoliàn 발찌 | 耳环 ěrhuán 귀고리 | 戒指 jièzhi 반지

**0003**
# 戒指
jièzhi

명 반지

예 A: 我想看看情侣戒指。
Wǒ xiǎng kànkan qínglǚ jièzhi.
커플링을 좀 보고 싶어요.

B: 您想买多少钱的?
Nín xiǎng mǎi duōshao qián de?
당신은 얼마짜리 반지를 사고 싶으세요?

**0004**
# 手表
shǒubiǎo

명 시계

예 A: 30岁左右的男人喜欢什么牌子的手表?
Sānshí suì zuǒyòu de nánrén xǐhuan shénme páizi de shǒubiǎo?
30세 정도의 남자들은 어떤 브랜드의 시계를 좋아하나요?

B: 我也不知道，你上网看看吧。
Wǒ yě bù zhīdao, nǐ shàngwǎng kànkan ba.
저도 잘 모르겠어요. 인터넷에 한번 찾아보세요.

## 0005 太阳镜 tàiyángjìng

명 선글라스

예 A: 我可以试试这个太阳镜吗?
Wǒ kěyǐ shìshi zhè ge tàiyángjìng ma?
이 선글라스를 착용해봐도 될까요?

B: 可以，您随便试吧。
Kěyǐ, nín suíbiàn shì ba.
가능해요. 편하게 착용해보세요.

## 0006 胸针 xiōngzhēn

명 브로치

예 A: 我想给妈妈买礼物，买什么好呢?
Wǒ xiǎng gěi māma mǎi lǐwù, mǎi shénme hǎo ne?
엄마에게 선물을 사드리고 싶은데, 무엇을 사면 좋을까?

B: 妈妈们一般喜欢胸针。
Māmamen yìbān xǐhuan xiōngzhēn.
엄마들은 일반적으로 브로치를 좋아해요.

## 0007 发卡 fàqiǎ

명 머리핀

예 A: 请给我看一下儿这个发卡。
Qǐng gěi wǒ kàn yíxiàr zhè ge fàqiǎ.
이 머리핀을 좀 보여주세요.

B: 好的。这个发卡最近卖得很好。
Hǎo de. Zhè ge fàqiǎ zuìjìn mài de hěn hǎo.
알았어요. 이 머리핀이 요즘 가장 잘 팔려요.

## 0008 帽子 màozi

명 모자

예 A: 你的帽子已经很多了，还要买吗?
Nǐ de màozi yǐjīng hěn duō le, hái yào mǎi ma?
당신 모자가 이미 많은데, 또 사려고요?

B: 我没有这种帽子，不好看吗?
Wǒ méi yǒu zhè zhǒng màozi, bù hǎokàn ma?
이런 종류의 모자는 없어요. 안 예뻐요?

### 0009
**钻石**
zuànshí

명 다이아몬드

예 A: 你要送她什么戒指?
Nǐ yào sòng tā shénme jièzhi?
그녀에게 어떤 반지를 선물하고 싶어요?

B: 我要送她钻石戒指，你跟我去看看吧。
Wǒ yào sòng tā zuànshí jièzhi, nǐ gēn wǒ qù kànkan ba.
그녀에게 다이아몬드 반지를 선물하려고요. 저와 좀 보러 가요.

### 0010
**K金**
K jīn

명 캐럿 금

예 A: 这个是多少K金的?
Zhè ge shì duōshǎo K jīn de?
이것은 몇 캐럿 금이에요?

B: 是14K金的。
Shì shísì K jīn de.
14K에요.

### 0011
**玫瑰金**
méiguījīn

명 로즈골드

예 A: 这个耳环的颜色真好看。
Zhè ge ěrhuán de yánsè zhēn hǎokàn.
이 귀고리의 색깔이 정말 예쁘네요.

B: 这是玫瑰金，很适合你。
Zhè shì méiguījīn, hěn shìhé nǐ.
이것은 로즈골드예요. 당신하고 잘 어울려요.

### 0012
**大小**
dàxiǎo

명 사이즈, 크기

예 A: 大小怎么样?
Dàxiǎo zěnmeyàng?
사이즈는 어때요?

B: 很合适，我就买这个吧。
Hěn héshì, wǒ jiù mǎi zhè ge ba.
잘 맞아요. 이걸로 살게요.

### 0013
**量**
liáng

동 재다

예 A: 我不知道我戴几号戒指。
Wǒ bù zhīdào wǒ dài jǐ hào jièzhi.
저는 제가 몇 호 반지 끼는지 몰라요.

B: 我给您量量吧。
Wǒ gěi nín liángliang ba.
제가 한번 사이즈를 재 볼게요.

### 0014
**打耳洞**
dǎ ěrdòng

귀를 뚫다

예 A: 你好，这儿可以打耳洞吗？
Nǐ hǎo, zhèr kěyǐ dǎ ěrdòng ma?
안녕하세요. 여기서 귀를 뚫어주나요?

B: 当然，您买一副耳环，可以免费打耳洞。
Dāngrán, nín mǎi yífù ěrhuán, kěyǐ miǎnfèi dǎ ěrdòng.
그럼요. 귀고리 한 쌍을 사면 무료로 뚫어드려요.

### 0015
**戴**
dài

동 착용하다

예 A: 我三天前买的，能换别的吗？
Wǒ sān tiān qián mǎi de, néng huàn biéde ma?
제가 3일 전에 샀는데, 다른 것으로 바꿀 수 있나요?

B: 您没戴过吧？
Nín méi dàiguo ba?
착용한 적 없으시죠?

### 0016
**搭配**
dāpèi

동 조합하다, 맞추다  형 잘 어울리다

예 A: 这个项链搭配什么手链好呢？
Zhè ge xiàngliàn dāpèi shénme shǒuliàn hǎo ne?
이 목걸이는 어떤 팔찌를 같이 하면 좋을까요?

B: 您看看这几款吧。
Nín kànkan zhè jǐ kuǎn ba.
이 몇 가지 스타일을 좀 보세요.

### 0017
**调整**
tiáozhěng

동 조절하다

예 A: 这条手链有点儿长，可以调整吗?
Zhè tiáo shǒuliàn yǒudiǎnr cháng, kěyǐ tiáozhěng ma?
이 팔찌가 조금 긴데, 조절할 수 있어요?

B: 可以，需要一个星期。
Kěyǐ, xūyào yí ge xīngqī.
가능해요. 일주일이 필요해요.

### 0018
**华丽**
huálì

형 화려하다

예 A: 这条项链太华丽了。
Zhè tiáo xiàngliàn tài huálì le.
이 목걸이는 너무 화려해요.

B: 您不喜欢吗? 那看看别的吧。
Nín bù xǐhuan ma? Nà kànkan biéde ba.
맘에 안 들어요? 그럼 다른 것을 좀 봐요.

### 0019
**包装**
bāozhuāng

동 포장하다

예 A: 请给我包装一下儿。
Qǐng gěi wǒ bāozhuāng yíxiàr.
포장 좀 해주세요.

B: 好的，等一下儿。
Hǎo de, děng yíxiàr.
알았어요. 잠시만 기다려주세요.

### 0020
**保证书**
bǎozhèngshū

명 보증서

예 A: 这是保证书，您拿好。
Zhè shì bǎozhèngshū, nín náhǎo.
이것은 보증서예요. 잘 가지고 계세요.

B: 有保证书才能保修吗?
Yǒu bǎozhèngshū cái néng bǎoxiū ma?
보증서가 있어야만 무상 수리를 할 수 있나요?

## VOCA Review

다음 빈칸에 한자, 병음, 뜻을 알맞게 채워보세요~

| | 한자 | 병음 | 뜻 |
|---|---|---|---|
| 1 | 食品 | shípǐn | 식품 |
| 2 | 超市 | chāoshì | 마트, 슈퍼마켓 |
| 3 | 试吃 | shìchī | 시식하다 |
| 4 | 新鲜 | xīnxiān | 신선하다 |
| 5 | 方便面 | fāngbiànmiàn | 라면 |
| 6 | 保质期 | bǎozhìqī | 유통기한 |
| 7 | 正品 | zhèngpǐn | 정품 |
| 8 | 质量 | zhìliàng | 품질 |
| 9 | 二手 | èrshǒu | 중고의 |
| 10 | 牌子 | páizi | 브랜드, 상표 |
| 11 | 送货 | sònghuò | 물건을 배송하다 |
| 12 | 安装 | ānzhuāng | 설치하다 |
| 13 | 号码 | hàomǎ | 사이즈, 치수 |
| 14 | 款式 | kuǎnshì | 스타일, 양식 |
| 15 | 时尚 | shíshàng | 트렌드, 유행<br>시대에 맞다, 멋스럽다 |

| | 한자 | 병음 | 뜻 |
|---|---|---|---|
| 16 | 过时 | guòshí | 유행이 지나다 |
| 17 | 试衣间 | shìyījiān | 탈의실 |
| 18 | 牛仔裤 | niúzǎikù | 청바지 |
| 19 | 样品 | yàngpǐn | 샘플 |
| 20 | 赠送 | zèngsòng | 증정하다 |
| 21 | 皮肤 | pífū | 피부 |
| 22 | 除皱 | chúzhòu | 주름을 없애다 |
| 23 | 美白 | měibái | 미백 |
| 24 | 保湿 | bǎoshī | 보습 |
| 25 | 首饰 | shǒushì | 액세서리 |
| 26 | 戒指 | jièzhi | 반지 |
| 27 | 手表 | shǒubiǎo | 시계 |
| 28 | 太阳镜 | tàiyángjìng | 선글라스 |
| 29 | 钻石 | zuànshí | 다이아몬드 |
| 30 | 戴 | dài | 착용하다 |

# Chapter 5
# 교통수단

| 01 | 버스 | 160 |
| 02 | 택시 | 167 |
| 03 | 지하철 | 175 |
| 04 | 기차 | 181 |
| 05 | 비행기 | 188 |
| –  | voca Review | 197 |

# Chapter 5 교통수단

## 01 버스

### Mind Map Note

公共汽车 gōnggòng qìchē
명 버스

交通卡 jiāotōngkǎ
명 교통카드

公交车站 gōngjiāochēzhàn
명 버스 정류장

站牌 zhànpái
명 정류장 표지판

班车 bānchē
명 셔틀 버스

夜班车 yèbānchē
명 야간 버스

堵车 dǔchē
동 차가 막히다

双层巴士 shuāngcéng bāshì
명 이층 버스

终点站 zhōngdiǎnzhàn
명 종착역

按铃 àn líng
동 (하차)벨을 누르다

## Let's Start Up!  주제에 맞는 단어와 예문을 학습해보세요.   🔊 5-01

### 0001
**公共汽车**
gōnggòng qìchē

명 버스

예 A: 我们怎么去?
Wǒmen zěnme qù?
우리 어떻게 가요?

B: 坐公共汽车去吧。
Zuò gōnggòng qìchē qù ba.
버스를 타고 갑시다.

**Grammar+**
- 公共汽车 : 줄임 표현으로 公交车 혹은 公车, 公交라고도 한다.

### 0002
**双层巴士**
shuāngcéng bāshì

명 이층 버스

예 A: 我没坐过双层巴士, 你呢?
Wǒ méi zuòguo shuāngcéng bāshì, nǐ ne?
저는 이층 버스를 타본 적이 없어요. 당신은요?

B: 我在中国坐过。
Wǒ zài Zhōngguó zuòguo.
저는 중국에서 타본 적 있어요.

### 0003
**长途汽车**
chángtú qìchē

명 시외버스

예 A: 我周末要坐长途汽车去釜山。
Wǒ zhōumò yào zuò chángtú qìchē qù Fǔshān.
주말에 시외버스를 타고 부산에 가려고 해요.

B: 坐长途汽车, 时间太长了。
Zuò chángtú qìchē, shíjiān tài cháng le.
시외버스를 타면 시간이 너무 오래 걸려요.

### 0004
**班车**
bānchē

명 셔틀 버스

예 A: 你们学校有班车吗?
Nǐmen xuéxiào yǒu bānchē ma?
당신 학교에는 셔틀 버스가 있어요?

B: 有, 我每天坐班车去学校。
Yǒu, wǒ měitiān zuò bānchē qù xuéxiào.
있어요. 저는 매일 셔틀 버스를 타고 학교에 가요.

### 0005
**夜班车**
yèbānchē

명 야간 버스

예 A: 这趟夜班车从几点到几点?
Zhè tàng yèbānchē cóng jǐ diǎn dào jǐ diǎn?
이 야간 버스는 몇 시부터 몇 시까지 운행하나요?

B: 从晚上十一点到早上六点。
Cóng wǎnshang shíyī diǎn dào zǎoshang liù diǎn.
저녁 11시부터 아침 6시까지요.

### 0006
**公交车站**
gōngjiāochēzhàn

명 버스 정류장

예 A: 请问，这儿附近有公交车站吗?
Qǐngwèn, zhèr fùjìn yǒu gōngjiāochēzhàn ma?
실례합니다. 여기 근처에 버스 정류장이 있나요?

B: 有，就在前边。
Yǒu, jiù zài qiánbian.
있어요. 바로 앞쪽에 있어요.

### 0007
**站牌**
zhànpái

명 정류장 표지판

예 A: 我们坐几站?
Wǒmen zuò jǐ zhàn?
우리 몇 정거장을 타야 해요?

B: 我也不知道，我看看站牌吧。
Wǒ yě bù zhīdào, wǒ kànkan zhànpái ba.
저도 몰라요. 표지판을 좀 볼게요.

### 0008
**路**
lù

명 번(버스 노선)

예 A: 去那儿得坐几路车?
Qù nàr děi zuò jǐ lù chē?
거기 가려면 몇 번 버스를 타야 하나요?

B: 坐35路、37路都可以。
Zuò sānshíwǔ lù、sānshíqī lù dōu kěyǐ.
35번, 37번 모두 가능해요.

중국어회화 VOCA

## 0009 司机
sījī

명 기사

예 A: 我们在哪站下?
Wǒmen zài nǎ zhàn xià?
우리 어느 역에서 내리나요?

B: 我也不太清楚，我们问一下儿司机吧。
Wǒ yě bú tài qīngchu, wǒmen wèn yíxiàr sījī ba.
저도 잘 몰라요. 우리 기사님께 좀 물어봐요.

## 0010 交通卡
jiāotōngkǎ

명 교통카드

예 A: 在中国用交通卡可以坐出租车吗?
Zài Zhōngguó yòng jiāotōngkǎ kěyǐ zuò chūzūchē ma?
중국에서 교통카드로 택시를 탈 수 있나요?

B: 不能，只能坐地铁和公交车。
Bù néng, zhǐnéng zuò dìtiě hé gōngjiāochē.
안 돼요. 지하철과 버스만 탈 수 있어요.

## 0011 充值
chōngzhí

동 충전하다

예 A: 在哪儿可以充值?
Zài nǎr kěyǐ chōngzhí?
어디에서 충전할 수 있나요?

B: 在便利店可以充值。
Zài biànlìdiàn kěyǐ chōngzhí.
편의점에서 충전할 수 있어요.

## 0012 交通费
jiāotōngfèi

명 교통비

예 A: 最近交通费太贵了。
Zuìjìn jiāotōngfèi tài guì le.
요즘 교통비가 너무 비싸요.

B: 是啊，我每个月花十万韩币。
Shì a, wǒ měi ge yuè huā shíwàn Hánbì.
그래요. 저는 매달 10만원을 써요.

### 0013
**上车**
shàngchē

동 올라타다, 탑승하다

예 A: 前门人太多了。
Qiánmén rén tài duō le.
앞문에 사람이 너무 많아요.

B: 那你从后门上车吧。
Nà nǐ cóng hòumén shàngchē ba.
그럼 뒷문으로 타세요.

### 0014
**专用道**
zhuānyòngdào

명 전용 도로

예 A: 最近坐公交车也很快。
Zuìjìn zuò gōngjiāochē yě hěn kuài.
요즘은 버스를 타도 빨라요.

B: 是啊，因为有公共汽车专用道。
Shì a, yīnwèi yǒu gōnggòng qìchē zhuānyòngdào.
그래요. 왜냐하면 버스 전용 도로가 있기 때문이에요.

### 0015
**高峰**
gāofēng

명 최고조, 절정

예 A: 高峰时间人太多了。
Gāofēng shíjiān rén tài duō le.
러시아워 때는 사람이 너무 많아요.

B: 对啊，大家上下班时间都差不多。
Duì a, dàjiā shàngxiàbān shíjiān dōu chàbuduō.
맞아요. 다들 출퇴근 시간이 모두 비슷해요.

### 0016
**堵车**
dǔchē

동 차가 막히다

예 A: 现在堵车，别坐公车了。
Xiànzài dǔchē, bié zuò gōngchē le.
지금 차가 막혀요. 버스는 타지 말아요.

B: 那我们坐地铁吧。
Nà wǒmen zuò dìtiě ba.
그럼 우리 지하철을 타요.

중국어회화 VOCA

### 0017 速度 sùdù

명 속도

예 A: 这辆车的速度太慢了。
Zhè liàng chē de sùdù tài màn le.
이 차량의 속도가 너무 느리네요.

B: 就是，我要晚了。
Jiù shì, wǒ yào wǎn le.
그러게요. 저 늦겠어요.

### 0018 车祸 chēhuò

명 교통사고

예 A: 怎么这么堵车？
Zěnme zhème dǔchē?
왜 이렇게 차가 막히죠?

B: 前边可能出车祸了。
Qiánbian kěnéng chū chēhuò le.
앞쪽에 아마도 교통사고가 났나봐요.

### 0019 错过 cuòguò

동 놓치다

예 A: 你为什么迟到了？
Nǐ wèi shénme chídào le?
왜 지각했어요?

B: 我错过了一辆车。
Wǒ cuòguò le yí liàng chē.
차를 한 대 놓쳤어요.

### 0020 到站 dàozhàn

동 역에 도착하다

예 A: 我们准备下车吧。
Wǒmen zhǔnbèi xiàchē ba.
우리 내릴 준비해요.

B: 快要到站了吗？
Kuàiyào dàozhàn le ma?
곧 역에 도착하나요?

01 버스

## 0021
## 终点站
zhōngdiǎnzhàn

명 종착역

예 A: 这辆车的终点站是哪儿?
Zhè liàng chē de zhōngdiǎnzhàn shi nǎr?
이 버스의 종점이 어디인가요?

B: 是首尔站。
Shì Shǒu'ěr zhàn.
서울역이에요.

**Voca⁺**
始发站 shǐfāzhàn 출발역

## 0022
## 按铃
àn líng

동 (하차)벨을 누르다

예 A: 师傅，为什么不停车?
Shīfu, wèi shénme bù tíngchē?
기사님, 왜 차를 안 세워요?

B: 您没按铃啊。
Nín méi àn líng a.
벨을 안 누르셨어요.

# Chapter 5 교통수단

## 02 택시

### Mind Map Note

出租车 chūzūchē
명 택시

师傅 shīfu
명 기사님, 선생님

打表 dǎbiǎo
동 미터기를 켜다

起步价 qǐbùjià
명 기본 요금

空车 kōngchē
명 빈 차

打车 dǎchē
동 택시를 타다

导航 dǎoháng
명 내비게이션

停车 tíngchē
동 차를 멈추다, 주차하다

拼车 pīnchē
동 합승하다, 카풀하다

叫车 jiàochē
동 택시를 부르다(콜택시)

## Let's Start Up!

주제에 맞는 단어와 예문을 학습해보세요.  5-02

**0001**
## 出租车
chūzūchē

명 택시

예 A: 我们坐出租车去吧。
Wǒmen zuò chūzūchē qù ba.
우리 택시를 타고 가요.

B: 还有时间，我们坐地铁吧。
Hái yǒu shíjiān, wǒmen zuò dìtiě ba.
아직 시간이 있어요. 우리 지하철을 탑시다.

**0002**
## 打车
dǎchē

동 택시를 잡다, 택시를 타다

예 A: 现在打车不堵车吗?
Xiànzài dǎchē bù dǔchē ma?
지금 택시를 타면 안 막혀요?

B: 现在四点半，还可以。
Xiànzài sì diǎn bàn, hái kěyǐ.
지금은 4시 반이라서 괜찮아요.

### Grammar+
- 打的 dǎdī : 打车와 같이 '택시를 잡다', '택시를 타다'의 의미이다. 打的의 的는 '택시'의 영어 발음을 빌려 만들어진 的士 dīshì에서 첫 글자를 가져온 것으로 '택시'를 가리킨다.

**0003**
## 空车
kōngchē

명 빈 차

예 A: 已经打了三十分钟了，没有空车。
Yǐjīng dǎ le sānshí fēnzhōng le, méi yǒu kōngchē.
이미 30분 동안 잡았는데, 빈 차가 없어요.

B: 我们往前走走吧。
Wǒmen wǎng qián zǒuzou ba.
우리 앞쪽으로 좀 걸어요.

**0004**
## 叫车
jiàochē

동 택시를 부르다(콜택시)

예 A: 我们喝得太多了，叫车走吧。
Wǒmen hē de tài duō le, jiàochē zǒu ba.
우리 (술을) 너무 많이 마셨어요. 택시를 불러서 가요.

B: 好啊，你打电话吧。
Hǎo a, nǐ dǎ diànhuà ba.
좋아요. 당신이 전화해요.

중국어회화 VOCA

### 0005 拼车
pīnchē

동 합승하다, 카풀하다

예 A: 我上班太不方便了，我能跟你拼车上班吗?
Wǒ shàngbān tài bù fāngbiàn le, wǒ néng gēn nǐ pīnchē shàngbān ma?
저는 출근하는 게 너무 불편해요. 당신과 합승해서 출근할 수 있어요?

B: 没问题，你家在哪儿?
Méi wèntí, nǐ jiā zài nǎr?
문제없어요. 당신 집은 어디인가요?

### 0006 起步价
qǐbùjià

명 기본 요금

예 A: 北京出租车的起步价是多少?
Běijīng chūzūchē de qǐbùjià shì duōshao?
베이징 택시의 기본 요금은 얼마인가요?

B: 大概十三块。
Dàgài shísān kuài.
대략 13위안이에요.

### 0007 打表
dǎbiǎo

동 미터기를 켜다

예 A: 去那儿得两百块。
Qù nàr děi liǎngbǎi kuài.
거기에 가려면 200위안이 필요해요.

B: 两百块太贵了，还是打表去吧。
Liǎngbǎi kuài tài guì le, háishi dǎbiǎo qù ba.
200위안은 너무 비싸네요. 차라리 미터기로 가요.

**Grammar+**
- 还是 : '그래도', '차라리', '~하는 것이 낫다'라는 뜻의 부사로 [주어 + 还是…吧]의 형태로 쓰인다.

### 0008 师傅
shīfu

명 기사님, 선생님(전문적인 기능을 가진 사람에 대한 존칭)

예 A: 师傅，去机场，走吗?
Shīfu, qù jīchǎng, zǒu ma?
기사님, 공항에 가려는데 가나요?

B: 走，您有行李吗?
Zǒu, nín yǒu xíngli ma?
갑니다. 짐 있으세요?

## 0009 后备箱 hòubèixiāng

명 트렁크

예 A: 师傅，请您打开后备箱。
Shīfu, qǐng nín dǎkāi hòubèixiāng.
기사님, 트렁크를 열어주세요.

B: 好，打开了。
Hǎo, dǎkāi le.
알았어요. 열었어요.

## 0010 安全带 ānquándài

명 안전벨트

예 A: 你系好安全带了吗？
Nǐ jìhǎo ānquándài le ma?
안전벨트를 잘 맸나요?

B: 嗯，系好了。
Ńg, jìhǎo le.
네, 잘 맸어요.

## 0011 地址 dìzhǐ

명 주소

예 A: 师傅，您知道怎么去那儿吗？
Shīfu, nín zhīdào zěnme qù nàr ma?
기사님, 거기 어떻게 가는지 아세요?

B: 您有地址吗？
Nín yǒu dìzhǐ ma?
주소 있어요?

## 0012 导航 dǎoháng

명 내비게이션

예 A: 不好意思，我不知道怎么去那儿。
Bù hǎo yìsi, wǒ bù zhīdào zěnme qù nàr.
죄송해요. 거기에 어떻게 가는지 몰라요.

B: 那您看导航吧。
Nà nín kàn dǎoháng ba.
그럼 내비게이션을 보세요.

**Voca⁺**
手机导航 shǒujī dǎoháng 휴대전화 내비게이션

중국어회화 VOCA

### 0013
**十字路口**
shízì lùkǒu

명 사거리

예 A: 您知道怎么走吗?
Nín zhīdào zěnme zǒu ma?
어떻게 가는지 아세요?

B: 前边十字路口往右开。
Qiánbian shízìlùkǒu wǎng yòu kāi.
앞쪽 사거리에서 오른쪽으로 가 주세요.

Voca+
丁字路口 dīngzì lùkǒu 삼거리

### 0014
**路边**
lùbiān

명 길가

예 A: 不好意思，能在路边停一下儿吗?
Bù hǎo yìsi, néng zài lùbiān tíng yíxiàr ma?
죄송해요. 길가에 잠시 세워줄 수 있나요?

B: 好的，快点儿回来。
Hǎo de, kuài diǎnr huílái.
알겠어요. 빨리 돌아오세요.

### 0015
**胡同**
hútòng

명 골목

예 A: 前边出车祸了，走胡同可以吗?
Qiánbian chū chēhuò le, zǒu hútòng kěyǐ ma?
앞쪽에 교통사고가 나서 골목으로 가도 괜찮을까요?

B: 可以可以，怎么方便怎么走吧。
Kěyǐ kěyǐ, zěnme fāngbiàn zěnme zǒu ba.
그럼요. 편한 대로 가세요.

### 0016
**赶时间**
gǎn shíjiān

동 시간에 쫓기다

예 A: 我赶时间，能开快点儿吗?
Wǒ gǎn shíjiān, néng kāi kuài diǎnr ma?
제가 시간이 급해서요. 좀 빨리 운전해줄 수 있어요?

B: 我尽量开快点儿。
Wǒ jǐnliàng kāi kuài diǎnr.
가능한 한 빨리 운전할게요.

## 0017
**绕道**
ràodào

동 (길을) 돌아가다

예 A: 现在堵车，我们绕道走，行吗?
Xiànzài dǔchē, wǒmen ràodào zǒu, xíng ma?
지금 차가 막혀요. 우리 길을 돌아서 가도 될까요?

B: 好的，那绕道走吧。
Hǎo de, nà ràodào zǒu ba.
알았어요. 그럼 돌아서 갑시다.

## 0018
**掉头**
diàotóu

동 유턴하다

예 A: 给您掉头停吗?
Gěi nín diàotóu tíng ma?
유턴해서 세워드릴까요?

B: 不用，停在前边吧。
Bú yòng, tíng zài qiánbian ba.
아니요. 앞쪽에서 세워주세요.

## 0019
**拐**
guǎi

동 돌다

예 A: 师傅，请在前边往左拐。
Shīfu, qǐng zài qiánbian wǎng zuǒ guǎi.
기사님, 앞쪽에서 왼쪽으로 돌아주세요.

B: 前边不能左拐。
Qiánbian bù néng zuǒ guǎi.
앞쪽에서는 좌회전을 할 수 없어요.

## 0020
**停**
tíng

동 멈추다

예 A: 请在前边停车。
Qǐng zài qiánbian tíngchē.
앞쪽에서 차를 세워주세요.

B: 前边不能停车，我再往前开一点儿。
Qiánbian bù néng tíngchē, wǒ zài wǎng qián kāi yìdiǎnr.
앞쪽에서는 차를 세울 수 없어요. 앞으로 좀 더 갈게요.

**0021**

## 红绿灯
hónglǜdēng

명 신호등

예 A: 您在哪儿下车?
Nín zài nǎr xiàchē?
당신은 어디에서 내리실 건가요?

B: 我在前边的红绿灯下车。
Wǒ zài qiánbian de hónglǜdēng xiàchē.
앞쪽의 신호등에서 내릴게요.

**0022**

## 零钱
língqián

명 잔돈

예 A: 您有零钱吗?
Nín yǒu língqián ma?
잔돈 있으세요?

B: 没有，我只有一百块。
Méi yǒu, wǒ zhǐ yǒu yìbǎi kuài.
없어요. 100위안밖에 없어요.

**0023**

## 小票
xiǎopiào

명 영수증

예 A: 您要小票吗?
Nín yào xiǎopiào ma?
영수증 필요하세요?

B: 不用了，谢谢。
Búyòng le, xièxie.
됐어요. 고맙습니다.

**0024**

## 高速公路
gāosù gōnglù

명 고속도로

예 A: 师傅，我很着急，能快点儿吗?
Shīfu, wǒ hěn zháojí, néng kuài diǎnr ma?
지금 차가 막혀요. 우리 길을 돌아서 가도 될까요?

B: 那我们走高速公路吧。
Nà wǒmen zǒu gāosù gōnglù ba.
그럼 우리 고속도로로 갑시다.

## 0025
# 收费站
shōufèizhàn

명 톨게이트(고속도로 요금소)

예 A: 师傅，去这儿通过收费站吗?
　　Shīfu, qù zhèr tōngguò shōufèizhàn ma?
　　기사님, 여기 가려면 톨게이트 지나갑니까?

　　B: 不通过收费站。
　　Bù tōngguò shōufèizhàn.
　　톨게이트는 안 지납니다.

# Chapter 5 교통수단

## 03 지하철

### Mind Map Note

地铁 dìtiě
[명] 전철, 지하철

报站 bàozhàn
[동] (역을)안내 방송하다

号线 hàoxiàn
[명] 호선

线路图 xiànlùtú
[명] 노선도

换乘 huànchéng
[동] 환승하다

坐反 zuòfǎn
[동] 반대 방향으로 타다

让座 ràngzuò
[동] 좌석을 양보하다

专用座 zhuānyòngzuò
[명] 전용 좌석

过站 guòzhàn
[동] 역을 지나치다

自动售票机 zìdòng shòupiàojī
[명] 자동 매표기

## Let's Start Up!

주제에 맞는 단어와 예문을 학습해보세요.   5-03

**0001**
## 地铁
dìtiě

명 전철, 지하철

예 A: 我们坐什么去最快?
Wǒmen zuò shénme qù zuì kuài?
우리 뭐 타고 가는 게 제일 빨라요?

B: 坐地铁去最快。
Zuò dìtiě qù zuì kuài.
지하철을 타고 가는 게 가장 빨라요.

**0002**
## 号线
hàoxiàn

명 호선

예 A: 我们坐几号线?
Wǒmen zuò jǐ hàoxiàn?
우리 몇 호선을 타요?

B: 坐四号线, 在明洞站下车。
Zuò sì hào xiàn, zài Míngdòng zhàn xiàchē.
4호선을 타고 명동역에서 내려요.

**0003**
## 线路图
xiànlùtú

명 노선도

예 A: 你有首尔的地铁线路图吗?
Nǐ yǒu Shǒu'ěr de dìtiě xiànlùtú ma?
당신 서울 지하철 노선도 있어요?

B: 没有, 用手机找找吧。
Méi yǒu, yòng shǒujī zhǎozhao ba.
없어요. 휴대전화로 찾아봐요.

**0004**
## 自动售票机
zìdòng shòupiàojī

명 자동 매표기

예 A: 交通卡里没钱了, 我要充值。
Jiāotōngkǎ li méi qián le, wǒ yào chōngzhí.
교통카드에 돈이 없어요. 충전해야겠어요.

B: 后边有自动售票机, 你可以去那儿充值。
Hòubian yǒu zìdòng shòupiàojī, nǐ kěyǐ qù nàr chōngzhí.
뒤쪽에 자동 매표기가 있어요. 거기 가서 충전할 수 있어요.

중국어회화 VOCA

### 0005
## 一次性
yícìxìng

**명** 일회용

**예** A: 我今天没带卡，得买一次性交通卡。
Wǒ jīntiān méi dài kǎ, děi mǎi yícìxìng jiāotōngkǎ.
저 오늘 카드를 안 가져와서 일회용 교통카드를 사야 해요.

B: 我在这儿等你，你去买吧。
Wǒ zài zhèr děng nǐ, nǐ qù mǎi ba.
여기서 당신을 기다릴게요. 가서 사세요.

### 0006
## 报站
bàozhàn

**동** (역을) 안내 방송하다

**예** A: 怎么没报站?
Zěnme méi bàozhàn?
왜 역 안내 방송을 안 했죠?

B: 刚才报了，说是江南站。
Gāngcái bào le, shuō shì Jiāngnán zhàn.
방금 방송했어요. 강남역이라고 말했어요.

### 0007
## 下一站
xià yí zhàn

**명** 다음 역, 다음 정류장

**예** A: (广播)前方到站是首尔站。
(Guǎngbō) Qiánfāng dào zhàn shì Shǒu'ěr zhàn.
(안내방송) 곧 도착할 역은 서울역입니다.

B: 我们下一站下车。
Wǒmen xià yí zhàn xiàchē.
우리 다음 역에 내려야 해요.

### 0008
## 自动扶梯
zìdòng fútī

**명** 에스컬레이터

**예** A: 这站的台阶太多了，我们坐自动扶梯吧。
Zhè zhàn de táijiē tài duō le, wǒmen zuò zìdòng fútī ba.
이번 역의 계단은 너무 많아요. 우리 에스컬레이터를 타요.

B: 别坐自动扶梯了，我们运动运动吧。
Bié zuò zìdòng fútī le, wǒmen yùndòng yùndòng ba.
에스컬레이터는 타지 말아요. 우리 운동 좀 합시다.

### 0009
**专用座**
zhuānyòngzuò

명 (노약·장애·임산부) 전용 좌석

예 A: 那儿有空位子。
Nàr yǒu kōng wèizi.
저쪽에 빈자리가 있어요.

B: 那是孕妇专用座，不能坐那儿。
Nà shì yùnfù zhuānyòngzuò, bù néng zuò nàr.
저 자리는 임산부 전용 좌석이에요. 거기 앉으면 안 돼요.

### 0010
**让座**
ràngzuò

동 양보하다

예 A: 前边有位老人。
Qiánbian yǒu wèi lǎorén.
앞쪽에 노인이 있어요.

B: 我们给他让座吧。
Wǒmen gěi tā ràngzuò ba.
우리 그분에게 자리를 양보합시다.

### 0011
**扶手**
fúshǒu

명 손잡이

예 A: 你扶好扶手。
Nǐ fúhǎo fúshǒu.
손잡이를 잘 잡으세요.

B: 扶手有点儿高，不太方便。
Fúshǒu yǒudiǎnr gāo, bú tài fāngbiàn.
손잡이가 좀 높네요. 별로 편리하지 않아요.

### 0012
**打盹儿**
dǎdǔnr

동 졸다

예 A: 我常常在地铁里打盹儿。
Wǒ chángcháng zài dìtiě li dǎdǔnr.
저는 자주 지하철에서 졸아요.

B: 我也常常打盹儿。
Wǒ yě chángcháng dǎdǔnr.
저도 자주 졸아요.

중국어회화 VOCA

### 0013 首班车 shǒubānchē

[명] 첫차

예 A: 首班车几点开?
Shǒubānchē jǐ diǎn kāi?
첫차는 몇 시에 운행해요?

B: 早上五点开。
Zǎoshang wǔ diǎn kāi.
아침 5시에 운행해요.

**Voca+**
末班车 mòbānchē 막차

### 0014 开往 kāiwǎng

[동] ~을 향하여 가다

예 A: 这趟地铁开往哪儿?
Zhè tàng dìtiě kāi wǎng nǎr?
이 열차는 어디로 가는 열차인가요?

B: 开往仁川。
Kāi wǎng Rénchuān.
인천행이에요.

### 0015 进站 jìnzhàn

[동] 역에 진입하다

예 A: 地铁快要进站了。
Dìtiě kuàiyào jìnzhàn le.
지하철이 곧 들어와요.

B: 知道了，我们准备上车吧。
Zhīdào le, wǒmen zhǔnbèi shàngchē ba.
알았어요. 우리 탈 준비해요.

### 0016 拥挤 yōngjǐ

[형] 붐비다

예 A: 现在不是高峰时间，这么拥挤!
Xiànzài bú shì gāofēng shíjiān, zhème yōngjǐ!
지금은 러시아워 시간도 아닌데, 이렇게 붐비다니!

B: 一号线什么时间都有很多人。
Yī hàoxiàn shénme shíjiān dōu yǒu hěn duō rén.
1호선은 어떤 시간에도 사람이 많아요.

### 0017
**故障**
gùzhàng

[명] 고장

[예] A: 地铁怎么又停了?
Dìtiě zěnme yòu tíng le?
지하철이 왜 또 멈췄어요?

B: 可能出故障了。
Kěnéng chū gùzhàng le.
아마도 고장이 났나 봐요.

### 0018
**换乘**
huànchéng

[동] 환승하다

[예] A: 我们在什么站换乘?
Wǒmen zài shénme zhàn huànchéng?
우리는 무슨 역에서 환승해요?

B: 我看看，我们在东大门换乘四号线。
Wǒ kànkan, wǒmen zài Dōngdàmén huànchéng sì hàoxiàn.
제가 한번 볼게요. 우리는 동대문에서 4호선으로 환승해요.

### 0019
**过站**
guòzhàn

[동] 역을 지나치다

[예] A: 怎么办? 我们坐过站了。
Zěnmebàn? Wǒmen zuò guòzhàn le.
어떡해요? 우리는 역을 지나쳤어요.

B: 没办法，这站下吧。
Méi bànfǎ, zhè zhàn xià ba.
방법이 없네요. 이번 역에서 내려요.

### 0020
**坐反**
zuòfǎn

[동] 반대 방향으로 타다

[예] A: 我们方向坐反了。
Wǒmen fāngxiàng zuòfǎn le.
우리 방향을 잘못 탔어요.

B: 真的? 那我们这站下吧。
Zhēn de? Nà wǒmen zhè zhàn xià ba.
정말요? 그럼 우리 이번 역에서 내려요.

# Chapter 5 교통수단

## 04 기차

### Mind Map Note

火车 huǒchē
명 기차, 열차

候车室 hòuchēshì
명 대합실

站台 zhàntái
명 플랫폼

检票 jiǎnpiào
동 검표하다, 개찰하다

高铁 gāotiě
명 고속열차(KTX)

车厢 chēxiāng
명 객실

站票 zhànpiào
명 입석표

餐车 cānchē
명 이동식 (음식) 카트, 식당칸

座位号 zuòwèihào
명 좌석 번호

行李架 xínglijià
명 짐칸, 선반

## Let's Start Up!

주제에 맞는 단어와 예문을 학습해보세요.

🎧 5-04

---

**0001**
## 火车
huǒchē

📖 **기차, 열차**

💬 A: 去釜山得坐几个小时火车?
　　Qù Fǔshān děi zuò jǐ ge xiǎoshí huǒchē?
　　부산에 가려면 몇 시간 동안 기차를 타야 하나요?

　　B: 从首尔得坐三个半小时的KTX。
　　Cóng Shǒu'ěr děi zuò sān ge bàn xiǎoshí de KTX.
　　서울에서 3시간 반 동안 KTX를 타야 해요.

---

**0002**
## 列车
lièchē

📖 **열차**

💬 A: 这趟列车到大田吗?
　　Zhè tàng lièchē dào Dàtián ma?
　　이 열차는 대전에 도착하나요?

　　B: 这趟不到，你去对面吧。
　　Zhè tàng bú dào, nǐ qù duìmiàn ba.
　　이 열차는 안 가요. 맞은편으로 가보세요.

---

**0003**
## 高铁
gāotiě

📖 **고속열차(KTX)**

💬 A: 从北京到天津坐高铁很快。
　　Cóng Běijīng dào Tiānjīn zuò gāotiě hěn kuài.
　　베이징에서 톈진까지 고속열차를 타면 빨라요.

　　B: 那我们坐高铁去吧。
　　Nà wǒmen zuò gāotiě qù ba.
　　그럼 우리 고속열차를 타고 가요.

---

**0004**
## 火车站
huǒchēzhàn

📖 **기차역**

💬 A: 火车站里人太多了。
　　Huǒchēzhàn li rén tài duō le.
　　기차역 안에 사람이 너무 많아요.

　　B: 现在是中秋节嘛!
　　Xiànzài shì Zhōngqiū Jié ma!
　　지금은 추석이잖아요!

중국어회화 VOCA

### 0005
**售票处**
shòupiàochù

명 매표소

예 A: 我们在哪儿换票?
　　Wǒmen zài nǎr huànpiào?
　　어디에서 표를 교환해요?

　B: 去售票处问问吧。
　　Qù shòupiàochù wènwen ba.
　　매표소에 가서 한번 물어봐요.

### 0006
**候车室**
hòuchēshì

명 대합실

예 A: 离上车还有三十分钟呢。
　　Lí shàngchē hái yǒu sānshí fēnzhōng ne.
　　차 탈 때까지 아직 30분 남았어요.

　B: 那我们去候车室等吧。
　　Nà wǒmen qù hòuchēshì děng ba.
　　그럼 우리 대합실에 가서 기다려요.

### 0007
**站台**
zhàntái

명 플랫폼

예 A: 我们的车是几号站台?
　　Wǒmen de chē shì jǐ hào zhàntái?
　　우리 기차는 몇 번 플랫폼인가요?

　B: 我看看票,是三号站台。
　　Wǒ kànkan piào, shì sān hào zhàntái.
　　표를 좀 볼게요. 3번 플랫폼이에요.

### 0008
**出站口**
chūzhànkǒu

명 역 출구

예 A: 我们从几号出站口出去?
　　Wǒmen cóng jǐ hào chūzhànkǒu chūqù?
　　우리는 몇 번 출구로 나가야 해요?

　B: 从五号出站口出去。
　　Cóng wǔ hào chūzhànkǒu chūqù.
　　5번 출구로 나가요.

### 0009
## 直达
zhídá

동 직행하다

예 A: 这趟火车直达上海吗?
Zhè tàng huǒchē zhídá Shànghǎi ma?
이 기차는 상하이에 직행하나요?

B: 对，您要几张票?
Duì, nín yào jǐ zhāng piào?
맞아요. 표 몇 장을 원하세요?

### 0010
## 经过
jīngguò

동 경유하다

예 A: 这趟列车经过几个地方?
Zhè tàng lièchē jīngguò jǐ ge dìfang?
이 열차는 몇 곳을 경유하나요?

B: 经过两个地方。
Jīngguò liǎng ge dìfang.
두 곳을 경유해요.

### 0011
## 单程票
dānchéngpiào

명 편도 표

예 A: 你要买单程票还是往返票?
Nǐ yào mǎi dānchéngpiào háishi wǎngfǎnpiào?
당신은 편도 표를 살 건가요? 아니면 왕복 표를 살 건가요?

B: 给我一张往返票。
Gěi wǒ yì zhāng wǎngfǎnpiào.
왕복 표 한 장 주세요.

**Grammar+**
- 还是 : '아니면', '또는'이라는 뜻의 접속사로 'A입니까? 아니면 B입니까?' 둘 중 하나를 선택하는 의문문이다. [A还是B?]의 형태로 쓰인다.

### 0012
## 站票
zhànpiào

명 입석표

예 A: 只有站票了，您要吗?
Zhǐ yǒu zhànpiào le, nín yào ma?
입석표만 남았어요. 원하세요?

B: 给我两张吧。
Gěi wǒ liǎng zhāng ba.
두 장 주세요.

중국어회화 VOCA

### 0013 硬座 yìngzuò

명 일반석

예 A: 有硬座票吗?
Yǒu yìngzuò piào ma?
일반석 표가 있나요?

B: 有，您要几张?
Yǒu, nín yào jǐ zhāng?
있어요. 몇 장 원하세요?

**Voca+**
硬卧 yìngwò 일반 침대석 | 软座 ruǎnzuò 일등석 | 软卧 ruǎnwò 일등석 침대석

### 0014 身份证 shēnfènzhèng

명 신분증

예 A: 在中国，买票得有身份证。
Zài Zhōngguó, mǎipiào děi yǒu shēnfènzhèng.
중국에서 표를 사려면 신분증이 있어야 해요.

B: 真的? 在韩国不用。
Zhēn de? Zài Hánguó bú yòng.
정말요? 한국에서는 필요 없어요.

### 0015 排队 páiduì

동 줄을 서다

예 A: 排队的人这么多！
Páiduì de rén zhème duō!
줄을 선 사람이 이렇게 많아요!

B: 我们也快去排队吧。
Wǒmen yě kuài qù páiduì ba.
우리도 빨리 가서 줄을 서요.

### 0016 出发 chūfā

동 출발하다

예 A: 火车几点出发? 还得等多长时间?
Huǒchē jǐ diǎn chūfā? Hái děi děng duōcháng shíjiān?
기차가 몇 시에 출발하나요? 얼마나 더 기다려야 해요?

B: 还有二十分钟。
Hái yǒu èrshí fēnzhōng.
아직 20분 남았어요.

### 0017
**车厢**
chēxiāng

명 객실

예 A: 我们是几号车厢?
Wǒmen shì jǐ hào chēxiāng?
우리는 몇 호 차예요?

B: 七号车厢, 往前走。
Qī hào chēxiāng, wǎng qián zǒu.
7호 차예요. 앞으로 가세요.

### 0018
**座位号**
zuòwèihào

명 좌석 번호

예 A: 你看看我们的座位号。
Nǐ kànkan wǒmen de zuòwèihào.
우리의 좌석 번호를 좀 봐요.

B: 是25A和25B。
Shì èrshíwǔ A hé èrshíwǔ B.
25A와 25B예요.

### 0019
**行李架**
xínglijià

명 짐칸, 선반

예 A: 行李架上没有地方了。
Xínglijià shang méi yǒu dìfang le.
선반 위에 둘 곳이 없어요.

B: 那放在地上吧。
Nà fàng zài dìshang ba.
그럼 바닥에 둬요.

### 0020
**餐车**
cānchē

명 이동식 (음식) 카트, 식당칸

예 A: 我太饿了, 餐车什么时候过来?
Wǒ tài è le, cānchē shénme shíhou guòlái?
너무 배고파요. 음식 카트는 언제 오죠?

B: 等一下, 马上过来。
Děng yíxià, mǎshàng guòlái.
잠시 기다려요. 곧 올 거예요.

**Grammar⁺**
- 餐车 : 식당칸과 이동식 카트를 가리킬 때 사용한다. 두 가지를 정확히 구분할 경우, 이동식 카트를 **手推餐车**라고 한다.

### 0021
**检票**
jiǎnpiào

동 검표하다, 개찰하다

예 A: 什么时候检票?
　　Shénme shíhou jiǎnpiào?
　　언제 개표하나요?

　　B: 十分钟以后检票。
　　Shí fēnzhōng yǐhòu jiǎnpiào.
　　10분 후에 개찰해요.

### 0022
**补票**
bǔpiào

동 (분실하여) 표를 다시 사다

예 A: 我的票丢了。
　　Wǒ de piào diū le.
　　제 표를 잃어버렸어요.

　　B: 那您得补票。
　　Nà nín děi bǔpiào.
　　그럼 표를 다시 사야 해요.

# Chapter 5 교통수단

## 05 비행기

**Mind Map Note**

飞机 fēijī
명 비행기

机场 jīchǎng
명 공항

机票 jīpiào
명 비행기 표, 항공권

护照 hùzhào
명 여권

降落 jiàngluò
동 착륙하다

入境卡 rùjìngkǎ
명 입국 신고서

起飞 qǐfēi
동 이륙하다

转机 zhuǎnjī
동 비행기를 갈아타다

机内餐 jīnèicān
명 기내식

乘务员 chéngwùyuán
명 승무원

## Let's Start Up!
주제에 맞는 단어와 예문을 학습해보세요.  5-05

**0001**
**飞机**
fēijī

명 비행기

예 A: 你几点的飞机?
Nǐ jǐ diǎn de fēijī?
당신 몇 시 비행기예요?

B: 早上九点出发。
Zǎoshang jiǔ diǎn chūfā.
아침 9시에 출발해요.

**0002**
**机场**
jīchǎng

명 공항

예 A: 我们在哪个机场坐飞机?
Wǒmen zài nǎ ge jīchǎng zuò fēijī?
우리 어느 공항에서 비행기를 타나요?

B: 这次在金浦机场坐。
Zhè cì zài Jīnpǔ jīchǎng zuò.
이번에는 김포공항에서 타요.

**0003**
**机场大巴**
jīchǎng dàbā

명 공항 버스

예 A: 我们坐机场大巴回去吧。
Wǒmen zuò jīchǎng dàbā huíqù ba.
우리 공항 버스를 타고 돌아가요.

B: 好啊, 坐机场大巴也很方便。
Hǎo a, zuò jīchǎng dàbā yě hěn fāngbiàn.
좋아요. 공항 버스를 타는 것도 편리해요.

**0004**
**机票**
jīpiào

명 비행기 표, 항공권

예 A: 你平时怎么买机票?
Nǐ píngshí zěnme mǎi jīpiào?
당신은 평소에 어떻게 비행기 표를 사나요?

B: 我常常在网上买。
Wǒ chángcháng zài wǎngshang mǎi.
저는 자주 인터넷에서 사요.

### 0005
**航空**
hángkōng

명 항공

예 A: 最近哪个航空公司的票便宜?
　　Zuìjìn nǎ ge hángkōng gōngsī de piào piányi?
　　요즘 어느 항공 회사의 표가 저렴해요?

　B: 现在是九月，都很贵。
　　Xiànzài shì jiǔ yuè, dōu hěn guì.
　　지금 9월이어서 모두 비싸요.

### 0006
**航班号**
hángbānhào

명 (비행기) 편명

예 A: 我去机场接你，你的航班号是多少?
　　Wǒ qù jīchǎng jiē nǐ, nǐ de hángbānhào shì duōshao?
　　제가 공항에 마중 갈게요. 당신의 비행기 편명이 어떻게 돼요?

　B: 我的航班号是CA123。
　　Wǒ de hángbānhào shì CA yāo èr sān.
　　제 비행기 편명은 CA123이에요.

### 0007
**起飞**
qǐfēi

동 이륙하다

예 A: 飞机马上就要起飞了。
　　fēijī mǎshàng jiù yào qǐfēi le.
　　비행기가 곧 이륙할 거예요.

　B: 你关手机了吗?
　　Nǐ guān shǒujī le ma?
　　당신 휴대전화를 껐어요?

### 0008
**下降**
xiàjiàng

동 하강하다

예 A: 飞机开始下降了。
　　Fēijī kāishǐ xiàjiàng le.
　　비행기가 하강하기 시작했어요.

　B: 这么快? 北京离仁川真近。
　　Zhème kuài? Běijīng lí Rénchuān zhēn jìn.
　　이렇게 빨리요? 베이징에서 인천까지 정말 가깝네요.

## 0009
**降落**
jiàngluò

동 착륙하다

예 A: 我们的飞机已经降落了。
Wǒmen de fēijī yǐjīng jiàngluò le.
우리 비행기는 이미 착륙했어요.

B: 拿好你的东西，准备下飞机。
Náhǎo nǐ de dōngxi, zhǔnbèi xià fēijī.
당신 물건을 잘 챙기고, 비행기에서 내릴 준비를 하세요.

## 0010
**手续**
shǒuxù

명 수속

예 A: 请问，在哪儿办登机手续？
Qǐngwèn, zài nǎr bàn dēngjī shǒuxù?
실례해요. 어디에서 탑승수속을 해야 하나요?

B: 您坐什么航空公司的飞机？
Nín zuò shénme hángkōng gōngsī de fēijī?
어떤 항공사의 비행기를 타시나요?

## 0011
**托运**
tuōyùn

동 탁송하다

예 A: 请问，几点可以托运行李？
Qǐngwèn, jǐ diǎn kěyǐ tuōyùn xíngli?
실례해요. 몇 시에 짐을 부칠 수 있어요?

B: 现在已经开始了。
Xiànzài yǐjīng kāishǐ le.
지금 이미 시작했어요.

## 0012
**检查**
jiǎnchá

동 검사하다

예 A: 请打开包，我检查一下。
Qǐng dǎkāi bāo, wǒ jiǎnchá yíxià.
가방을 열어주세요. 검사 좀 할게요.

B: 有什么问题吗？
Yǒu shénme wèntí ma?
무슨 문제가 있나요?

**0013**

## 携带
xiédài

**동** 휴대하다

**예** A: 这个可以携带吗?
Zhè ge kěyǐ xiédài ma?
이거 휴대할 수 있나요?

B: 不好意思，不能携带。
Bù hǎo yìsi, bù néng xiédài.
죄송합니다. 휴대할 수 없어요.

**0014**

## 靠
kào

**동** ~근접해 있다

**예** A: 您要靠窗户的座位还是靠通道的座位?
Nín yào kào chuānghu de zuòwèi háishi kào tōngdào de zuòwèi?
창가 쪽 자리를 원하세요? 아니면 복도 쪽 자리를 원하세요?

B: 请给我靠窗户的座位。
Qǐng gěi wǒ kào chuānghu de zuòwèi.
창가 쪽 자리로 주세요.

**Voca⁺**
窗户 chuānghu 창문 | 通道 tōngdào 통로, 복도

**0015**

## 经济舱
jīngjìcāng

**명** 일반석

**예** A: 经济舱在哪儿排队?
Jīngjìcāng zài nǎr páiduì?
일반석은 어디에서 줄을 서나요?

B: 在那边。
Zài nàbiān.
저쪽이에요.

**Voca⁺**
商务舱 shāngwùcāng 비즈니스석

**0016**

## 护照
hùzhào

**명** 여권

**예** A: 请出示您的护照。
Qǐng chūshì nín de hùzhào.
당신의 여권을 제시해주세요.

B: 好的，给您。
Hǎo de, gěi nín.
알았어요. 여기요.

중국어회화 VOCA

### 0017
## 登机牌
dēngjīpái

명 탑승권

예 A: 请给我看看您的登机牌。
Qǐng gěi wǒ kànkan nín de dēngjīpái.
저에게 탑승권을 좀 보여주세요.

B: 好的，在这儿。
Hǎo de, zài zhèr.
네, 여기 있습니다.

### 0018
## 登机口
dēngjīkǒu

명 탑승구

예 A: 我们在几号登机口登机？
Wǒmen zài jǐ hào dēngjīkǒu dēngjī?
우리는 몇 번 탑승구에서 탑승해요?

B: 在35号登机口，就在前边。
Zài sānshíwǔ hào dēngjīkǒu, jiù zài qiánbian.
35번 탑승구에서요. 바로 앞쪽에 있어요.

### 0019
## 乘务员
chéngwùyuán

명 승무원

예 A: 那位乘务员是不是中国人？
Nà wèi chéngwùyuán shi bu shi Zhōngguórén?
저 승무원은 중국인가요?

B: 我觉得她是韩国人。
Wǒ juéde tā shì Hánguórén.
제 생각에 그녀는 한국인 같아요.

### 0020
## 乘客
chéngkè

명 승객

예 A: 这位乘客，您需要什么吗？
Zhè wèi chéngkè, nín xūyào shénme ma?
승객 분, 무엇이 필요하세요?

B: 请给我一杯果汁。
Qǐng gěi wǒ yì bēi guǒzhī.
주스 한 잔 주세요.

5 교통수단

05 비행기 193

### 0021
**使用**
shǐyòng

동 사용하다

예 A: 现在可以使用电脑吗?
Xiànzài kěyǐ shǐyòng diànnǎo ma?
지금 컴퓨터를 사용해도 되나요?

B: 飞机已经起飞了，可以使用。
Fēijī yǐjīng qǐfēi le, kěyǐ shǐyòng.
비행기가 이미 이륙했어요. 사용해도 됩니다.

### 0022
**提供**
tígōng

동 제공하다

예 A: 请问，飞机上提供红酒吗?
Qǐngwèn, fēijī shang tígōng hóngjiǔ ma?
실례해요. 비행기에서 와인을 제공하나요?

B: 不好意思，只提供啤酒。
Bù hǎo yìsi, zhǐ tígōng píjiǔ.
죄송하지만, 오직 맥주만 제공됩니다.

### 0023
**气流**
qìliú

명 기류

예 A: 现在能去洗手间吗?
Xiànzài néng qù xǐshǒujiān ma?
지금 화장실에 가도 되나요?

B: 现在气流不稳，一会儿去吧。
Xiànzài qìliú bù wěn, yíhuìr qù ba.
지금은 기류가 불안정해요. 잠시 후에 가세요.

### 0024
**晕机**
yùnjī

동 비행기 멀미를 하다

예 A: 乘务员，我有点儿晕机。
Chéngwùyuán, wǒ yǒudiǎnr yùnjī.
승무원, 비행기 멀미가 좀 나요.

B: 您要晕机药吗?
Nín yào yùnjī yào ma?
멀미약이 필요하세요?

중국어회화 VOCA

### 0025 转机 zhuǎnjī

동 비행기를 갈아타다

예 A: 我们去哪儿转机?
Wǒmen qù nǎr zhuǎnjī?
어디로 가서 비행기를 갈아타죠?

B: 前边是出站口，我们往右走。
Qiánbian shì chūzhànkǒu, wǒmen wǎng yòu zǒu.
앞쪽은 출구이고, 우리는 오른쪽으로 가요.

### 0026 摆渡车 bǎidùchē

명 셔틀 버스

예 A: 我们得坐摆渡车。
Wǒmen děi zuò bǎidùchē.
우리는 셔틀 버스를 타야 해요.

B: 那我们快走吧。
Nà wǒmen kuài zǒu ba.
그럼 우리 빨리 가요.

### 0027 毯子 tǎnzi

명 담요

예 A: 乘务员，请给我一个毯子。
Chéngwùyuán, qǐng gěi wǒ yí ge tǎnzi.
승무원, 담요 하나 주세요.

B: 好的，马上给您拿过来。
Hǎo de, mǎshàng gěi nín ná guòlái.
네, 바로 가져올게요.

### 0028 遮光板 zhēguāngbǎn

명 차광판, 가림막

예 A: 请您打开遮光板。
Qǐng nín dǎkāi zhēguāngbǎn.
차광판을 열어주세요.

B: 好的，知道了。
Hǎo de, zhīdào le.
네, 알겠어요.

05 비행기

### 0029
**椅背**
yǐbèi

명 등받이

예 A: 请您调直椅背。
Qǐng nín tiáo zhí yǐ bèi.
등받이를 똑바로 세워주세요.

B: 好的，我知道了。
Hǎo de, wǒ zhīdào le.
네, 알겠어요.

**Grammar+**
- 调는 '조절하다', 直는 '똑바로(곧게) 펴다'라는 뜻으로 调直는 '똑바로(곧게) 되도록 조절하다'라는 의미이다.

### 0030
**免税商品**
miǎnshuì shāngpǐn

명 면세 상품

예 A: 现在可以购买免税商品。
Xiànzài kěyǐ gòumǎi miǎnshuì shāngpǐn.
지금 면세 상품을 사셔도 돼요.

B: 请问，有没有这个化妆品？
Qǐngwèn, yǒu méi yǒu zhè ge huàzhuāngpǐn.
여쭤볼게요(저기요), 이 화장품이 있나요?

### 0031
**入境卡**
rùjìngkǎ

명 입국 신고서

예 A: 您需要入境卡吗？
Nín xūyào rùjìngkǎ ma?
입국 신고서 필요하세요?

B: 请给我两张。
Qǐng gěi wǒ liǎng zhāng.
두 장 주세요.

# voca Review 다음 빈칸에 한자, 병음, 뜻을 알맞게 채워보세요~

| | 한자 | 병음 | 뜻 |
|---|---|---|---|
| 1 | 公共汽车 | gōnggòng qìchē | 버스 |
| 2 | 双层巴士 | shuāngcéng bāshì | 이층 버스 |
| 3 | 交通卡 | jiāotōngkǎ | 교통카드 |
| 4 | 堵车 | dǔchē | 차가 막히다 |
| 5 | 车祸 | chēhuò | 교통사고 |
| 6 | 按铃 | àn líng | (하차)벨을 누르다 |
| 7 | 出租车 | chūzūchē | 택시 |
| 8 | 起步价 | qǐbùjià | 기본 요금 |
| 9 | 安全带 | ānquándài | 안전벨트 |
| 10 | 导航 | dǎoháng | 네비게이션 |
| 11 | 绕道 | ràodào | (길을) 돌아가다 |
| 12 | 掉头 | diàotóu | 유턴하다 |
| 13 | 红绿灯 | hónglǜdēng | 신호등 |
| 14 | 地铁 | dìtiě | 전철, 지하철 |
| 15 | 线路图 | xiànlùtú | 노선도 |

| 한자 | 병음 | 뜻 |
|---|---|---|
| 16 专用座 | zhuānyòngzuò | 전용 좌석 |
| 17 拥挤 | yōngjǐ | 붐비다 |
| 18 换乘 | huànchéng | 환승하다 |
| 19 火车 | huǒchē | 기차, 열차 |
| 20 高铁 | gāotiě | 고속열차(KTX) |
| 21 单程票 | dānchéngpiào | 편도 표 |
| 22 排队 | páiduì | 줄을 서다 |
| 23 行李架 | xínglijià | 짐칸, 선반 |
| 24 检票 | jiǎnpiào | 검표하다, 개찰하다 |
| 25 飞机 | fēijī | 비행기 |
| 26 机场 | jīchǎng | 공항 |
| 27 降落 | jiàngluò | 착륙하다 |
| 28 护照 | hùzhào | 여권 |
| 29 乘务员 | chéngwùyuán | 승무원 |
| 30 入境卡 | rùjìngkǎ | 입국 신고서 |

# Chapter 6
# 계절 · 날씨

01 봄 200
02 여름 207
03 가을 214
04 겨울 220
- voca Review 227

# Chapter 6 계절·날씨

## 01 봄

### Mind Map Note

春天 chūntiān
명 봄

季节 jìjié
명 계절

气温 qìwēn
명 기온, 온도

天气 tiānqì
명 날씨

刮风 guāfēng
동 바람이 불다

春雨 chūnyǔ
명 봄비

暖和 nuǎnhuo
형 따뜻하다

沙尘暴 shāchénbào
명 황사

春游 chūnyóu
동 봄나들이하다, 봄 소풍 가다

赏花 shǎnghuā
동 꽃을 감상하다, 꽃을 구경하다

## Let's Start Up!

주제에 맞는 단어와 예문을 학습해보세요.  6-01

**0001**
**四季**
sìjì

명 사계

예 A: 韩国四季分明，中国呢?
Hánguó sìjì fēnmíng, Zhōngguó ne?
한국의 사계절은 뚜렷한데, 중국은요?

B: 中国也一样。
Zhōngguó yě yíyàng.
중국도 같아요.

**0002**
**季节**
jìjié

명 계절

예 A: 你最喜欢什么季节?
Nǐ zuì xǐhuan shénme jìjié?
당신은 어떤 계절을 가장 좋아하세요?

B: 四季我都喜欢。
Sìjì wǒ dōu xǐhuan.
사계절 모두 좋아해요.

**0003**
**春天**
chūntiān

명 봄

예 A: 四季中你喜欢哪个季节?
Sìjì zhōng nǐ xǐhuan nǎ gè jìjié?
사계절 중 당신은 어떤 계절 좋아해요?

B: 我喜欢春天。
Wǒ xǐhuan chūntiān.
저는 봄을 좋아해요.

**0004**
**天气**
tiānqì

명 날씨

예 A: 最近天气怎么样?
Zuìjìn tiānqì zěnmeyàng?
요즘 날씨는 어때요?

B: 天气很好，我想去玩儿。
Tiānqì hěn hǎo, wǒ xiǎng qù wánr.
날씨가 아주 좋아요. 놀러 가고 싶네요.

## 0005
**预报**
yùbào

명 예보

예 A: 听天气预报说，明天有点儿冷。
Tīng tiānqì yùbào shuō, míngtiān yǒudiǎnr lěng.
일기예보를 들어보니 내일 좀 춥대요.

B: 现在是三月，当然还有点儿冷。
Xiànzài shì sān yuè, dāngrán hái yǒudiǎnr lěng.
지금은 3월이니, 당연히 아직 좀 춥지요.

## 0006
**立春**
lìchūn

명 입춘 동 봄이 오다

예 A: 下个星期就立春了。
Xià ge xīngqī jiù lìchūn le.
다음 주에 곧 입춘이에요.

B: 是啊，春天开始了。
Shì a, chūntiān kāishǐ le.
그래요. 봄이 시작되었네요.

## 0007
**刮风**
guāfēng

동 바람이 불다

예 A: 现在外面刮风吗?
Xiànzài wàimian guāfēng ma?
지금 밖에 바람 불어요?

B: 是啊，风刮得很大。
Shì a, fēng guā de hěn dà.
네, 바람이 많이 불어요.

## 0008
**沙尘暴**
shāchénbào

명 황사, 모래폭풍

예 A: 我晚上打算去见朋友。
Wǒ wǎnshang dǎsuàn qù jiàn péngyou.
저는 저녁에 친구를 만날 계획이에요.

B: 今天有沙尘暴，你别出去了。
Jīntiān yǒu shāchénbào, nǐ bié chūqù le.
오늘은 황사가 있으니 나가지 말아요.

중국어회화 VOCA

**0009**
## 灰尘
huīchén

명 먼지

예 A: 开一会儿窗户吧。
Kāi yíhuìr chuānghu ba.
창문을 잠깐 열어요.

B: 外边灰尘很多，别开窗户了。
Wàibian huīchén hěn duō, bié kāi chuānghu le.
밖에 먼지가 많아요. 창문 열지 말아요.

**0010**
## 气温
qìwēn

명 기온

예 A: 早上的气温很低。
Zǎoshang de qìwēn hěn dī.
아침의 기온이 낮아요.

B: 对，不过中午的气温高点儿。
Duì, búguò zhōngwǔ de qìwēn gāo diǎnr.
맞아요. 그런데 정오의 기온은 좀 더 높아요.

**0011**
## 度
dù

양 도(온도의 단위)

예 A: 今天多少度？
Jīntiān duōshao dù?
오늘 몇 도예요?

B: 最高13度。
Zuì gāo shísān dù.
가장 높게는 13도예요.

**0012**
## 暖和
nuǎnhuo

형 따뜻하다

예 A: 今天真暖和。
Jīntiān zhēn nuǎnhuo.
오늘 진짜 따뜻하네요.

B: 是啊，春天来了。
Shì a, chūntiān lái le.
그래요. 봄이 왔네요.

### 0013
**春雨** chūnyǔ

명 봄비

예 A: 春天了，也下雨？
Chūntiān le, yě xiàyǔ?
봄이 되었는데도 비가 오네요?

B: 当然了，这是春雨嘛。
Dāngrán le, zhè shì chūnyǔ ma.
당연하죠. 이건 봄비잖아요.

### 0014
**春寒** chūnhán

명 꽃샘추위

예 A: 三月了，春寒来了。
Sān yuè le, chūnhán lái le.
3월이에요. 꽃샘추위가 왔어요.

B: 是啊，所以三天冷，四天暖和。
Shì a, suǒyǐ sān tiān lěng, sì tiān nuǎnhuo.
그래요. 그래서 사흘은 춥고, 나흘은 따뜻해요.

### 0015
**凉** liáng

형 차갑다, 서늘하다

예 A: 四月了，春天了。
Sì yuè le, chūntiān le.
4월이에요. 봄이 되었어요.

B: 不过天气还有点儿凉。
Búguò tiānqì hái yǒudiǎnr liáng.
그런데 날씨가 아직도 조금 차요.

### 0016
**薄** báo

형 얇다

예 A: 你今天衣服穿得这么薄，不冷吗？
Nǐ jīntiān yīfu chuān de zhème báo, bù lěng ma?
당신 오늘 옷을 이렇게 얇게 입었네요. 안 추워요?

B: 不冷，今天很暖和。
Bù lěng, jīntiān hěn nuǎnhuo.
안 추워요. 오늘은 따뜻해요.

중국어회화 VOCA

## 0017
**阳光** yángguāng

[명] 햇빛

[예] A: 今天天气很好，阳光也很充足。
Jīntiān tiānqì hěn hǎo, yángguāng yě hěn chōngzú.
오늘 날씨가 좋네요. 햇빛도 좋고요.

B: 那吃完午饭，我们走走吧。
Nà chīwán wǔfàn, wǒmen zǒuzou ba.
그럼 점심 다 먹고, 우리 좀 걸어요.

## 0018
**晴** qíng

[형] 맑다

[예] A: 今天天这么晴，真不想工作。
Jīntiān tiān zhème qíng, zhēn bù xiǎng gōngzuò.
오늘 하늘이 이렇게 맑다니. 정말 일하고 싶지 않네요.

B: 我也是，想早点儿下班。
Wǒ yě shì, xiǎng zǎo diǎnr xiàbān.
저도 그래요. 일찍 퇴근하고 싶어요.

## 0019
**困** kùn

[형] 졸리다

[예] A: 我太困了，这几天总是很困。
Wǒ tài kùn le, zhè jǐ tiān zǒngshì hěn kùn.
너무 졸려요. 요 며칠 항상 졸려요.

B: 春天了，大家都觉得很困。
Chūntiān le, dàjiā dōu juéde hěn kùn.
봄이 되어서 모두 졸려 해요.

## 0020
**迎春花** yíngchūnhuā

[명] 개나리

[예] A: 路边的迎春花都开了。
Lùbiān de yíngchūnhuā dōu kāi le.
길가에 개나리가 다 피었어요.

B: 是啊，一片黄色，很漂亮。
Shì a, yí piàn huángsè, hěn piàoliang.
그래요. 온통 노란색이에요. 예뻐요.

### 0021
**赏花**
shǎnghuā

동 꽃을 감상하다, 꽃을 구경하다

예 A: 最近花都开了，真漂亮。
Zuìjìn huā dōu kāi le, zhēn piàoliang.
요즘 꽃이 다 피었어요. 정말 예뻐요.

B: 那我们周末去赏花吧。
Nà wǒmen zhōumò qù shǎnghuā ba.
그럼 우리 주말에 꽃 구경하러 가요.

### 0022
**春游**
chūnyóu

동 봄나들이하다, 봄 소풍 가다

예 A: 周末我们去春游吧。
Zhōumò wǒmen qù chūnyóu ba.
주말에 우리 봄나들이 가요.

B: 好啊，你想去哪儿？
Hǎo a, nǐ xiǎng qù nǎr?
좋아요. 어디로 가고 싶어요?

### 0023
**游客**
yóukè

명 관광객

예 A: 这儿的游客这么多！
Zhèr de yóukè zhème duō!
여기 관광객이 이렇게 많아요!

B: 天气很好，大家都出来了。
Tiānqì hěn hǎo, dàjiā dōu chūlái le.
날씨가 좋아서 모두 다 나왔네요.

### 0024
**婚礼**
hūnlǐ

명 결혼식

예 A: 春天结婚的人最多。
Chūntiān jiéhūn de rén zuì duō.
봄에 결혼하는 사람이 가장 많아요.

B: 对，我星期六又要参加朋友的婚礼。
Duì, wǒ xīngqīliù yòu yào cānjiā péngyou de hūnlǐ.
맞아요. 토요일에 또 친구의 결혼식에 참석해야 해요.

# Chapter 6 계절 · 날씨

## 02 여름

### Mind Map Note

夏天 xiàtiān
명 여름

炎热 yánrè
형 무덥다

台风 táifēng
명 태풍

梅雨 méiyǔ
명 장마

海边 hǎibiān
명 해변

避暑 bìshǔ
동 피서하다

放假 fàngjià
동 방학하다

水上乐园 shuǐshàng lèyuán
물놀이 공원, 워터파크

比基尼 bǐjīní
명 비키니

红豆刨冰 hóngdòu bàobīng
명 팥빙수

## Let's Start Up!
주제에 맞는 단어와 예문을 학습해보세요. 　 6-02

**0001**
**夏天**
xiàtiān

명 여름

예 A: 夏天来了，太热了。
Xiàtiān lái le, tài rè le.
여름이 왔네요. 너무 더워요.

B: 所以我不太喜欢夏天。
Suǒyǐ wǒ bú tài xǐhuan xiàtiān.
그래서 저는 여름을 별로 안 좋아해요.

**0002**
**下雨**
xiàyǔ

동 비가 오다

예 A: 听说下午下雨。你带雨伞了吗?
Tīngshuō xiàwǔ xiàyǔ. Nǐ dài yǔsǎn le ma?
오후에 비가 온대요. 당신 우산을 가져왔어요?

B: 怎么办? 我没有雨伞。
Zěnmebàn? Wǒ méi yǒu yǔsǎn.
어떻게 하죠? 전 우산이 없어요.

**0003**
**阴**
yīn

형 흐리다

예 A: 天这么阴，好像要下雨了。
Tiān zhème yīn, hǎoxiàng yào xiàyǔ le.
날이 이렇게 흐려서 비가 올 것 같아요.

B: 可是我听说今天不下雨。
Kěshì wǒ tīngshuō jīntiān bú xiàyǔ.
하지만 제가 듣기로는 오늘은 비가 안 온대요.

**0004**
**阵雨**
zhènyǔ

명 소나기

예 A: 怎么突然下雨了?
Zěnme tūrán xiàyǔ le?
왜 갑자기 비가 내리죠?

B: 这是阵雨，一会儿就停了。
Zhè shi zhènyǔ, yíhuìr jiù tíng le.
이것은 소나기예요. 잠시 후에 바로 멈출 거예요.

중국어회화 VOCA

**0005**
## 降水量
jiàngshuǐliàng

명 강수량

예 A: 我不喜欢下雨天。
　　Wǒ bù xǐhuan xiàyǔtiān.
　　저는 비 오는 날을 안 좋아해요.

　B: 不过听说今年的降水量很多。
　　Búguò tīngshuō jīnnián de jiàngshuǐliàng hěn duō.
　　그런데 들어 보니 올해의 강수량이 아주 많대요.

**0006**
## 雨季
yǔjì

명 우기

예 A: 北京也有雨季吗？是几月？
　　Běijīng yě yǒu yǔjì ma? Shì jǐ yuè?
　　베이징도 우기가 있나요? 몇 월인가요?

　B: 北京七、八月是雨季。
　　Běijīng qī、bā yuè shì yǔjì.
　　베이징은 7, 8월이 우기예요.

**0007**
## 梅雨
méiyǔ

명 장마

예 A: 中国有没有梅雨季节？
　　Zhōngguó yǒu méi yǒu méiyǔ jìjié?
　　중국에 장마철이 있어요?

　B: 有，不过每个地方不太一样。
　　Yǒu, búguò měi ge dìfang bú tài yíyàng.
　　있어요. 그런데 모든 지역이 같지는 않아요.

**0008**
## 打雷
dǎléi

동 천둥 치다

예 A: 刚才打雷了，你听见了吗？
　　Gāngcái dǎléi le, nǐ tīngjiàn le ma?
　　방금 천둥 쳤는데, 당신 들었나요?

　B: 听见了，太恐怖了。
　　Tīngjiàn le, tài kǒngbù le.
　　들었어요. 너무 무섭네요.

**Voca+**
闪电 shǎndiàn 번개 치다

### 0009
**台风**
táifēng

명 태풍

예 A: 首尔常常刮台风吗?
　　Shǒu'ěr chángcháng guā táifēng ma?
　　서울에 자주 태풍이 불어요?

　B: 夏天有的时候刮台风。
　　Xiàtiān yǒude shíhou guā táifēng.
　　여름에 때때로 태풍이 불어요.

### 0010
**冰雹**
bīngbáo

명 우박

예 A: 外面雨下得很大。
　　Wàimian yǔ xià de hěn dà.
　　바깥에 비가 많이 내리네요.

　B: 下的不是雨，是冰雹。
　　Xià de bú shì yǔ, shì bīngbáo.
　　비가 내리는 게 아니라 우박이에요.

### 0011
**潮湿**
cháoshī

형 습하다, 축축하다

예 A: 天天下雨，天气太潮湿了。
　　Tiāntiān xiàyǔ, tiānqì tài cháoshī le.
　　매일 비가 내려서 날씨가 너무 습해요.

　B: 是啊，雨季什么时候走啊?
　　Shì a, yǔjì shénme shíhou zǒu a?
　　그러게요. 우기는 언제 지나가죠?

### 0012
**雨靴**
yǔxuē

명 장화, 레인부츠

예 A: 外边雨下得真大。
　　Wàibian yǔ xià de zhēn dà.
　　바깥에 비가 정말 많이 내려요.

　B: 出去的时候，穿雨靴吧。
　　Chūqù de shíhou, chuān yǔxuē ba.
　　나갈 때, 장화를 신어요.

## 0013 彩虹 cǎihóng

**명** 무지개

**예** A: 你看，天上有彩虹。
Nǐ kàn, tiān shang yǒu cǎihóng.
봐요. 하늘에 무지개가 있어요.

B: 真漂亮，我好久没看过彩虹了。
Zhēn piàoliang, wǒ hǎo jiǔ méi kànguo cǎihóng le.
정말 예쁘네요. 저는 오랫동안 무지개를 본 적이 없어요.
그러게요. 우기는 언제 지나가죠?

## 0014 炎热 yánrè

**형** 무덥다

**예** A: 今天多少度？真不喜欢这种炎热的天气。
Jīntiān duōshao dù? Zhēn bù xǐhuan zhè zhǒng yánrè de tiānqì.
오늘 몇 도예요? 이렇게 무더운 날씨는 정말 싫어요.

B: 今天35度，我们别出去了。
Jīntiān sānshíwǔ dù, wǒmen bié chūqù le.
오늘은 35도예요. 우리 나가지 말아요.

## 0015 闷热 mēnrè

**형** 후텁지근하다

**예** A: 今天怎么这么闷热？
Jīntiān zěnme zhème mēnrè?
오늘 왜 이렇게 후텁지근하죠?

B: 是啊，快要下雨了。
Shì a, kuàiyào xiàyǔ le.
그러게요. 곧 비가 올 거예요.

## 0016 三伏天 sānfútiān

**명** 삼복날

**예** A: 现在是三伏天。
Xiànzài shì sānfútiān.
지금 삼복날이에요.

B: 中午我们去吃参鸡汤吧。
Zhōngwǔ wǒmen qù chī shēnjītāng ba.
점심에 우리 삼계탕 먹으러 가요.

**Voca⁺**
初伏 chūfú 초복 | 中伏 zhōngfú 중복 | 末伏 mòfú 말복

### 0017
**中暑**
zhòngshǔ

동 더위를 먹다

예 A: 今天怎么这么热！
Jīntiān zěnme zhème rè!
오늘 어쩜 이렇게 덥죠!

B: 是啊，我头很晕，好像中暑了。
Shì a, wǒ tóu hěn yūn, hǎoxiàng zhòngshǔ le.
맞아요. 머리가 어지러워요. 더위를 먹은 것 같아요.

### 0018
**放假**
fàngjià

동 방학하다

예 A: 我们几号放假？
Wǒmen jǐ hào fàngjià?
우리 며칠에 방학하죠?

B: 我们二十五号放假，你打算做什么？
Wǒmen èrshíwǔ hào fàngjià, nǐ dǎsuàn zuò shénme?
25일에 방학해요. 당신은 무엇을 할 계획이에요?

### 0019
**避暑**
bìshǔ

동 피서하다, 더위를 피하다

예 A: 这次你想去哪儿避暑？
Zhè cì nǐ xiǎng qù nǎr bìshǔ?
이번에 당신은 어디로 피서를 가고 싶어요?

B: 我想去济州岛，可是人太多了。
Wǒ xiǎng qù Jìzhōudǎo, kěshì rén tài duō le.
저는 제주도에 가고 싶어요. 하지만 사람이 너무 많아요.

### 0020
**海边**
hǎibiān

명 해변

예 A: 我们去哪儿的海边好呢？
Wǒmen qù nǎr de hǎibiān hǎo ne?
어느 해변으로 가는 게 좋을까요?

B: 这次我们去东海吧。
Zhè cì wǒmen qù Dōnghǎi ba.
이번엔 동해로 가요.

중국어회화 VOCA

### 0021 水上乐园 shuǐshàng lèyuán

물놀이 공원, 워터파크

예 A: 周末我们去水上乐园玩儿吧。
Zhōumò wǒmen qù shuǐshàng lèyuán wánr ba.
주말에 우리 워터파크로 놀러 가요.

B: 你订票了吗？夏天得早点儿买票。
Nǐ dìngpiào le ma? Xiàtiān děi zǎo diǎnr mǎipiào.
당신 표 예약했어요? 여름에는 표를 일찍 사야 해요.

### 0022 比基尼 bǐjīní

명 비키니

예 A: 我们去海边穿比基尼吗？
Wǒmen qù hǎibiān chuān bǐjīní ma?
우리 해변에 가서 비키니 입나요?

B: 当然，我们从今天开始少吃点儿。
Dāngrán, wǒmen cóng jīntiān kāishǐ shǎo chī diǎnr.
당연하죠. 우리 오늘부터 좀 적게 먹어요.

### 0023 阳伞 yángsǎn

명 양산

예 A: 这样的天气得用阳伞。
Zhèyàng de tiānqì děi yòng yángsǎn.
이런 날씨에는 양산을 써야 해요.

B: 我还没有，想买一把阳伞。
Wǒ hái méi yǒu, xiǎng mǎi yì bǎ yángsǎn.
저는 아직 없어서 양산 하나 사고 싶어요.

### 0024 蚊子 wénzi

명 모기

예 A: 你昨天睡得不好吗？
Nǐ zuótiān shuì de bù hǎo ma?
당신 어제 잠을 잘 못 잤어요?

B: 是啊，夏天蚊子太多了。
Shì a, xiàtiān wénzi tài duō le.
네. 여름에 모기가 너무 많아요.

# Chapter 6 계절·날씨

## 03 가을

### Mind Map Note

秋天 qiūtiān
명 가을

红叶 hóngyè
명 단풍

爬山 páshān
동 등산하다, 산을 오르다

换季 huànjì
동 계절이 바뀌다

凉快 liángkuai
형 시원하다

晴朗 qínglǎng
형 쾌청하다

晴空 qíngkōng
명 맑은 하늘

收获 shōuhuò
명 수확(물)

中秋节 Zhōngqiū Jié
명 추석

感恩节 Gǎn'ēn Jié
명 추수감사절

## Let's Start Up!  주제에 맞는 단어와 예문을 학습해보세요.  ◎ 6-03

**0001**
### 秋天
qiūtiān

명 가을

예 A: 我最喜欢秋天。
Wǒ zuì xǐhuan qiūtiān.
저는 가을을 가장 좋아해요.

B: 我也是，秋天不冷也不热。
Wǒ yě shì, qiūtiān bù lěng yě bú rè.
저도 그래요. 가을은 춥지도 않고, 덥지도 않아요.

**Grammar+**
- 不A也不B : 'A하지도 않고 B하지도 않다'라는 의미이다.

**0002**
### 换季
huànjì

동 계절이 바뀌다

예 A: 换季的时候，要注意身体。
Huànjì de shíhou, yào zhùyì shēntǐ.
환절기 때에는 건강에 주의해야 해요.

B: 谢谢，你也要注意身体。
Xièxie, nǐ yě yào zhùyì shēntǐ.
고마워요. 당신도 건강 주의하세요.

**0003**
### 反常
fǎncháng

형 비정상이다, 이상하다

예 A: 这个星期天气很反常。
Zhè ge xīngqī tiānqì hěn fǎncháng.
이번 주 날씨가 아주 이상해요.

B: 是啊，一会儿冷一会儿热。
Shì a, yíhuìr lěng yíhuìr rè.
그러게요. 금방 추웠다가 금방 더워져요.

**0004**
### 变化
biànhuà

명 변화

예 A: 天气变化太快了。
Tiānqì biànhuà tài kuài le.
날씨 변화가 너무 빠르네요.

B: 是啊，昨天二十度，今天才十度。
Shì a, zuótiān èrshí dù, jīntiān cái shí dù.
그래요. 어제는 20도였는데, 오늘은 겨우 10도예요.

### 0005
**干燥**
gānzào

형 건조하다

예 A: 秋天比较干燥。
　　Qiūtiān bǐjiào gānzào.
　　가을은 비교적 건조해요.

　　B: 因为秋天经常刮风。
　　Yīnwèi qiūtiān jīngcháng guāfēng.
　　왜냐하면 가을에는 바람이 자주 불기 때문이에요.

### 0006
**多云**
duōyún

명 구름 많음, 흐린 날씨

예 A: 外面天有点儿阴。
　　Wàimian tiān yǒudiǎnr yīn.
　　바깥에 날이 좀 흐리네요.

　　B: 听天气预报说今天多云。
　　Tīng tiānqì yùbào shuō jīntiān duōyún.
　　일기예보를 들어 보니 오늘 구름이 많대요.

### 0007
**雾**
wù

명 안개

예 A: 今天雾很大。
　　Jīntiān wù hěn dà.
　　오늘 안개가 많네요.

　　B: 是啊，你开车的时候小心点儿。
　　Shì a, nǐ kāichē de shíhou xiǎoxīn diǎnr.
　　그러게요. 당신 운전할 때 조심하세요.

### 0008
**凉快**
liángkuai

형 시원하다, 서늘하다

예 A: 下午很凉快，天气也很好。
　　Xiàwǔ hěn liángkuai, tiānqì yě hěn hǎo.
　　오후에는 시원하고 날씨도 좋아요.

　　B: 不过早晚有点儿冷。
　　Búguò zǎowǎn yǒudiǎnr lěng.
　　하지만 아침과 저녁이 좀 추워요.

중국어회화 VOCA

### 0009 温差 wēnchā

명 온도차

예 A: 秋天早晚的温差很大。
Qiūtiān zǎowǎn de wēnchā hěn dà.
가을에는 아침과 저녁의 온도차가 커요.

B: 对啊，所以早上多拿一件衣服吧。
Duì a, suǒyǐ zǎoshang duō ná yí jiàn yīfu ba.
맞아요. 그러니까 아침에 옷 한 벌 더 챙겨가세요.

### 0010 空气 kōngqì

명 공기

예 A: 四季中，我觉得秋天的空气最好。
Sìjì zhōng, wǒ juéde qiūtiān de kōngqì zuì hǎo.
사계절 중에 저는 가을의 공기가 가장 좋은 것 같아요.

B: 对，不过秋天太短了。
Duì, búguò qiūtiān tài duǎn le.
맞아요. 하지만 가을은 너무 짧아요.

### 0011 晴朗 qínglǎng

형 쾌청하다

예 A: 今天天气特别晴朗。
Jīntiān tiānqì tèbié qínglǎng.
오늘 날씨가 유난히 쾌청하네요.

B: 我们买点儿吃的去公园吧。
Wǒmen mǎi diǎnr chī de qù gōngyuán ba.
우리 먹을 것을 좀 사서 공원에 가요.

### 0012 红叶 hóngyè

명 단풍

예 A: 秋天了，我们去看红叶吧。
Qiūtiān le, wǒmen qù kàn hóngyè ba.
가을이에요. 우리 단풍을 보러 가요.

B: 那我们去雪岳山吧，那儿的红叶非常漂亮。
Nà wǒmen qù Xuěyuèshān ba, nàr de hóngyè fēicháng piàoliang.
그럼 우리 설악산에 가요. 그곳의 단풍이 굉장히 예뻐요.

### 0013
**爬山**
páshān

동 등산하다, 산을 오르다

예 A: 天气这么好，我们去户外活动吧。
Tiānqì zhème hǎo, wǒmen qù hùwài huódòng ba.
날씨가 이렇게 좋은데, 우리 야외로 나가서 움직여요.

B: 好啊！去爬山怎么样？
Hǎo a! Qù páshān zěnmeyàng?
좋아요! 등산을 가는 건 어때요?

### 0014
**度假**
dùjià

동 휴가를 보내다

예 A: 今年中秋节能休六天。
Jīnnián Zhōngqiū Jié néng xiū liù tiān.
올해 추석은 6일을 쉴 수 있어요.

B: 休这么长。我们去济州岛度假吧。
Xiū zhème cháng. Wǒmen qù Jìzhōudǎo dùjià ba.
이렇게 길게 쉬는데, 우리 제주도에 가서 휴가를 보내요.

### 0015
**黄金周**
huángjīnzhōu

명 황금 주간, 황금 연휴, 골든 위크

예 A: 我这次中秋节去中国。
Wǒ zhè cì Zhōngqiū Jié qù Zhōngguó.
저는 이번 추석에 중국에 갈 거예요.

B: 那时候是黄金周，机票很贵。
Nà shíhou shì huángjīnzhōu, jīpiào hěn guì.
그때는 황금 연휴 주간이라 비행기 표가 비싸요.

**Grammar+**
- 黄金周 : 중국의 황금 연휴 주간은 10.1 국경절의 연휴 기간(7일)을 가리킨다.

### 0016
**收获**
shōuhuò

명 수확, 수확물

예 A: 听说今年水果收获不太好。
Tīngshuō jīnnián shuǐguǒ shōuhuò bú tài hǎo.
듣자 하니 올해 과일 수확이 별로 안 좋대요.

B: 对，所以现在水果很贵。
Duì, suǒyǐ xiànzài shuǐguǒ hěn guì.
맞아요. 그래서 지금 과일이 비싸요.

## 0017
# 自然
zìrán

**명** 자연

**예** A: 我觉得秋天的自然风景很美。
Wǒ juéde qiūtiān de zìrán fēngjǐng hěn měi.
제 생각에는 가을의 자연 풍경이 참 아름다운 것 같아요.

B: 当然了，秋天不但天气很好，而且红叶也很漂亮。
Dāngrán le, qiūtiān búdàn tiānqi hěn hǎo, érqiě hóngyè yě hěn piàoliang
당연하죠. 가을은 날씨가 좋을 뿐 아니라, 게다가 단풍도 예뻐요.

**Grammar⁺**
- 不但A而且B : 'A할 뿐 아니라 게다가 B까지 하다'라는 뜻으로 상황이 더 심화, 발전되는 것을 표현한다.

# Chapter 6 계절 · 날씨

## 04 겨울

**Mind Map Note**

冬天 dōngtiān
명 겨울

寒冷 hánlěng
형 몹시 춥다

零下 língxià
명 영하

下雪 xiàxuě
동 눈이 내리다

雪人 xuěrén
명 눈사람

保暖 bǎonuǎn
동 보온하다

手套 shǒutào
명 장갑

电热毯 diànrètǎn
명 전기담요, 전기장판

寒假 hánjià
명 겨울방학

温泉 wēnquán
명 온천

## Let's Start Up!

주제에 맞는 단어와 예문을 학습해보세요.  🎧 6-04

---

**0001**

# 冬天
dōngtiān

[명] 겨울

[예] A: 你为什么喜欢冬天?
Nǐ wèi shénme xǐhuan dōngtiān?
당신은 왜 겨울을 좋아해요?

B: 我喜欢下雪天。
Wǒ xǐhuan xiàxuětiān.
저는 눈 오는 날을 좋아해요.

---

**0002**

# 寒冷
hánlěng

[형] 몹시 춥다

[예] A: 我真不喜欢寒冷的天气。
Wǒ zhēn bù xǐhuan hánlěng de tiānqì.
저는 몹시 추운 날을 정말 안 좋아해요.

B: 我也不喜欢。
Wǒ yě bù xǐhuan.
저도 안 좋아해요.

---

**0003**

# 降温
jiàngwēn

[동] 기온이 내려가다

[예] A: 从下个星期开始降温。
Cóng xià ge xīngqī kāishǐ jiàngwēn.
다음 주부터 기온이 떨어지기 시작할 거예요.

B: 真的吗? 我讨厌冷天。
Zhēnde ma? Wǒ tǎoyàn lěngtiān.
정말요? 저는 추운 날이 싫어요.

---

**0004**

# 零下
língxià

[명] 영하

[예] A: 你知道吗? 明天零下十五度。
Nǐ zhīdào ma? Míngtiān língxià shíwǔ dù.
알고 있어요? 내일은 영하 15도예요.

B: 知道，明天是今年最冷的一天。
Zhīdào, míngtiān shì jīnnián zuì lěng de yì tiān.
알아요. 내일은 올해 들어 가장 추운 날이에요.

### 0005
## 下雪
xiàxuě

동 눈이 내리다

예 A: 你看，外面下雪了。
Nǐ kàn, wàimian xiàxuě le.
보세요. 바깥에 눈이 내렸어요.

B: 现在才11月，怎么下雪了?
Xiànzài cái shíyī yuè, zěnme xiàxuě le?
지금 겨우 11월인데, 왜 눈이 내렸죠?

### 0006
## 暴雪
bàoxuě

명 폭설

예 A: 昨天大田下暴雪了。首尔呢?
Zuótiān Dàtián xià bàoxuě le. Shǒu'ěr ne?
어제 대전에 폭설이 내렸는데, 서울은요?

B: 真的? 首尔下得很小。
Zhēn de? Shǒu'ěr xià de hěn xiǎo.
정말요? 서울은 아주 조금 내렸어요.

### 0007
## 结冰
jiébīng

동 얼음이 얼다

예 A: 今天是零下吗? 路上结冰了。
Jīntiān shì língxià ma? Lù shang jiébīng le.
오늘 영하예요? 길에 얼음이 얼었어요.

B: 嗯，走路小心点儿吧。
Ng, zǒu lù xiǎoxīn diǎnr ba.
네, 길을 걸을 때 조심하세요.

### 0008
##
huá

형 미끄럽다

예 A: 昨天下雪了，路上很滑。
Zuótiān xiàxuě le, lù shang hěn huá.
어제 눈이 내려서 길이 미끄러워요.

B: 那我们慢慢儿走吧。
Nà wǒmen mànmānr zǒu ba.
그럼 우리 천천히 걸어요.

중국어회화 VOCA

### 0009 水珠 shuǐzhū

명 물방울

예 A: 你看，窗户上结了很多水珠。
Nǐ kàn, chuānghu shang jié le hěn duō shuǐzhū.
봐요. 창문에 물방울이 많이 맺혔어요.

B: 当然，因为天气越来越冷了。
Dāngrán, yīnwèi tiānqì yuèláiyuè lěng le.
당연하죠. 날씨가 점점 추워지고 있으니까요.

**Grammar+**
- 越来越 : '점점 ~하다'라는 뜻으로 정도의 심화를 표현한다. [주어 + 越来越 + 형용사/심리동사]의 형태로 쓰인다.

### 0010 冰柱 bīngzhù

명 고드름

예 A: 你看，那儿结冰柱了。
Nǐ kàn, nàr jié bīngzhù le.
봐요. 저기 고드름이 맺혔어요.

B: 我没在首尔看过冰柱。
Wǒ méi zài Shǒu'ěr kànguo bīngzhù.
저는 서울에서 고드름을 본 적이 없어요.

### 0011 黑 hēi

형 어둡다

예 A: 还不到六点，天已经黑了。
Hái bú dào liù diǎn, tiān yǐjīng hēi le.
아직 6시도 안 됐는데, 날이 이미 어두워졌어요.

B: 是啊，冬天的白天很短。
Shì a, dōngtiān de báitiān hěn duǎn.
그러게요. 겨울의 낮은 아주 짧아요.

### 0012 冬至 dōngzhì

명 동지(절기)

예 A: 韩国冬至吃什么？中国吃饺子。
Hánguó dōngzhì chī shénme? Zhōngguó chī jiǎozi.
한국은 동지에 무엇을 먹어요? 중국은 교자만두를 먹어요.

B: 韩国吃红豆粥。
Hánguó chī hóngdòuzhōu.
한국은 팥죽을 먹어요.

### 0013
**寒假** hánjià

명 겨울방학

예 A: 你什么时候放寒假?
Nǐ shénme shíhou fàng hánjià?
당신은 언제 겨울방학해요?

B: 我们这个星期三放寒假。
Wǒmen zhè ge xīngqīsān fàng hánjià.
우리는 이번 주 수요일에 겨울방학해요.

Voca⁺
暑假 shǔjià 여름방학

### 0014
**冻** dòng

형 얼다

예 A: 太冷了, 我冻耳朵。
Tài lěng le, wǒ dòng ěrduo.
너무 추워요. 귀가 얼었어요.

B: 你没有帽子吗?
Nǐ méi yǒu màozi ma?
당신 모자 없어요?

### 0015
**保暖** bǎonuǎn

동 보온하다

예 A: 这件大衣很保暖。
Zhè jiàn dàyī hěn bǎonuǎn.
이 코트는 보온이 잘 돼요.

B: 是在哪儿买的? 我也想买一件。
Shì zài nǎr mǎi de? Wǒ yě xiǎng mǎi yí jiàn.
어디에서 산 거예요? 저도 한 벌 사고 싶어요.

### 0016
**手套** shǒutào

명 장갑

예 A: 外面太冷了, 你戴手套吧。
Wàimian tài lěng le, nǐ dài shǒutào ba.
바깥이 너무 추워요. 장갑을 착용하세요.

B: 不想戴, 戴手套不太方便。
Bù xiǎng dài, dài shǒutào bú tài fāngbiàn.
착용하고 싶지 않아요. 장갑을 끼면 불편해요.

중국어회화 VOCA

## 0017
**雪地鞋**
xuědìxié

명 어그부츠

예 A: 这是你新买的雪地鞋吗?
Zhè shì nǐ xīn mǎi de xuědìxié ma?
이게 당신이 새로 산 어그부츠예요?

B: 是，脚真暖和。
Shì, jiǎo zhēn nuǎnhuo.
맞아요. 발이 정말 따뜻해요.

## 0018
**电热毯**
diànrètǎn

명 전기담요, 전기장판

예 A: 床上有点儿凉。
Chuáng shang yǒudiǎnr liáng.
침대 위가 좀 차갑네요.

B: 那开电热毯吧。
Nà kāi diànrètǎn ba.
그럼 전기 담요를 켜요.

## 0019
**暖风**
nuǎnfēng

명 온풍, 따뜻한 바람

예 A: 办公室里太冷了，开暖风吧。
Bàngōngshì li tài lěng le, kāi nuǎnfēng ba.
사무실 안이 너무 춥네요. 온풍을 틀어요.

B: 刚才开了，一会儿就暖和了。
Gāngcái kāi le, yíhuìr jiù nuǎnhuo le.
방금 켰어요. 잠시 후에 곧 따뜻해질 거예요.

## 0020
**温泉**
wēnquán

명 온천

예 A: 冬天的时候，你去泡过温泉吗?
Dōngtiān de shíhou, nǐ qù pàoguo wēnquán ma?
겨울에 온천욕하러 가본 적 있나요?

B: 我没去过，今年冬天很想去。
Wǒ méi qùguo, jīnnián dōngtiān hěn xiǎng qù.
저는 가본 적 없어요. 올해 겨울에 가보고 싶어요.

## 0021 体质
tǐzhì

명 **체질**

예 A: 你穿得这么多，还冷啊?
Nǐ chuān de zhème duō, hái lěng a?
당신 옷을 이렇게 많이 입었는데 여전히 추워요?

B: 没办法，我是怕冷的体质。
Méi bànfǎ, wǒ shi pà lěng de tǐzhì.
방법이 없어요. 저는 추위를 타는 체질이에요.

**Grammar+**
- 怕는 '두려워 하다', 冷은 '춥다'라는 뜻으로 怕冷은 '추위를 두려워하다', '추위 타다'라는 의미이다.

## voca Review

다음 빈칸에 한자, 병음, 뜻을 알맞게 채워보세요~

| | 한자 | 병음 | 뜻 |
|---|---|---|---|
| 1 | 季节 | jìjié | 계절 |
| 2 | 春天 | chūntiān | 봄 |
| 3 | 预报 | yùbào | 예보 |
| 4 | 刮风 | guāfēng | 바람이 불다 |
| 5 | 沙尘暴 | shāchénbào | 황사, 모래폭풍 |
| 6 | 暖和 | nuǎnhuo | 따뜻하다 |
| 7 | 赏花 | shǎnghuā | 꽃을 감상하다, 꽃을 구경하다 |
| 8 | 春游 | chūnyóu | 봄나들이하다, 봄 소풍 가다 |
| 9 | 夏天 | xiàtiān | 여름 |
| 10 | 梅雨 | méiyǔ | 장마 |
| 11 | 台风 | táifēng | 태풍 |
| 12 | 雨靴 | yǔxuē | 장화, 레인부츠 |
| 13 | 彩虹 | cǎihóng | 무지개 |
| 14 | 炎热 | yánrè | 무덥다 |
| 15 | 水上乐园 | shuǐshàng lèyuán | 물놀이 공원, 워터파크 |

|  | 한자 | 병음 | 뜻 |
|---|---|---|---|
| 16 | 秋天 | qiūtiān | 가을 |
| 17 | 换季 | huànjì | 계절이 바뀌다 |
| 18 | 干燥 | gānzào | 건조하다 |
| 19 | 凉快 | liángkuai | 시원하다, 서늘하다 |
| 20 | 红叶 | hóngyè | 단풍 |
| 21 | 爬山 | páshān | 등산하다, 산을 오르다 |
| 22 | 度假 | dùjià | 휴가를 보내다 |
| 23 | 黄金周 | huángjīnzhōu | 황금 주간, 황금 연휴 |
| 24 | 冬天 | dōngtiān | 겨울 |
| 25 | 寒冷 | hánlěng | 몹시 춥다 |
| 26 | 下雪 | xiàxuě | 눈이 내리다 |
| 27 | 寒假 | hánjià | 겨울방학 |
| 28 | 保暖 | bǎonuǎn | 보온하다 |
| 29 | 电热毯 | diànrètǎn | 전기담요, 전기장판 |
| 30 | 温泉 | wēnquán | 온천 |

# Chapter 7
# 일상생활

| | | |
|---|---|---|
| 01 | 외출 | 230 |
| 02 | 학습 | 236 |
| 03 | 건강 | 243 |
| 04 | 미용 | 251 |
| 05 | 여행 | 259 |
| – | voca Review | 267 |

# Chapter 7 일상생활

## 01 외출

### Mind Map Note

**出门** chūmén
동 외출하다, 집을 나서다

**闹钟** nàozhōng
명 알람, 알람 시계

**起床** qǐchuáng
동 잠자리에서 일어나다

**出发** chūfā
동 출발하다

**洗澡** xǐzǎo
동 씻다, 샤워하다

**打扮** dǎban
동 단장하다, 치장하다

**刷牙** shuāyá
동 이를 닦다

**吹头** chuītóu
동 머리를 말리다

**准备** zhǔnbèi
동 준비하다

**照镜子** zhào jìngzi
거울에 비추다, 거울을 보다

## Let's Start Up!

주제에 맞는 단어와 예문을 학습해보세요.    🔊 7-01

**0001**
## 起床
qǐchuáng

동 잠자리에서 일어나다, 기상하다

예 A: 你今天起床起得这么早?
Nǐ jīntiān qǐchuáng qǐ de zhème zǎo?
당신 오늘 왜 이렇게 일찍 일어났어요?

B: 我今天有重要的事儿。
Wǒ jīntiān yǒu zhòngyào de shìr.
오늘 중요한 일이 있어요.

**0002**
## 闹钟
nàozhōng

명 알람, 알람 시계

예 A: 闹钟响了, 快起床吧。
Nàozhōng xiǎng le, kuài qǐchuáng ba.
알람이 울렸어요. 빨리 일어나요.

B: 我再躺五分钟。
Wǒ zài tǎng wǔ fēnzhōng.
저 5분만 더 누워 있을게요.

**0003**
## 洗漱
xǐshù

동 세수하고 양치하다

예 A: 你洗漱了吗? 我要出发了。
Nǐ xǐshù le ma? Wǒ yào chūfā le.
세수하고 양치했어요? 저 출발할 거예요.

B: 怎么办? 我刚起床。
Zěnme bàn? Wǒ gāng qǐchuáng.
어쩌죠? 방금 일어났어요.

**0004**
## 刷牙
shuāyá

동 이를 닦다, 양치하다

예 A: 你不吃早饭吗?
Nǐ bù chī zǎofàn ma?
당신 아침 안 먹어요?

B: 我已经刷牙了, 要出去。
Wǒ yǐjīng shuāyá le, yào chūqù.
저는 이미 양치 했어요. 나갈 거예요.

### 0005
**洗澡**
xǐzǎo

동 씻다, 샤워하다

예 A: 我要迟到了，我先洗澡吧。
　　Wǒ yào chídào le, wǒ xiān xǐzǎo ba.
　　저 늦을 것 같아요. 제가 먼저 씻을게요.

　B: 你快点儿洗，我也着急。
　　Nǐ kuài diǎnr xǐ, wǒ yě zháojí.
　　빨리 씻어요. 저도 급해요.

### 0006
**刮脸**
guāliǎn

동 면도하다

예 A: 你怎么没刮脸就出来了？
　　Nǐ zěnme méi guāliǎn jiù chūlái le?
　　당신 어째서 면도를 안 하고 나왔어요?

　B: 我太着急了，忘了。
　　Wǒ tài zháojí le, wàng le.
　　너무 급해서 깜박했어요.

### 0007
**洗头**
xǐtóu

동 머리를 감다

예 A: 你几点能出来？
　　Nǐ jǐ diǎn néng chūlái?
　　당신 몇 시에 나올 수 있어요?

　B: 我得洗头，五点见吧。
　　Wǒ děi xǐtóu, wǔ diǎn jiàn ba.
　　저는 머리는 감아야 해요. 5시에 만나요.

### 0008
**梳头**
shūtóu

동 머리를 빗다

예 A: 你快点儿出来。
　　Nǐ kuài diǎnr chūlái.
　　빨리 좀 나오세요.

　B: 等我五分钟，我梳完头就出去。
　　Děng wǒ wǔ fēnzhōng, wǒ shūwán tóu jiù chūqù.
　　5분만 기다려요. 머리만 다 빗고 바로 나갈게요.

중국어회화 VOCA

### 0009 照 zhào

동 (거울에) 비추다

예 A: 你今天见谁啊？一直在照镜子。
Nǐ jīntiān jiàn shéi a? Yìzhí zài zhào jìngzi.
오늘 누구를 만나는 거예요? 계속 거울을 보네요.

B: 我有重要的会议。
Wǒ yǒu zhòngyào de huìyì.
오늘 중요한 미팅이 있어요.

### 0010 打扮 dǎban

동 단장하다, 치장하다

예 A: 你今天打扮得真漂亮，有事吗？
Nǐ jīntiān dǎban de zhēn piàoliang, yǒu shì ma?
당신 오늘 진짜 예쁘게 꾸몄네요. 일 있어요?

B: 我今天有约会。
Wǒ jīntiān yǒu yuēhuì.
저 오늘 데이트 있어요.

### 0011 准备 zhǔnbèi

동 준비하다

예 A: 你准备好了吗？我到了。
Nǐ zhǔnbèi hǎo le ma? Wǒ dào le.
당신 준비 다 했나요? 저는 도착했어요.

B: 准备好了，我马上出去。
Zhǔnbèi hǎo le, wǒ mǎshàng chūqù.
준비 다 했어요. 바로 나갈게요.

### 0012 化妆 huàzhuāng

동 화장하다

예 A: 你平时不化妆，今天为什么化妆了？
Nǐ píngshí bú huàzhuāng, jīntiān wèi shénme huàzhuāng le?
당신 평소에 화장 안 하는데, 오늘은 왜 화장했어요?

B: 今天我见男朋友。
Jīntiān wǒ jiàn nán péngyou.
오늘 남자친구를 만나요.

**0013**
**喷**
pēn

동 뿌리다

예 A: 我的香水喷完了，你有吗?
Wǒ de xiāngshuǐ pēnwán le, nǐ yǒu ma?
제 향수를 다 썼는데, 당신 있어요?

B: 那你喷一下儿这个?
Nà nǐ pēn yíxiàr zhè ge?
그럼 이거 한번 뿌려볼래요?

**0014**
**吹头**
chuītóu

동 머리를 말리다

예 A: 你吹完头，再出去。
Nǐ chuīwán tóu, zài chūqù.
당신 머리를 다 말린 다음에 나가요.

B: 我已经晚了，没有时间。
Wǒ yǐjīng wǎn le, méi yǒu shíjiān.
저는 이미 늦었어요. 시간이 없어요.

**0015**
**挑**
tiāo

동 고르다, 선택하다

예 A: 你给我挑一件衣服吧。
Nǐ gěi wǒ tiāo yí jiàn yīfu ba.
저한테 옷 한 벌 골라줘요.

B: 这件怎么样?
Zhè jiàn zěnmeyàng?
이 옷 어때요?

**0016**
**熨**
yùn

동 다리다, 다림질하다

예 A: 给我熨一下儿衬衫吧。
Gěi wǒ yùn yíxiàr chènshān ba.
셔츠 좀 다려주세요.

B: 好的，拿来吧。
Hǎo de, ná lái ba.
알겠어요. 가져와요.

중국어회화 VOCA

### 0017
## 出门
chūmén

동 외출하다, 집을 나서다

예 A: 你出发了吗?
Nǐ chūfā le ma?
당신 출발했어요?

B: 我现在就出门。
Wǒ xiànzài jiù chūmén.
지금 바로 나가요.

### 0018
## 发短信
fā duǎnxìn

문자 메시지를 보내다

예 A: 我给你发短信，你就出来。
Wǒ gěi nǐ fā duǎnxìn, nǐ jiù chūlái.
내가 문자를 보내면 바로 나와요.

B: 好，我等你的短信。
Hǎo, wǒ děng nǐ de duǎnxìn.
알겠어요. 당신 문자 기다릴게요.

### 0019
## 懒觉
lǎnjiào

명 늦잠

예 A: 你还在家吗?
Nǐ hái zài jiā ma?
당신 아직도 집이에요?

B: 对不起，我睡懒觉了。
Duìbuqǐ, wǒ shuì lǎnjiào le.
미안해요. 늦잠을 잤어요.

01 외출 235

# Chapter 7 일상생활

## 02 학습

### Mind Map Note

学习 xuéxí
동 학습하다, 공부하다, 배우다

培训班 péixùnbān
명 학원

自学 zìxué
동 독학하다

留学 liúxué
동 유학하다

预习 yùxí
동 예습하다

考试 kǎoshì
명 시험  동 시험을 치다

复习 fùxí
동 복습하다

用功 yònggōng
형 열심이다

资格证 zīgézhèng
명 자격증

奖学金 jiǎngxuéjīn
명 장학금

## Let's Start Up!

주제에 맞는 단어와 예문을 학습해보세요.  🎧 7-02

**0001**
# 技校
jìxiào

- 명 전문학교
- 예 A: 你为什么想上技校?
  Nǐ wèi shénme xiǎng shàng jìxiào?
  당신은 왜 전문학교에 가려고 해요?
  
  B: 我想快点儿工作。
  Wǒ xiǎng kuài diǎnr gōngzuò.
  저는 빨리 일을 하고 싶어요.

**0002**
# 研究生
yánjiūshēng

- 명 대학원생
- 예 A: 我想读研究生。
  Wǒ xiǎng dú yánjiūshēng.
  저는 대학원에 다니고 싶어요.
  
  B: 你打算上什么大学的研究生院?
  Nǐ dǎsuàn shàng shénme dàxué de yánjiūshēngyuàn?
  당신은 어떤 대학의 대학원을 다닐 계획인가요?

**0003**
# 报名
bàomíng

- 동 등록하다
- 예 A: 你报名了吗?
  Nǐ bàomíng le ma?
  당신 등록했어요?
  
  B: 上个星期已经报名了。
  Shàng ge xīngqī yǐjīng bàomíng le.
  지난주에 이미 등록했어요.

**0004**
# 选修课
xuǎnxiūkè

- 명 선택과목
- 예 A: 这个学期,你选了什么选修课?
  Zhè ge xuéqī, nǐ xuǎn le shénme xuǎnxiūkè?
  이번 학기에 당신은 어떤 선택과목을 선택했나요?
  
  B: 我还没决定,你呢?
  Wǒ hái méi juédìng, nǐ ne?
  저는 아직 결정을 안 했어요. 당신은요?

### 0005 考试 kǎoshì

명 시험 동 시험을 치다

예 A: 我们今天晚上去喝酒吧。
Wǒmen jīntiān wǎnshang qù hē jiǔ ba.
우리 오늘 저녁에 술 마시러 가요.

B: 明天考试，后天吧。
Míngtiān kǎoshì, hòutiān ba.
내일 시험이에요. 모레 마셔요.

### 0006 复习 fùxí

동 복습하다

예 A: 你每次都考得这么好。
Nǐ měicì dōu kǎo de zhème hǎo.
당신은 매번 다 시험을 이렇게 잘 봐요.

B: 因为我每天都复习一个小时。
Yīnwèi wǒ měitiān dōu fùxí yí ge xiǎoshí.
왜냐하면 저는 매일 한 시간 동안 복습을 해요.

### 0007 复读 fùdú

동 재수하다

예 A: 你打算复读吗?
Nǐ dǎsuàn fùdú ma?
당신은 재수할 계획인가요?

B: 是啊，这次高考考得不好。
Shì a, zhè cì gāokǎo kǎo de bù hǎo.
네, 이번 대학 입학시험을 잘 못 봤어요.

### 0008 态度 tàidù

명 태도

예 A: 他每次都考第一。
Tā měi cì dōu kǎo dì yī.
그는 매번 시험에서 일등을 해요.

B: 因为他平时学习态度特别认真。
Yīnwèi tā píngshí xuéxí tàidù tèbié rènzhēn.
왜냐하면 그는 평소에 학습 태도가 무척 진지하기 때문이에요.

## 0009
**奖学金**
jiǎngxuéjīn

명 장학금

예 A: 你怎么这么用功?
Nǐ zěnme zhème yònggōng?
당신은 왜 이렇게 열심히 해요?

B: 我要拿奖学金。
Wǒ yào ná jiǎngxuéjīn.
저는 장학금을 받으려고 해요.

## 0010
**用功**
yònggōng

형 열심이다

예 A: 你真用功啊!
Nǐ zhēn yònggōng a!
정말 열심이네요!

B: 下个月我有重要的面试。
Xià ge yuè wǒ yǒu zhòngyào de miànshì.
다음 달에 중요한 면접이 있어요.

## 0011
**通过**
tōngguò

동 통과하다

예 A: 这次你通过HSK四级了吗?
Zhè cì nǐ tōngguò HSK sì jí le ma?
이번에 당신 HSK 4급 통과했나요?

B: 当然通过了,我努力学习了。
Dāngrán tōngguò le, wǒ nǔlì xuéxí le.
당연히 통과했지요. 저 열심히 공부했어요.

## 0012
**资格证**
zīgézhèng

명 자격증

예 A: 进那家公司需要HSK资格证。
Jìn nà jiā gōngsī xūyào HSK zīgézhèng.
그 회사에 들어가려면 HSK자격증이 필요해요.

B: 我正在准备HSK四级。
Wǒ zhèngzài zhǔnbèi HSK sì jí.
저는 4급을 준비 중이에요.

**0013**
**培训班**
péixùnbān

명 학원

예 A: 下个月你打算上什么培训班？
Xià ge yuè nǐ dǎsuàn shàng shénme péixùnbān?
다음 달에 당신은 어떤 학원에 다닐 생각이에요?

B: 我还在找呢，我想学汉语。
Wǒ hái zài zhǎo ne, wǒ xiǎng xué Hànyǔ.
아직 찾고 있는데, 저는 중국어를 배우고 싶어요.

**0014**
**家教**
jiājiào

명 과외

예 A: 我工作很忙，不能去培训班上课。
Wǒ gōngzuò hěn máng, bù néng qù péixùnbān shàngkè.
저는 일이 바빠서 학원에 수업받으러 갈 수가 없어요.

B: 那你找找家教老师吧。
Nà nǐ zhǎozhao jiājiào lǎoshī ba.
그럼 과외 선생님을 한번 찾아봐요.

**0015**
**教学**
jiàoxué

명 강의, 수업, 교수

예 A: 你通过什么学习汉语？
Nǐ tōngguò shénme xuéxí Hànyǔ?
당신은 무엇을 통해서 중국어를 공부하세요?

B: 我通过网络教学学习。
Wǒ tōngguò wǎngluò jiàoxué xuéxí.
저는 인터넷 강의를 통해서 공부해요.

**0016**
**自学**
zìxué

동 독학하다

예 A: 你是怎么学的日语？
Nǐ shì zěnme xué de Rìyǔ?
당신은 어떻게 일본어를 배웠나요?

B: 我是在网上自学的。
Wǒ shì zài wǎngshàng zìxué de.
저는 인터넷으로 독학했어요.

## 0017
**留学**
liúxué

동 유학하다

예 A: 我明年要去中国留学。
Wǒ míngnián yào qù Zhōngguó liúxué.
저는 내년에 중국으로 유학 갈 거예요.

B: 真的吗？你要去什么地方？
Zhēn de ma? Nǐ yào qù shénme dìfang?
진짜요? 당신은 어떤 곳으로 갈 거예요?

## 0018
**外语**
wàiyǔ

명 외국어

예 A: 今年你打算学什么外语？
Jīnnián nǐ dǎsuàn xué shénme wàiyǔ?
올해 당신은 어떤 외국어를 배울 계획이에요?

B: 我学过汉语，这次想学西班牙语。
Wǒ xuéguo Hànyǔ, zhè cì xiǎng xué Xībānyáyǔ.
저는 중국어를 배운 적이 있어서 이번에는 스페인어를 배우고 싶어요.

## 0019
**流利**
liúlì

형 유창하다

예 A: 你汉语说得很流利。
Nǐ Hànyǔ shuō de hěn liúlì.
당신 중국어를 유창하게 말하네요.

B: 我在中国学习过。
Wǒ zài Zhōngguó xuéxí guo.
저는 중국에서 공부한 적이 있어요.

## 0020
**水平**
shuǐpíng

명 수준, 실력

예 A: 我怎么能提高汉语水平呢？
Wǒ zěnme néng tígāo Hànyǔ shuǐpíng ne?
제가 어떻게 중국어 수준을 높일 수 있을까요?

B: 每天多说、多听、多读。
Měitiān duō shuō, duō tīng, duō dú.
매일 많이 말하고, 많이 듣고, 많이 읽으세요.

## 0021 能力 nénglì

명 능력

예 A: 我会说汉语、日语和英语。
Wǒ huì shuō Hànyǔ、Rìyǔ hé Yīngyǔ.
저는 중국어, 일어, 그리고 영어를 할 줄 알아요.

B: 哦！你学习外语的能力真好。
Ó! Nǐ xuéxí wàiyǔ de nénglì zhēn hǎo.
오! 당신의 외국어 학습 능력이 진짜 좋네요.

## 0022 知识 zhīshi

명 지식

예 A: 我生活方面的知识很少。
Wǒ shēnghuó fāngmiàn de zhīshi hěn shǎo.
저는 생활 방면의 지식이 적어요.

B: 那你平时多看书吧。
Nà nǐ píngshí duō kànshū ba.
그럼 평소에 책을 많이 보세요.

## 0023 图书馆 túshūguǎn

명 도서관

예 A: 你常常去图书馆吗？
Nǐ chángcháng qù túshūguǎn ma?
당신은 자주 도서관에 가나요?

B: 是啊，我常常去借书。
Shì a, wǒ chángcháng qù jiè shū.
그럼요. 저는 자주 책을 빌리러 가요.

## 0024 练习册 liànxícè

명 문제집

예 A: 你要在书店买什么书？
Nǐ yào zài shūdiàn mǎi shénme shū?
당신은 서점에서 무슨 책을 살 거예요?

B: 我要买数学和英语练习册。
Wǒ yào mǎi shùxué hé yīngyǔ liànxícè.
저는 수학과 영어 문제집을 살 거예요.

# Chapter 7 일상생활

## 03 건강

### Mind Map Note

健康 jiànkāng
명 건강 형 건강하다

体检 tǐjiǎn
동 신체검사를 하다

免疫力 miǎnyìlì
명 면역력

预防针 yùfángzhēn
명 예방 주사

生病 shēngbìng
동 병이 나다

内科 nèikē
명 내과

脸色 liǎnsè
명 안색

血压 xuèyā
명 혈압

耳鼻喉科 ěrbíhóukē
명 이비인후과

牙科 yákē
명 치과

## Let's Start Up!
주제에 맞는 단어와 예문을 학습해보세요.  🔊 7-03

**0001**
### 健康
jiànkāng

[명] 건강  [형] 건강하다

[예] A: 我最近胖了，只吃午饭。
Wǒ zuìjìn pàng le, zhǐ chī wǔfàn.
저 요즘에 살쪄서 점심만 먹어요.

B: 这样不好，最重要的是健康。
Zhèyàng bù hǎo, zuì zhòngyào de shì jiànkāng.
이렇게 하면 안 좋아요. 가장 중요한 것은 건강이에요.

**0002**
### 习惯
xíguàn

[명] 습관

[예] A: 我每天一定吃早饭。
Wǒ měitiān yídìng chī zǎofàn.
저는 매일 반드시 아침을 먹어요.

B: 你这个习惯很好。
Nǐ zhè ge xíguàn hěn hǎo.
당신의 이 습관은 참 좋네요.

**0003**
### 脸色
liǎnsè

[명] 안색

[예] A: 今天你的脸色不好，怎么了？
Jīntiān nǐ de liǎnsè bù hǎo, zěnme le?
오늘 당신 안색이 안 좋아요. 왜 그래요?

B: 我这几天睡得不好。
Wǒ zhè jǐ tiān shuì de bù hǎo.
요 며칠 잠을 잘 못 잤어요.

**0004**
### 肿
zhǒng

[형] 붓다

[예] A: 你的脸怎么肿了？
Nǐ de liǎn zěnme zhǒng le?
당신 얼굴이 왜 부었어요?

B: 我也不知道，最近常常肿。
Wǒ yě bù zhīdào, zuìjìn chángcháng zhǒng.
저도 모르겠어요. 요즘 자주 부어요.

중국어회화 VOCA

---

**0005**
## 黑眼圈
hēiyǎnquān

명 다크서클

예 A: 你的 黑眼圈 很重，怎么了？
Nǐ de hēiyǎnquān hěn zhòng, zěnme le?
당신의 다크서클이 심하네요. 왜 그래요?

B: 昨天加班了，只睡了三个小时。
Zuótiān jiābān le, zhǐ shuì le sān ge xiǎoshí.
어제 야근했어요. 3시간밖에 못 잤어요.

---

**0006**
## 消化不良
xiāohuà bùliáng

소화불량

예 A: 我这几天 消化不良。
Wǒ zhè jǐ tiān xiāohuà bùliáng.
저는 요 며칠 소화가 잘 안 돼요.

B: 那你吃粥吧，能舒服点儿。
Nà nǐ chī zhōu ba, néng shūfu diǎnr.
그럼 죽을 먹어요. 좀 편안해질 거예요.

---

**0007**
## 胃炎
wèiyán

명 위염

예 A: 这个月工作压力太大，我得了 胃炎。
Zhè ge yuè gōngzuò yālì tài dà, wǒ dé le wèiyán.
이번 달 업무 스트레스가 너무 커서 위염이 생겼어요.

B: 工作那么多吗？
Gōngzuò nàme duō ma?
일이 그렇게 많아요?

---

**0008**
## 生病
shēngbìng

동 병이 나다

예 A: 这个星期我每天加班。
Zhè ge xīngqī wǒ měitiān jiābān.
이번 주에 저는 매일 야근해야 해요.

B: 每天这么累，你会 生病 的。
Měitiān zhème lèi, nǐ huì shēngbìng de.
매일 이렇게 힘들면 병이 날 거예요.

**Grammar+**
- 会……的 : '~일 것이다'라는 조동사로 추측을 나타내는 표현이다. [주어 + 会 + 술어 + 的]의 형태로 쓰인다.

**0009**
**感冒**
gǎnmào

동 감기에 걸리다

예 A: 你昨天为什么没来?
Nǐ zuótiān wèi shénme méi lái?
당신 어제 왜 안 왔어요?

B: 我感冒了，现在好点儿了。
Wǒ gǎnmào le, xiànzài hǎodiǎnr le.
감기에 걸렸어요. 지금은 좀 좋아졌어요.

**0010**
**严重**
yánzhòng

형 심각하다

예 A: 我感冒越来越严重了。
Wǒ gǎnmào yuèláiyuè yánzhòng le.
감기가 점점 심해지네요.

B: 你吃药了吗?
Nǐ chī yào le ma?
약 먹었어요?

**0011**
**流感**
liúgǎn

명 독감

예 A: 秋天了，流感很流行。
Qiūtiān le, liúgǎn hěn liúxíng.
가을이 되어서 독감이 유행하네요.

B: 是啊，你注意别得流感。
Shì a, nǐ zhùyì bié dé liúgǎn.
그래요. 당신 독감 걸리지 않게 주의하세요.

**0012**
**预防针**
yùfángzhēn

명 예방 주사

예 A: 你打流感预防针了吗?
Nǐ dǎ liúgǎn yùfángzhēn le ma?
당신은 독감 예방 주사를 맞았나요?

B: 当然了，最近流感很严重。
Dāngrán le, zuìjìn liúgǎn hěn yánzhòng.
당연하죠. 요즘 독감이 심해요.

## 0013 免疫力 miǎnyìlì

**명** 면역력

**예** A: 你注意别感冒了。
Nǐ zhùyì bié gǎnmào le.
감기 걸리지 않게 주의하세요.

B: 我常常运动，免疫力很好。
Wǒ chángcháng yùndòng, miǎnyìlì hěn hǎo.
저는 자주 운동을 해서 면역력이 좋아요.

## 0014 血压 xuèyā

**명** 혈압

**예** A: 你血压高吗?
Nǐ xuèyā gāo ma?
당신은 혈압이 높아요?

B: 我血压有点儿高，常常量。
Wǒ xuèyā yǒudiǎnr gāo, chángcháng liáng.
저는 혈압이 조금 높아서 자주 재요.

## 0015 体检 tǐjiǎn

**동** 신체검사를 하다

**예** A: 你每年体检吗?
Nǐ měinián tǐjiǎn ma?
당신은 매년 신체검사를 하나요?

B: 我三年体检一次。
Wǒ sān nián tǐjiǎn yí cì.
저는 3년에 한 번 검사해요.

## 0016 医院 yīyuàn

**명** 병원

**예** A: 我在家休息几天就好了。
Wǒ zài jiā xiūxi jǐ tiān jiù hǎo le.
집에서 며칠 쉬면 곧 좋아질 거예요.

B: 你还是去医院看看吧。
Nǐ háishi qù yīyuàn kànkan ba.
그래도 병원에 가서 진찰을 받아보세요.

## 0017
**医生** yīshēng

명 의사

예 A: 医生，我明天也得来吗?
Yīshēng, wǒ míngtiān yě děi lái ma?
선생님, 저 내일도 와야 해요?

B: 不用，三天后再来吧。
Bú yòng, sān tiān hòu zài lái ba.
그럴 필요 없어요. 3일 후에 다시 오세요.

## 0018
**内科** nèikē

명 내과

예 A: 我最近胃不太舒服。
Wǒ zuìjìn wèi bú tài shūfu.
요즘 위가 별로 안 좋아요.

B: 那你快去内科看看吧。
Nà nǐ kuài qù nèikē kànkan ba.
그럼 빨리 내과에 가서 진찰을 좀 받아요.

**Voca+**
外科 wàikē 외과 | 眼科 yǎnkē 안과 | 耳鼻喉科 ěrbíhóukē 이비인후과 | 牙科 yákē 치과 | 皮肤科 pífūkē 피부과 | 泌尿科 mìniàokē 비뇨기과 | 儿科 érkē 소아과 | 妇产科 fùchǎnkē 산부인과

## 0019
**验血** yànxiě

동 혈액검사를 하다

예 A: 你去医院做什么?
Nǐ qù yīyuàn zuò shénme?
당신은 뭐 하러 병원에 가세요.

B: 我最近身体不太好，想去验验血。
Wǒ zuìjìn shēntǐ bú tài hǎo, xiǎng qù yànyanxiě.
저는 요즘 몸이 별로 안 좋아서 혈액검사하러 가고 싶어요.

## 0020
**正常** zhèngcháng

형 정상이다

예 A: 医生，我的体检结果怎么样?
Yīshēng, wǒ de tǐjiǎn jiéguǒ zěnmeyàng?
선생님, 제 검사 결과가 어떤가요?

B: 都很正常，别担心。
Dōu hěn zhèngcháng, bié dānxīn.
모두 정상이에요. 걱정 말아요.

중국어회화 VOCA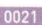

### 0021 遗传 yíchuán

명 유전

예 A: 你肺不好吗?
Nǐ fèi bù hǎo ma?
당신은 폐가 안 좋아요?

B: 是啊, 是遗传。
Shì a, shì yíchuán.
네, 유전이에요.

### 0022 住院 zhùyuàn

동 입원하다

예 A: 他怎么住院了?
Tā zěnme zhùyuàn le?
그는 왜 입원했어요?

B: 听说他得了急性胃炎。
Tīngshuō tā dé le jíxìng wèiyán.
그가 급성 위염에 걸렸대요.

### 0023 视力 shìlì

명 시력

예 A: 我觉得这几个月视力不太好。
Wǒ juéde zhè jǐ ge yuè shìlì bú tài hǎo.
제 생각에 요 몇 개월 시력이 안 좋아진 것 같아요.

B: 你去眼科检查一下儿吧。
Nǐ qù yǎnkē jiǎnchá yíxiàr ba.
안과에 가서 검사 한번 받아봐요.

### 0024 鼻炎 bíyán

명 비염

예 A: 你怎么一直流鼻涕?
Nǐ zěnme yìzhí liú bítì?
당신은 어째서 계속 콧물을 흘려요?

B: 我有鼻炎, 越来越严重。
Wǒ yǒu bíyán, yuè lái yuè yánzhòng.
저는 비염이 있어서 점점 심각해지고 있어요.

**0025**
**物疗**
wùliáo

명 물리 치료

예 A: 你得做几次物疗?
Nǐ děi zuò jǐ cì wùliáo?
물리 치료를 몇 번 받아야 해요?

B: 这个星期每天都得去。
Zhè ge xīngqī měitiān dōu děi qù.
이번 주는 매일 가야 해요.

**0026**
**手术**
shǒushù

명 수술

예 A: 你为什么请假了?
Nǐ wèi shénme qǐngjià le?
당신은 왜 휴가를 신청했어요?

B: 我要做个小手术。
Wǒ yào zuò ge xiǎo shǒushù.
작은 수술을 해야 해요.

**0027**
**修养**
xiūyǎng

동 휴양하다

예 A: 我想去空气好的地方修养修养。
Wǒ xiǎng qù kōngqì hǎo de dìfang xiūyǎng xiūyǎng.
저는 공기가 좋은 곳에 가서 휴양을 좀 하고 싶어요.

B: 你打算去什么地方?
Nǐ dǎsuàn qù shénme dìfang?
당신은 어느 곳으로 갈 계획이에요?

# Chapter 7 일상생활

## 04 미용

### Mind Map Note

美容院 měiróngyuàn
명 미용숍, 에스테틱숍

发型 fàxíng
명 헤어스타일

剪头 jiǎntóu
동 머리카락을 자르다

刘海 liúhǎi
명 앞머리

修眉 xiūméi
동 눈썹을 다듬다

祛痣 qūzhì
동 점을 빼다

排毒 páidú
명 디톡스

美甲 měijiǎ
명 네일 손질

瘦脸针 shòuliǎnzhēn
명 보톡스 주사

矫正 jiǎozhèng
동 교정하다

## Let's Start Up!
주제에 맞는 단어와 예문을 학습해보세요.   🔊 7-04

---

**0001**
# 美发店
měifàdiàn

몡 미용실

예 A: 我下班以后，要去美发店。
Wǒ xiàbān yǐhòu, yào qù měifàdiàn.
저는 퇴근한 후에 미용실에 갈 거예요.

B: 你几点下班？我也想去。
Nǐ jǐ diǎn xiàbān? Wǒ yě xiǎng qù.
몇 시에 퇴근해요? 저도 가고 싶어요.

---

**0002**
# 美容院
měiróngyuàn

몡 미용숍, 에스테틱숍

예 A: 公司附近有没有美容院？
Gōngsī fùjìn yǒu méi yǒu měiróngyuàn?
회사 근처에 에스테틱숍이 있나요?

B: 听说这家美容院很好。
Tīngshuō zhè jiā měiróngyuàn hěn hǎo.
이 숍이 좋다고 들었어요.

---

**0003**
# 美发师
měifàshī

몡 헤어 디자이너, 미용사

예 A: 您找哪位美发师？
Nín zhǎo nǎ wèi měifàshī?
당신은 어느 헤어 디자이너를 찾으세요?

B: 哪位都可以。
Nǎ wèi dōu kěyǐ.
어느 분이든 좋아요.

---

**0004**
# 发型
fàxíng

몡 헤어스타일

예 A: 我想换个发型。
Wǒ xiǎng huàn ge fàxíng.
저는 헤어스타일을 바꾸고 싶어요.

B: 短发怎么样？今年很流行。
Duǎnfà zěnmeyàng? Jīnnián hěn liúxíng.
짧은 머리 어때요? 올해 유행이에요.

중국어회화 VOCA

### 0005 头发 tóufa

명 머리카락

예 A: 我明天去面试，我自己不会做头发。
Wǒ míngtiān qù miànshi, wǒ zìjǐ bú huì zuò tóufa.
저는 내일 면접 보러 가는데, 저 혼자 머리 만질 줄 몰라요.

B: 那你去美发店做头发吧。
Nà nǐ qù měifàdiàn zuò tóufa ba.
그럼 미용실에 가서 머리하세요.

### 0006 剪头 jiǎntóu

동 머리를(머리카락을) 자르다

예 A: 你头发太长了，去剪剪头吧。
Nǐ tóufa tài cháng le, qù jiǎnjian tóu ba.
당신 머리카락이 너무 길어요. 가서 좀 잘라요.

B: 我正在留头。
Wǒ zhèngzài liútóu.
기르고 있는 중이에요.

**Voca+**
烫头 tàngtóu 머리를 파마하다 | 染头 rǎntóu 머리를 염색하다

### 0007 刘海 liúhǎi

명 앞머리

예 A: 你的刘海很可爱，在哪儿剪的?
Nǐ de liúhǎi hěn kě'ài, zài nǎr jiǎn de?
당신의 앞머리가 귀엽네요. 어디에서 자른 거예요?

B: 是我自己剪的。
Shì wǒ zìjǐ jiǎn de.
제가 혼자 자른 거예요.

### 0008 护发素 hùfàsù

명 린스

예 A: 你的头发很干燥，你不用护发素吗?
Nǐ de tóufa hěn gānzào, nǐ búyòng hùfàsù ma?
당신 머리카락이 아주 건조해요. 린스 안 써요?

B: 太麻烦了，我只用洗发水。
Tài máfan le, wǒ zhǐ yòng xǐfàshuǐ.
너무 귀찮아서 저는 샴푸만 써요.

## 0009 祛痣
qūzhì

동 점을 빼다

A: 你的皮肤干净了很多。
Nǐ de pífū gānjìng le hěn duō.
당신의 피부가 많이 깨끗해졌어요.

B: 我祛痣了。
Wǒ qūzhì le.
점 뺐어요.

## 0010 毛孔
máokǒng

명 모공

A: 你平时怎么管理毛孔？
Nǐ píngshí zěnme guǎnlǐ máokǒng?
당신은 평소에 어떻게 모공을 관리해요?

B: 我每天用凉水洗脸。
Wǒ měitiān yòng liángshuǐ xǐliǎn.
저는 매일 찬물을 이용해서 얼굴을 씻어요.

## 0011 美瞳
měitóng

명 컬러 렌즈

A: 这儿有什么颜色的美瞳？
zhèr yǒu shénme yánsè de měitóng?
여기에 어떤 색깔의 컬러 렌즈가 있나요?

B: 有很多，您来这儿看看吧。
Yǒu hěn duō, nín lái zhèr kànkan ba.
아주 많이 있어요. 이쪽으로 와서 좀 보세요.

## 0012 睫毛
jiémáo

명 속눈썹

A: 你看我的睫毛短吗？
Nǐ kàn wǒ de jiémáo duǎn ma?
당신이 보기에 제 속눈썹이 짧나요?

B: 有点儿短，不过还可以。
Yǒudiǎnr duǎn, búguò hái kěyǐ.
조금 짧지만 그런대로 괜찮아요.

## 0013 修眉 xiūméi

동 눈썹을 다듬다

예 A: 你没修过眉吗?
Nǐ méi xiūguo méi ma?
당신 눈썹 다듬어 본 적 없나요?

B: 我不会修眉，你教我吧。
Wǒ bú huì xiūméi, nǐ jiāo wǒ ba.
저는 눈썹을 다듬을 줄 몰라요. 당신이 가르쳐 주세요.

## 0014 纹身 wénshēn

동 문신하다

예 A: 你的纹身很漂亮，你是在哪儿纹的?
Nǐ de wénshēn hěn piàoliang, Nǐ shì zài nǎr wén de?
문신이 예쁘네요. 어디에서 했어요?

B: 我是在弘大附近纹的。你要电话吗?
Wǒ shì zài Hóngdà fùjìn wén de. Nǐ yào diànhuà ma?
저는 홍대 근처에서 했어요. 당신 전화번호를 원해요?

## 0015 整容 zhěngróng

동 성형하다

예 A: 你想过整容吗?
Nǐ xiǎngguo zhěngróng ma?
당신 성형을 생각해 본적 있어요?

B: 我眼睛有点儿小，想整眼睛。
Wǒ yǎnjing yǒudiǎnr xiǎo, xiǎng zhěng yǎnjing.
저는 눈이 조금 작아서 눈을 성형하고 싶어요.

**Grammar+**
- 想 : 여기서는 '생각하다'라는 뜻의 동사이다.

## 0016 除毛 chúmáo

동 제모하다

예 A: 快要夏天了，我们去除毛吧。
Kuàiyào xiàtiān le, wǒmen qù chúmáo ba.
곧 여름이에요. 우리 제모하러 가요.

B: 一次多少钱?
Yí cì duōshao qián?
1회에 얼마예요?

## 0017
**胖** pàng

[형] 뚱뚱하다

예 A: 你这几个月好像胖了。
Nǐ zhè jǐ ge yuè hǎoxiàng pàng le.
당신 요 몇 개월 동안 살찐 것 같아요.

B: 我也觉得，所以我正在减肥呢。
Wǒ yě juéde, suǒyǐ wǒ zhèngzài jiǎnféi ne.
저도 그렇게 생각해요. 그래서 다이어트 중이에요.

## 0018
**苗条** miáotiao

[형] 날씬하다, 늘씬하다

예 A: 怎么样？这件衣服看起来苗条吗？
Zěnmeyàng? Zhè jiàn yīfu kàn qǐlái miáotiao ma?
어때요? 이 옷이 날씬해 보여요?

B: 嗯，很适合你。
Ng, hěn shìhé nǐ.
응, 당신한테 잘 어울려요.

## 0019
**身材** shēncái

[명] 몸매

예 A: 你怎么保持身材？
Nǐ zěnme bǎochí shēncái?
당신은 어떻게 몸매를 유지해요?

B: 我每天运动两个小时。
Wǒ měitiān yùndòng liǎng ge xiǎoshí.
저는 매일 두 시간씩 운동해요.

## 0020
**排毒** páidú

[명] 디톡스

예 A: 你知道排毒果汁吗？
Nǐ zhīdào páidú guǒzhī ma?
당신 디톡스 주스를 알아요?

B: 当然知道了，排毒果汁能帮助减肥。
Dāngrán zhīdào le, páidú guǒzhī néng bāngzhù jiǎnféi.
당연히 알죠. 디톡스 주스는 다이어트를 도와줄 수 있어요.

중국어회화 VOCA

**0021**
## 干性
gānxìng

명 건성

예 A: 你的皮肤是干性还是油性?
Nǐ de pífū shì gānxìng háishi yóuxìng?
당신의 피부는 건성인가요? 아니면 지성인가요?

B: 我是中性皮肤。
Wǒ shì zhōngxìng pífū.
저는 중성 피부예요.

**0022**
## 素颜
sùyán

명 (화장을 하지 않은) 맨 얼굴

예 A: 你素颜也很漂亮。
Nǐ sùyán yě hěn piàoliang.
당신의 맨 얼굴이 참 예쁘네요.

B: 真的吗? 我常常去做皮肤管理。
Zhēn de ma? Wǒ chángcháng qù zuò pífū guǎnlǐ.
정말요? 저는 자주 피부를 관리하러 가요.

**0023**
## 年轻
niánqīng

형 젊다

예 A: 你的皮肤真好,看起来很年轻。
Nǐ de pífū zhēn hǎo, kàn qǐlái hěn niánqīng.
당신의 피부가 정말 좋네요. 매우 젊어 보여요.

B: 我每天做面膜,效果很好。
Wǒ měitiān zuò miànmó, xiàoguǒ hěn hǎo.
저는 매일 마스크팩을 해요. 효과가 좋아요.

**0024**
## 瘦脸针
shòuliǎnzhēn

명 보톡스 주사

예 A: 你脸瘦了很多。
Nǐ liǎn shòu le hěn duō.
당신 얼굴이 많이 여위었어요.

B: 哈哈,我打了瘦脸针。
Hā hā, wǒ dǎ le shòuliǎnzhēn.
하하, 저 얼굴에 보톡스 맞았어요.

## 0025
**矫正**
jiǎozhèng

동 교정하다

예 A: 矫正牙得几年?
Jiǎozhèng yá děi jǐ nián?
치아를 교정하려면 몇 년이 걸려요?

B: 大概两年。
Dàgài liǎng nián.
대략 2년이에요.

## 0026
**指甲油**
zhǐjiǎyóu

명 매니큐어

예 A: 你做美甲了吗？很漂亮。
Nǐ zuò měijiǎ le ma? Hěn piàoliang.
당신 네일 아트 했어요? 예쁘네요.

B: 不是，我自己涂的指甲油。
Bú shì, wǒ zìjǐ tú de zhǐjiǎyóu.
아니에요. 저 혼자서 매니큐어 발랐어요.

# Chapter 7 일상생활

## 05 여행

**Mind Map Note**

旅行 lǚxíng
동 여행하다

旅行社 lǚxíngshè
명 여행사

自由行 zìyóuxíng
명 자유여행

旺季 wàngjì
명 성수기

景点 jǐngdiǎn
명 관광지, 명소

度假村 dùjiàcūn
명 휴양지

地图 dìtú
명 지도

导游 dǎoyóu
명 여행 가이드

旅游咨询处 lǚyóu zīxúnchù
명 관광 안내소

两天一夜 liǎngtiān yíyè
1박 2일

## Let's Start Up!

주제에 맞는 단어와 예문을 학습해보세요.  7-05

**0001 旅行** lǚxíng

동 여행하다

예 A: 今年你想去哪儿旅行？
Jīnnián nǐ xiǎng qù nǎr lǚxíng?
올해 당신은 어디로 여행가고 싶어요?

B: 我想去泰国旅行。
Wǒ xiǎng qù Tàiguó lǚxíng.
저는 태국으로 여행가고 싶어요.

**0002 打算** dǎsuàn

동 ~할 계획이다, ~할 예정이다

예 A: 这次放假你打算做什么？
Zhè cì fàngjià nǐ dǎsuàn zuò shénme?
이번 방학에 당신은 무엇을 할 계획인가요?

B: 我没去过中国，所以打算去中国。
Wǒ méi qùguo Zhōngguó, suǒyǐ dǎsuàn qù Zhōngguó.
저는 중국에 가본 적이 없어서 중국에 갈 계획이에요.

**0003 假期** jiàqī

명 휴가, 휴가 기간

예 A: 这个假期我打算在国内旅行。
Zhè ge jiàqī wǒ dǎsuàn zài guónèi lǚxíng.
이번 휴가 때 저는 국내에서 여행할 계획이에요.

B: 那你去庆州吧，那儿很有意思。
Nà nǐ qù Qìngzhōu ba, nàr hěn yǒu yìsi.
그럼 당신 경주에 가보세요. 거기 재미있어요.

**0004 旺季** wàngjì

명 성수기

예 A: 现在是旺季，机票都很贵。
Xiànzài shì wàngjì, jīpiào dōu hěn guì.
지금은 성수기라 비행기 표가 비싸요.

B: 那我们下个月去吧。
Nà wǒmen xià ge yuè qù ba.
그럼 우리 다음 달에 가요.

중국어회화 VOCA

### 0005 世界旅行 shìjiè lǚxíng

명 세계여행

A: 我们一起去世界旅行吧。
Wǒmen yìqǐ qù shìjiè lǚxíng ba.
우리 같이 세계여행 가요.

B: 那我们从这个月开始攒钱吧。
Nà wǒmen cóng zhè ge yuè kāishǐ zǎnqián ba.
그럼 우리 이번 달부터 돈을 모으기 시작해요.

### 0006 自由行 zìyóuxíng

명 자유여행

A: 这次打算怎么去旅行?
Zhè cì dǎsuàn zěnme qù lǚxíng?
이번에 어떻게 여행을 갈 계획이에요?

B: 我打算自由行。
Wǒ dǎsuàn zìyóuxíng.
저는 자유여행을 하려고요.

**Voca⁺**
团体旅游 tuántǐ lǚyóu 단체여행 | 背囊旅行 bēináng lǚxíng 배낭여행

### 0007 出国 chūguó

동 출국하다

A: 你几号出国?
Nǐ jǐ hào chūguó?
당신 며칠에 출국해요?

B: 我十号出国，是早上九点的飞机。
Wǒ shí hào chūguó, shì zǎoshang jiǔ diǎn de fēijī.
10일에 출국해요. 아침 9시 비행기예요.

**Voca⁺**
回国 huíguó 귀국하다

### 0008 签证 qiānzhèng

명 비자

A: 你办好签证了吗?
Nǐ bànhǎo qiānzhèng le ma?
당신 비자 만들었나요?

B: 当然，已经办好了。
Dāngrán, yǐjīng bànhǎo le.
당연하죠. 이미 만들었어요.

05 여행

**0009**
## 旅行社
lǚxíngshè

명 여행사

예 A: 我没去过国外，怎么买票更便宜？
　　Wǒ méi qùguo guówài, zěnme mǎi piào gèng piányi?
　　저는 외국에 가본 적이 없어요. 어떻게 표를 사야 저렴한가요?

　　B: 通过旅行社买票、订饭店更便宜。
　　Tōngguò lǚxíngshè mǎipiào, dìng fàndiàn gèng piányi.
　　여행사를 통해서 표를 사고, 방을 예약하면 더 저렴해요.

**0010**
## 旅行手册
lǚxíng shǒucè

명 여행 책

예 A: 我们买不买旅行手册？
　　Wǒmen mǎi bu mǎi lǚxíng shǒucè?
　　우리 여행 책을 살까요?

　　B: 先去书店看看吧。
　　Xiān qù shūdiàn kànkan ba.
　　우선 서점에 가서 좀 봐요.

**0011**
## 旅行箱
lǚxíngxiāng

명 여행 가방, 캐리어

예 A: 这次你带几个旅行箱？
　　Zhè cì nǐ dài jǐ ge lǚxíngxiāng?
　　이번에 당신은 캐리어 몇 개 가져가요?

　　B: 我带一个大的。
　　Wǒ dài yí ge dà de.
　　저는 큰 거 하나 가져갈 거예요.

**0012**
## 导游
dǎoyóu

명 여행 가이드

예 A: 我们第一次去那儿，我很担心。
　　Wǒmen dìyī cì qù nàr, wǒ hěn dānxīn.
　　우리는 그곳에 처음 가는데, 저는 걱정이 돼요.

　　B: 我们找导游一起去，怎么样？
　　Wǒmen zhǎo dǎoyóu yìqǐ qù, zěnmeyàng?
　　우리 가이드를 구해서 같이 가는 게 어때요?

중국어회화 VOCA

### 0013
**名胜古迹**
míngshèng gǔjì

명 명승고적

예 A: 北京有什么名胜古迹?
Běijīng yǒu shénme míngshèng gǔjì?
베이징에는 어떤 명승고적이 있나요?

B: 长城、故宫、颐和园什么的。
Chángchéng、Gùgōng、Yíhéyuán shénme de.
만리장성, 자금성, 이화원 등이 있어요.

**Grammar+**
- 什么的 : '등등' 이라는 뜻으로 두 가지 이상의 사물을 나열할 때 사용한다. [A, B, C 什么的]의 형태로 쓰인다.

### 0014
**景点**
jǐngdiǎn

명 관광지

예 A: 你去过南山吗?
Nǐ qùguo Nánshān ma?
당신 남산에 가본 적 있나요?

B: 当然，那是首尔有名的景点。
Dāngrán, nà shì Shǒu'ěr yǒumíng de jǐngdiǎn.
당연하죠. 그곳은 서울의 유명한 관광지예요.

### 0015
**门票**
ménpiào

명 입장권

예 A: 你好，门票一张多少钱?
Nǐ hǎo, ménpiào yì zhāng duōshao qián?
안녕하세요. 입장권 한 장에 얼마예요?

B: 一张一百块，您要几张?
Yì zhāng yìbǎi kuài, nín yào jǐ zhāng?
한 장에 100위안입니다. 몇 장을 원하세요?

### 0016
**地图**
dìtú

명 지도

예 A: 问一下儿，有这里的地图吗?
Wèn yíxiàr, yǒu zhè lǐ de dìtú ma?
말씀 좀 물을게요. 이곳의 지도 있나요?

B: 您要英文的还是中文的?
Nín yào yīngwén de háishi zhōngwén de?
영문으로 된 것을 원하세요? 아니면 중문으로 된 것을 원하세요?

### 0017
## 租车
zūchē

동 차를 빌리다, 차를 렌트하다

예 A: 我们租辆车吧，更方便些。
Wǒmen zū liàng chē ba, gèng fāngbiàn xiē.
우리 차 한 대 렌트해요. 훨씬 더 편해요.

B: 济州岛租车贵不贵？
Jìzhōu Dǎo zūchē guì bu guì?
제주도에 렌터카가 비싼가요?

### 0018
## 饭店
fàndiàn

명 호텔

예 A: 我们住在哪家饭店？
Wǒmen zhù zài nǎ jiā fàndiàn?
우리는 어느 호텔에서 숙박하나요?

B: 住在北京饭店。
Zhù zài Běijīng fàndiàn.
베이징 호텔에서 숙박해요.

**Grammar+**
- 饭店 : 饭店과 같이 '호텔'이라는 의미로 酒店 jiǔdiàn, 宾馆 bīnguǎn이 있다.

### 0019
## 房费
fángfèi

명 방 값, 숙박비

예 A: 一个晚上的房费多少钱？
Yí ge wǎnshang de fángfèi duōshao qián?
하룻밤 방 값이 얼마예요?

B: 四百五十块。
Sìbǎi wǔshí kuài.
450위안이에요.

### 0020
## 空房
kōngfáng

명 빈 방

예 A: 请问，有没有空房？
Qǐngwèn, yǒu méi yǒu kōngfáng?
실례해요. 빈 방 있어요?

B: 对不起,没有空房了。
Duìbuqǐ, méi yǒu kōngfáng le.
죄송해요. 빈 방이 없어요.

중국어회화 VOCA

---

**0021**
## 入住
rùzhù

동 체크인하다

예 A: 请问，几点能入住？
Qǐngwèn, jǐ diǎn néng rùzhù?
실례합니다. 몇 시에 체크인할 수 있나요?

B: 下午三点以后可以入住。
Xiàwǔ sān diǎn yǐhòu kěyǐ rùzhù.
오후 3시 이후에 체크인할 수 있어요.

---

**0022**
## 退房
tuìfáng

동 퇴실하다

예 A: 你好，我要退房。
Nǐ hǎo, wǒ yào tuìfáng.
안녕하세요. 퇴실하려고 합니다.

B: 好的，请给我房卡。
Hǎo de, qǐng gěi wǒ fángkǎ.
알겠어요. 저에게 방 카드 주세요.

---

**0023**
## 早餐
zǎocān

명 아침 식사, 조식

예 A: 这儿从几点到几点提供早餐？
Zhèr cóng jǐ diǎn dào jǐ diǎn tígōng zǎocān?
이곳은 몇 시부터 몇 시까지 아침 식사를 제공하나요?

B: 从七点到十点提供早餐。
Cóng qī diǎn dào shí diǎn tígōng zǎocān.
7시부터 10시까지 아침 식사를 제공해요.

---

**0024**
## 打扫
dǎsǎo

동 청소하다

예 A: 您好，今天需要打扫吗？
Nín hǎo, jīntiān xūyào dǎsǎo ma?
안녕하세요. 오늘 청소 필요하세요?

B: 谢谢，不用了。
Xièxie, búyòng le.
고맙습니다. 괜찮아요.

## 0025
**背包**
bēibāo

명 배낭

예 A: 今天我们要带很多东西。
Jīntiān wǒmen yào dài hěn duō dōngxi.
오늘 우리는 물건을 많이 가져가야 해요.

B: 那我们背背包出去吧。
Nà wǒmen bēi bēibāo chūqù ba.
그럼 우리 배낭을 메고 나가요.

## 0026
**足疗**
zúliáo

명 발 마사지

예 A: 去中国一定要做足疗。
Qù Zhōngguó yídìng yào zuò zúliáo.
중국에 가면 반드시 발 마사지를 받아야 해요.

B: 我也很喜欢做足疗，因为很舒服。
Wǒ yě hěn xǐhuan zuò zúliáo, yīnwèi hěn shūfu.
저도 발 마사지 받는 것을 아주 좋아해요. 무척 편안해요.

## 0027
**洗手间**
xǐshǒujiān

명 화장실

예 A: 请问，洗手间在哪儿?
Qǐngwèn, xǐshǒujiān zài nǎr?
실례합니다. 화장실이 어디에 있나요?

B: 女洗手间在二楼。
Nǚ xǐshǒujiān zài èr lóu.
여자 화장실은 2층에 있어요.

## 0028
**免税店**
miǎnshuìdiàn

명 면세점

예 A: 我们去免税店看看吧。
Wǒmen qù miǎnshuìdiàn kànkan ba.
우리 면세점에 가서 좀 구경해요.

B: 好的，你要买什么?
Hǎo de, nǐ yào mǎi shénme?
알았어요. 당신은 무엇을 살 거예요?

## VOCA Review
다음 빈칸에 한자, 병음, 뜻을 알맞게 채워보세요~

| | 한자 | 병음 | 뜻 |
|---|---|---|---|
| 1 | 起床 | qǐchuáng | 잠자리에서 일어나다, 기상하다 |
| 2 | 闹钟 | nàozhōng | 알람, 알람 시계 |
| 3 | 洗澡 | xǐzǎo | 씻다, 샤워하다 |
| 4 | 吹头 | chuītóu | 머리를 말리다 |
| 5 | 打扮 | dǎban | 단장하다, 치장하다 |
| 6 | 出门 | chūmén | 외출하다 |
| 7 | 复习 | fùxí | 복습하다 |
| 8 | 用功 | yònggōng | 열심이다 |
| 9 | 资格证 | zīgézhèng | 자격증 |
| 10 | 培训班 | péixùnbān | 학원 |
| 11 | 留学 | liúxué | 유학하다 |
| 12 | 外语 | wàiyǔ | 외국어 |
| 13 | 健康 | jiànkāng | 건강, 건강하다 |
| 14 | 习惯 | xíguàn | 습관 |
| 15 | 生病 | shēngbìng | 병이 나다 |

| | 한자 | 병음 | 뜻 |
|---|---|---|---|
| 16 | 预防针 | yùfángzhēn | 예방 주사 |
| 17 | 免疫力 | miǎnyìlì | 면역력 |
| 18 | 医院 | yīyuàn | 병원 |
| 19 | 美发店 | měifàdiàn | 미용실 |
| 20 | 美发师 | měifàshī | 헤어 디자이너, 미용사 |
| 21 | 发型 | fàxíng | 헤어스타일 |
| 22 | 剪头 | jiǎntóu | 머리를 자르다 |
| 23 | 整容 | zhěngróng | 성형하다 |
| 24 | 素颜 | sùyán | 맨 얼굴 |
| 25 | 旅行 | lǚxíng | 여행하다 |
| 26 | 假期 | jiàqī | 휴가, 휴가 기간 |
| 27 | 旺季 | wàngjì | 성수기 |
| 28 | 签证 | qiānzhèng | 비자 |
| 29 | 旅行社 | lǚxíngshè | 여행사 |
| 30 | 导游 | dǎoyóu | 여행 가이드 |

# Chapter 8
## 장소

01 학교 270
02 회사 277
03 은행 286
04 약국 291
05 쇼핑센터·백화점 297
06 음식점 302
07 커피숍·Bar 311
- voca Review 317

# Chapter 8 장소

## 01 학교

**Mind Map Note**

学校 xuéxiào
명 학교

班主任 bǎnzhǔrèn
명 담임 교사

班长 bānzhǎng
명 반장

同学 tóngxué
명 함께 공부하는 친구

年级 niánjí
명 학년

教室 jiàoshì
명 교실

旷课 kuàngkè
동 무단결석하다, 수업을 빼먹다

课程表 kèchéngbiǎo
명 수업 시간표

社团 shètuán
명 동아리, 서클

毕业 bìyè
명 졸업  동 졸업하다

# Let's Start Up!

주제에 맞는 단어와 예문을 학습해보세요. 🎧 8-01

**0001**
## 学校
xuéxiào

명 학교

예 A: 你们学校的第二外语是什么?
Nǐmen xuéxiào de dì'èr wàiyǔ shì shénme?
당신 학교의 제2외국어는 뭐니?

B: 我们学校教汉语和日语。
Wǒmen xuéxiào jiāo Hànyǔ hé Rìyǔ.
우리 학교는 중국어와 일본어를 가르쳐.

**0002**
## 校长
xiàozhǎng

명 교장

예 A: 你们校长真年轻。
Nǐmen xiàozhǎng zhēn niánqīng.
너희 교장 선생님은 진짜 젊으시다.

B: 是啊，而且也很有能力。
Shì a, érqiě yě hěn yǒu nénglì.
맞아. 게다가 능력도 있으셔.

**0003**
## 班主任
bānzhǔrèn

명 담임 교사

예 A: 你们班的班主任是女的还是男的?
Nǐmen bān de bānzhǔrèn shì nǚde háishi nánde?
너네 반 담임 선생님은 여자야? 남자야?

B: 是女老师，很漂亮。
Shì nǚ lǎoshī, hěn piàoliang.
여자 선생님이셔. 아주 예뻐서.

**0004**
## 班长
bānzhǎng

명 반장

예 A: 你们的班长怎么样?
Nǐmen de bānzhǎng zěnmeyàng?
너네 반장은 어때?

B: 他又帅又高。
Tā yòu shuài yòu gāo.
그는 잘생겼고 키도 커.

## 0005
**同桌**
tóngzhuō

명 짝, 짝꿍

예 A: 你的同桌是男生还是女生?
Nǐ de tóngzhuō shì nánshēng háishi nǚshēng?
네 짝은 남학생이야? 여학생이야?

B: 是男生，学习很好。
Shì nánshēng, xuéxí hěn hǎo.
남학생이야. 공부를 잘 해.

## 0006
**同学**
tóngxué

명 같은 반 친구, 함께 공부하는 친구

예 A: 金同学，你做作业了吗?
Jīn tóngxué, nǐ zuò zuòyè le ma?
김군, 숙제했나요?

B: 我做完了，给您。
Wǒ zuòwán le, gěi nín.
저는 다했어요. 여기 있어요.

## 0007
**年级**
niánjí

명 학년

예 A: 你儿子上几年级?
Nǐ érzi shàng jǐ niánjí?
당신 아들은 몇 학년이에요?

B: 今年小学二年级。
Jīnnián xiǎoxué èr niánjí.
올해 초등학교 2학년이에요.

**Voca+**
小学 xiǎoxué 초등학교(소학교) | 初中 chūzhōng 중학교 | 高中 gāozhōng 고등학교 | 大学 dàxué 대학, 대학교

## 0008
**文科**
wénkē

명 문과

예 A: 你要选文科吗?
Nǐ yào xuǎn wénkē ma?
너는 문과를 선택할 거니?

B: 我喜欢数学，打算选理科。
Wǒ xǐhuan shùxué, dǎsuàn xuǎn lǐkē.
나는 수학을 좋아해서 이과를 선택할 계획이야.

중국어회화 VOCA

### 0009 私立
sīlì

명 사립

예 A: 你孩子上私立学校吗?
Nǐ háizi shàng sīlì xuéxiào ma?
당신 아이는 사립학교에 다니나요?

B: 不是，我孩子上国立学校。
Bú shì, wǒ háizi shàng guólì xuéxiào.
아니에요. 제 아이는 국립학교에 다녀요.

### 0010 教室
jiàoshì

명 교실

예 A: 今天的体育课在操场上吗?
Jīntiān de tǐyù kè zài cāochǎng shàng ma?
오늘 체육 수업은 운동장에서 해?

B: 老师说今天在教室上课。
Lǎoshī shuō jīntiān zài jiàoshì shàngkè.
선생님께서 오늘은 교실에서 수업한다고 말씀하셨어.

### 0011 体育馆
tǐyùguǎn

명 체육관

예 A: 你们学校有体育馆吗?
Nǐmen xuéxiào yǒu tǐyùguǎn ma?
너희 학교에는 체육관이 있니?

B: 没有，我们在操场上体育课。
Méi yǒu, wǒmen zài cāochǎng shàng tǐyù kè.
없어. 우리는 운동장에서 체육 수업을 해.

### 0012 礼堂
lǐtáng

명 강당

예 A: 同学们，这周五有唱歌比赛。
Tóngxuémen, zhè zhōuwǔ yǒu chànggē bǐsài.
학생 여러분, 이번 주 금요일에 노래 경연이 있어요.

B: 是在礼堂吗?
Shì zài lǐtáng ma?
강당에서 하는 건가요?

**0013**
**宿舍**
sùshè

명 기숙사

예 A: 宿舍离教室远吗?
Sùshè lí jiàoshì yuǎn ma?
기숙사가 교실에서 멀어요?

B: 不太远，走五分钟。
Bú tài yuǎn, zǒu wǔ fēnzhōng.
별로 안 멀어요. 5분 걸으면 돼요.

**0014**
**校服**
xiàofú

명 교복

예 A: 你们学校有校服吗?
Nǐmen xuéxiào yǒu xiàofú ma?
너네 학교에 교복 있어?

B: 有，不过我们的校服不好看。
Yǒu, búguò wǒmen de xiàofú bù hǎokàn.
있어. 그런데 우리 교복은 안 예뻐.

**0015**
**教材**
jiàocái

명 교재

예 A: 我们下个学期用什么教材?
Wǒmen xià ge xuéqī yòng shénme jiàocái?
우리 다음 학기에 어떤 교재를 사용해요?

B: 还用这本教材。
Hái yòng zhè běn jiàocái.
계속 이 교재를 사용해요.

**0016**
**课程表**
kèchéngbiǎo

명 시간표

예 A: 我们第四节上什么课?
Wǒmen dì sì jié shàng shénme kè?
우리 4교시에 무슨 수업하지?

B: 我看看课程表。是英语课。
Wǒ kànkan kèchéngbiǎo. Shì yīngyǔ kè.
시간표 좀 볼게. 영어 수업이야.

## 0017 课外活动
kèwài huódòng

명 방과 후 활동

예 A: 你孩子报什么课外活动了?
Nǐ háizi bào shénme kèwài huódòng le?
당신 아이는 어떤 방과 후 활동을 등록했어요?

B: 他报游泳班了。
Tā bào yóuyǒng bān le.
그는 수영반을 등록했어요.

## 0018 单词
dāncí

명 단어

예 A: 你背第三课单词了吗?
Nǐ bèi dì sān kè dāncí le ma?
3과 단어 외웠어?

B: 当然背了。
Dāngrán bèi le.
당연히 외웠지.

## 0019 笔记
bǐjì

명 필기

예 A: 你有上节课的笔记吗?
Nǐ yǒu shàng jié kè de bǐjì ma?
너 지난 시간에 필기한 거 있어?

B: 有，你要看吗?
Yǒu, nǐ yào kàn ma?
있어. 너 볼 거야?

## 0020 期中考试
qīzhōng kǎoshì

명 중간고사

예 A: 下个星期就要期中考试了。
Xià ge xīngqī jiù yào qīzhōng kǎoshì le.
다음 주가 곧 중간고사야.

B: 是啊，你复习得好吗?
Shì a, nǐ fùxí de hǎo ma?
그래. 너 복습 잘 했어?

**Voca+**
期末考试 qīmò kǎoshì 기말고사

**0021**
**表扬**
biǎoyáng

동 칭찬하다

예 A: 她这次考得最好，老师表扬她了。
Tā zhècì kǎo de zuì hǎo, lǎoshī biǎoyáng tā le.
그녀는 이번 시험을 가장 잘 봐서 선생님께서 그녀를 칭찬했어.

B: 真羡慕她啊！
Zhēn xiànmù tā a!
진짜 그녀가 부럽다!

**0022**
**旷课**
kuàngkè

동 무단결석하다, 수업을 빼먹다

예 A: 你这个星期怎么旷了两天课？
Nǐ zhè ge xīngqī zěnme kuàng le liǎng tiān kè?
너는 이번 주에 어째서 이틀이나 무단결석을 했니?

B: 对不起，老师，我感冒了。
Duìbuqǐ, lǎoshī, wǒ gǎnmào le.
죄송해요. 선생님, 감기에 걸렸어요.

**0023**
**规定**
guīdìng

동 규정하다

예 A: 我们周末去染发，怎么样？
Wǒmen zhōumò qù rǎnfà, zěnmeyàng?
우리 주말에 염색하러 가자. 어때?

B: 我们学校规定不能染发。
Wǒmen xuéxiào guīdìng bù néng rǎnfà.
우리 학교는 염색을 못 하게 규정했어.

**0024**
**遵守**
zūnshǒu

동 준수하다

예 A: 你怎么现在才下课？
Nǐ zěnme xiànzài cái xiàkè?
너 어째서 지금에서야 수업을 마쳤니?

B: 我们老师不遵守下课时间。
Wǒmen lǎoshī bù zūnshǒu xiàkè shíjiān.
우리 선생님은 수업 마치는 시간을 안 지키셔.

# Chapter 8 장소

## 02 회사

### Mind Map Note

**总裁** zǒngcái
명 총수, CEO

**上司** shàngsi
명 상사

**同事** tóngshì
명 동료

**客户** kèhù
명 거래처, 고객

**年薪** niánxīn
명 연봉

**实习** shíxí
동 실습하다, 인턴으로 근무하다

**聚餐** jùcān
동 회식하다

**开会** kāihuì
동 회의하다

**升职** shēngzhí
동 승진하다, 진급하다

**辞职** cízhí
동 사직하다

## Let's Start Up!

주제에 맞는 단어와 예문을 학습해보세요.   🎧 8-02

**0001**
# 总公司
zǒnggōngsī

명 본사

예 A: 你们的总公司在哪儿?
Nǐmen de zǒnggōngsī zài nǎr?
당신 회사의 본사는 어디에 있어요?

B: 在江南那边。
Zài Jiāngnán nàbiān.
강남 쪽에 있어요.

**Voca⁺**
分公司 fēngōngsī 지사

**0002**
# 总裁
zǒngcái

명 총수, CEO

예 A: 听说你当总裁了? 真了不起啊!
Tīngshuō nǐ dāng zǒngcái le? Zhēn liǎobuqǐ a!
듣자 하니 당신 CEO가 되었다면서요? 정말 대단하네요!

B: 哪儿啊, 只是一家小公司。
Nǎr a. zhǐshì yì jiā xiǎo gōngsī.
아니에요. 단지 작은 회사예요.

**0003**
# 经理
jīnglǐ

명 책임자

예 A: 那位是谁?
Nà wèi shì shéi?
저 분은 누구세요?

B: 是我们部门的经理。
Shì wǒmen bùmén de jīnglǐ.
우리 부서의 책임자세요.

**0004**
# 同事
tóngshì

명 동료

예 A: 他是你朋友吗?
Tā shì nǐ péngyou ma?
그는 당신 친구예요?

B: 他是我同事, 我们一起工作。
Tā shì wǒ tóngshì, wǒmen yìqǐ gōngzuò.
그는 제 동료예요. 우리는 같이 일해요.

중국어회화 VOCA

### 0005
**上司**
shàngsi

명 상사

예 A: 刚才上司找你了。
Gāngcái shàngsi zhǎo nǐ le.
방금 상사가 당신을 찾았어요.

B: 是吗？为什么找我呢？
Shì ma? Wèi shénme zhǎo wǒ ne?
그래요? 왜 저를 찾으시죠?

### 0006
**客户**
kèhù

명 거래처, 고객

예 A: 今天晚上有时间吗？
Jīntiān wǎnshang yǒu shíjiān ma?
오늘 저녁에 시간 있어요?

B: 不好意思，我晚上去见客户。
Bù hǎo yìsi, wǒ wǎnshang qù jiàn kèhù.
미안해요. 저녁에 고객을 만나러 가요.

### 0007
**工资**
gōngzī

명 월급, 급여

예 A: 我们公司的工资很低，我想换工作。
Wǒmen gōngsī de gōngzī hěn dī, wǒ xiǎng huàn gōngzuò.
우리 회사의 월급이 적어서 저는 일을 바꾸고 싶어요.

B: 我们公司也一样。
Wǒmen gōngsī yě yíyàng.
우리 회사도 마찬가지예요.

### 0008
**年薪**
niánxīn

명 연봉

예 A: 你们公司的年薪高不高？
Nǐmen gōngsī de niánxīn gāo bu gāo?
당신 회사의 연봉은 높아요?

B: 还可以。
Hái kěyǐ.
그런대로 괜찮아요.

### 0009
**奖金**
jiǎngjīn

명 상여금, 보너스

예 A: 你们公司有奖金吗?
Nǐmen gōngsī yǒu jiǎngjīn ma?
당신 회사에 보너스 있나요?

B: 有，我们年底发奖金。
Yǒu, wǒmen niándǐ fā jiǎngjīn.
있어요. 우리는 연말에 보너스를 줘요.

### 0010
**业绩**
yèjì

명 업적, 성과

예 A: 你这个月的业绩怎么样?
Nǐ zhè ge yuè de yèjì zěnmeyàng?
당신은 이번 달의 업적이 어때요?

B: 哎！别提了。
Āi! Bié tí le.
아이고! 말도 마요.

### 0011
**办公楼**
bàngōnglóu

명 회사 건물

예 A: 哪个是你们的办公楼?
Nǎ ge shi nǐmen de bàngōnglóu?
어느 건물이 당신의 회사 건물인가요?

B: 白色的高楼就是。
Báisè de gāolóu jiù shi.
흰색의 높은 빌딩이에요.

### 0012
**大厅**
dàtīng

명 로비

예 A: 我到了，在哪儿等你啊?
Wǒ dào le, zài nǎr děng nǐ a?
저 도착했어요. 어디에서 기다릴까요?

B: 你在大厅等一会儿吧。
Nǐ zài dàtīng děng yíhuìr ba.
로비에서 잠시만 기다려요.

중국어회화 VOCA

### 0013
**办公室**
bàngōngshì

명 사무실

예 A: 小王，请来一下儿我的办公室。
Xiǎo Wáng, qǐng lái yíxiàr wǒ de bàngōngshì.
샤오왕, 제 사무실로 좀 와주세요.

B: 好，我马上去。
Hǎo, wǒ mǎshàng qù.
알겠어요. 바로 가겠습니다.

### 0014
**食堂**
shítáng

명 구내식당

예 A: 我们中午吃什么？
Wǒmen zhōngwǔ chī shénme?
우리 점심에 뭐 먹을까요?

B: 我今天很忙，我们去食堂吃吧。
Wǒ jīntiān hěn máng, wǒmen qù shítáng chī ba.
저 오늘 바쁜데, 우리 구내식당에 가서 먹어요.

### 0015
**部门**
bùmén

명 부서

예 A: 你在哪个部门工作？
Nǐ zài nǎ ge bùmén gōngzuò?
당신은 어느 부서에서 일해요?

B: 我在营业部工作。
Wǒ zài yíngyèbù gōngzuò.
저는 영업부에서 일해요.

**Voca⁺**
营业部 yíngyèbù 영업부 | 人事部 rénshìbù 인사부 | 会计部 kuàijìbù 회계부 |
宣传部 xuānchuánbù 홍보부

### 0016
**招聘**
zhāopìn

동 모집하다

예 A: 上半年事业部要招聘几个职员？
Shàngbànnián shìyèbù yào zhāopìn jǐ ge zhíyuán?
상반기에 사업부에서 몇 명의 직원을 모집하나요?

B: 要招聘三个职员。
Yào zhāopìn sān ge zhíyuán.
3명의 직원을 모집해요.

## 0017
**录用**
lùyòng

동 채용하다

예 A: 我被这家公司录用了！
Wǒ bèi zhè jiā gōngsī lùyòng le!
저는 이 회사에 채용됐어요!

B: 祝贺你！今天请客吧。
Zhùhè nǐ! Jīntiān qǐngkè ba.
축하해요! 오늘 한턱내요.

## 0018
**实习**
shíxí

동 실습하다, 인턴으로 근무하다

예 A: 你找到工作了吗?
Nǐ zhǎodào gōngzuò le ma?
당신은 일을 찾았나요?

B: 找到了，现在在一家公司实习呢。
Zhǎodào le, xiànzài zài yì jiā gōngsī shíxí ne.
찾았어요. 지금 한 회사에서 실습 중이에요.

## 0019
**升职**
shēngzhí

동 승진하다, 진급하다

예 A: 祝贺你升职了！
Zhùhè nǐ shēngzhí le!
승진을 축하해요!

B: 谢谢！今天我请客。
Xièxie! Jīntiān wǒ qǐngkè.
고마워요! 오늘 제가 한턱낼게요.

## 0020
**辞职**
cízhí

동 사직하다

예 A: 你为什么辞职了?
Nǐ wèi shénme cízhí le?
당신은 왜 사직했어요?

B: 我要搞自己的事业。
Wǒ yào gǎo zìjǐ de shìyè.
저는 제 개인 사업을 하려고 해요.

중국어회화 VOCA

**0021**
## 退休
tuìxiū

동 퇴직하다, 은퇴하다

예 A: 你们公司多大年纪退休?
Nǐmen gōngsī duō dà niánjì tuìxiū?
당신 회사는 몇 살에 퇴직하나요?

B: 六十岁左右。
Liùshí suì zuǒyòu.
60세 정도요.

**0022**
## 开会
kāihuì

동 회의하다

예 A: 明天几点开会?
Míngtiān jǐ diǎn kāihuì?
내일 몇 시에 회의해요?

B: 早上九点半开会。
Zǎoshang jiǔ diǎn bàn kāihuì.
아침 9시 반에 회의해요.

**0023**
## 值班
zhíbān

동 당직을 서다

예 A: 我今天值班,能跟我换一下吗?
Wǒ jīntiān zhíbān, néng gēn wǒ huàn yíxiàr ma?
제가 오늘 당직인데, 저와 좀 바꿀 수 있어요?

B: 没问题。你有什么事吗?
Méi wèntí. Nǐ yǒu shénme shì ma?
문제 없어요. 무슨 일 있어요?

**0024**
## 出差
chūchāi

동 출장 가다

예 A: 我这个星期去中国出差。
Wǒ zhè ge xīngqī qù Zhōngguó chūchāi.
저는 이번 주에 중국에 출장 가요.

B: 那我们下星期再开会吧。
Nà wǒmen xià xīngqī zài kāihuì ba.
그럼 우리 다음 주에 다시 회의합시다.

02 회사　283

### 0025
**聚餐**
jùcān

명 회식

예 A: 老公，你几点回来?
Lǎogōng, nǐ jǐ diǎn huílái?
여보, 당신 몇 시에 돌아와요?

B: 今天有聚餐，可能晚点儿回去。
Jīntiān yǒu jùcān, kěnéng wǎn diǎnr huíqù.
오늘 회식이 있어서 아마도 좀 늦게 돌아갈 거예요.

### 0026
**用品**
yòngpǐn

명 용품

예 A: 这个月得买什么办公用品?
Zhè ge yuè děi mǎi shénme bàngōng yòngpǐn?
이번 달에 어떤 사무용품을 사야 하나요?

B: 需要打印纸和圆珠笔。
Xūyào dǎyìnzhǐ hé yuánzhūbǐ.
인쇄용지랑 볼펜이 필요해요.

### 0027
**复印机**
fùyìnjī

명 복사기

예 A: 复印机坏了，什么时候能来修?
Fùyìnjī huài le, shénme shíhou néng lái xiū?
복사기가 고장 났어요. 언제 수리하러 올 수 있어요?

B: 已经打电话了，中午能来修。
Yǐjīng dǎ diànhuà le, zhōngwǔ néng lái xiū.
이미 전화했어요. 점심에 수리하러 올 수 있대요.

**Voca⁺**
打印机 dǎyìnjī 프린터

### 0028
**传真**
chuánzhēn

명 팩스

예 A: 你给他发传真了吗?
Nǐ gěi tā fā chuánzhēn le ma?
그에게 팩스를 보냈어요?

B: 刚才发了。
Gāngcái fā le.
방금 보냈어요.

중국어회화 VOCA

### 0029
## 碎纸机
suìzhǐjī

명 종이(문서) 파쇄기

예 A: 你知道碎纸机在哪儿吗?
Nǐ zhīdào suìzhǐjī zài nǎr ma?
종이 파쇄기가 어디 있는지 알아요?

B: 碎纸机在三楼办公室里。
Suìzhǐjī zài sān lóu bàngōngshì li.
종이 파쇄기는 3층 사무실에 있어요.

### 0030
## 白领
báilǐng

명 사무직, 화이트 칼라

예 A: 她找到工作了吗?
Tā zhǎodào gōngzuò le ma?
그녀는 일자리 찾았나요?

B: 找到了，是白领。
Zhǎodào le, shì báilǐng.
찾았어요. 사무직이에요.

### 0031
## 人际关系
rénjì guānxi

명 인간관계

예 A: 我觉得人际关系太难了。
Wǒ juéde rénjì guānxi tài nán le.
제 생각에는 인간관계는 너무 어려운 것 같아요.

B: 当然，不过人际关系很重要。
Dāngrán, búguò rénjì guānxi hěn zhòngyào.
당연하죠. 하지만 인간관계는 매우 중요해요.

### 0032
## 经验
jīngyàn

명 경력, 경험

예 A: 他在这儿工作很久了吗?
Tā zài zhèr gōngzuò hěn jiǔ le ma?
그는 여기에서 일한 지 오래 되었어요?

B: 是啊，他有十年的工作经验。
Shì a, tā yǒu shí nián de gōngzuò jīngyàn.
네, 그는 10년간의 업무 경력이 있어요.

# Chapter 8 장소

## 03 은행

**Mind Map Note**

银行 yínháng
명 은행

存款 cúnkuǎn
동 예금하다, 저금하다

贷款 dàikuǎn
동 대출하다

换钱 huànqián
동 환전하다

账户 zhànghù
명 계좌

汇率 huìlǜ
명 환율

转账 zhuǎnzhàng
명 계좌이체

密码 mìmǎ
명 비밀번호

网上银行 wǎngshàng yínháng
명 인터넷 뱅킹

自动取款机 zìdòng qǔkuǎnjī
명 현금 인출기

## Let's Start Up!

주제에 맞는 단어와 예문을 학습해보세요.  🔊 8-03

**0001**
# 银行
yínháng

명 은행

예 A: 我要去银行，几点关门？
Wǒ yào qù yínháng, jǐ diǎn guānmén?
은행 가려고 하는데, 몇 시에 닫아요?

B: 四点关门，快去吧。
Sì diǎn guānmén, kuài qù ba.
4시에 닫아요. 빨리 가요.

**0002**
# 网上银行
wǎngshàng yínháng

명 인터넷 뱅킹

예 A: 您办网上银行吗？
Nín bàn wǎngshàng yínháng ma?
인터넷 뱅킹 개설하실 건가요?

B: 嗯，请给我办一个吧。
Ng, qǐng gěi wǒ bàn yí ge ba.
네, 하나 개설해 주세요.

**0003**
# 账户
zhànghù

명 계좌

예 A: 你好，我要开个账户。
Nǐ hǎo, wǒ yào kāi ge zhànghù.
안녕하세요. 통장을 개설하려고 해요.

B: 请给我您的身份证。
Qǐng gěi wǒ nín de shēnfènzhèng.
저에게 당신의 신분증을 주세요.

**0004**
# 存款
cúnkuǎn

동 예금하다, 저금하다

예 A: 您要办活期存款还是死期存款？
Nín yào bàn huóqī cúnkuǎn háishi sǐqī cúnkuǎn?
보통예금을 하실 건가요? 아니면 정기예금을 하실 건가요?

B: 我要办一年的死期存款。
Wǒ yào bàn yì nián de sǐqī cúnkuǎn.
저는 1년 정기예금을 하려고 해요.

### 0005
**转账**
zhuǎnzhàng

명 계좌이체

예 A: 你好，我没带存折，可以转账吗?
Nǐ hǎo, wǒ méi dài cúnzhé, kěyǐ zhuǎnzhàng ma?
안녕하세요. 통장을 안 가져왔는데, 계좌이체를 할 수 있나요?

B: 可以，您带身份证了吗?
Kěyǐ, nín dài shēnfènzhèng le ma?
가능해요. 신분증은 가져오셨나요?

### 0006
**手续费**
shǒuxùfèi

명 수수료

예 A: 往别的银行转账需要手续费。
Wǎng biéde yínháng zhuǎnzhàng xūyào shǒuxùfèi.
다른 은행으로 계좌이체를 하려면 수수료가 필요해요.

B: 是吗? 需要多少手续费?
Shì ma? Xūyào duōshao shǒuxùfèi?
그래요? 수수료는 얼마 필요한가요?

### 0007
**自动取款机**
zìdòng qǔkuǎnjī

명 현금 자동 인출기(ATM)

예 A: 请问，在自动取款机上可以交水电费吗?
Qǐngwèn, zài zìdòng qǔkuǎnjī shang kěyǐ jiāo shuǐdiànfèi ma?
실례합니다. ATM에서 수도세와 전기세를 납부할 수 있나요?

B: 可以，自动取款机在右边。
Kěyǐ, zìdòng qǔkuǎnjī zài yòubian.
가능해요. ATM은 오른쪽에 있어요.

### 0008
**借记卡**
jièjìkǎ

명 체크카드

예 A: 您要办哪种借记卡?
Nín yào bàn nǎ zhǒng jièjìkǎ?
어떤 종류의 체크카드를 만드실 거예요?

B: 我要办VISA借记卡。
Wǒ yào bàn VISA jièjìkǎ.
저는 VISA 체크카드를 만들려고 해요.

**0009**

## 换钱
huànqián

동 환전하다

예 A: 你好，我要换人民币。
Nǐ hǎo, wǒ yào huàn Rénmínbì.
안녕하세요. 인민폐로 바꾸고 싶은데요.

B: 您要换多少钱？
Nín yào huàn duōshao qián?
얼마를 환전하실 건가요?

**Voca+**
人民币 Rénmínbì 인민폐 | 韩币 Hánbì 원화, 한화 | 日币 Rìbì 엔화 | 美元 Měiyuán 달러 | 欧元 Ōuyuán 유로화

**0010**

## 汇率
huìlǜ

명 환율

예 A: 今天人民币的汇率是多少？
Jīntiān Rénmínbì de huìlǜ shì duōshao?
오늘 인민폐의 환율이 얼마인가요?

B: 比昨天降了一点儿。
Bǐ zuótiān jiàng le yìdiǎnr.
어제보다 조금 떨어졌어요.

**0011**

## 贷款
dàikuǎn

동 대출하다

예 A: 我要贷款，我能贷多少？
Wǒ yào dàikuǎn, wǒ néng dài duōshao?
대출하려고 해요. 제가 얼마를 대출할 수 있나요?

B: 稍等一下儿，我查查。
Shāoděng yíxiàr, wǒ chácha.
잠시만 기다리세요. 확인 좀 해볼게요.

**0012**

## 签名
qiānmíng

동 사인하다, 서명하다

예 A: 我要换个新存折。
Wǒ yào huàn ge xīn cúnzhé.
저는 새 통장으로 바꾸려고 해요.

B: 请稍等。好了，请在这儿签一下名。
Qǐng shāoděng. Hǎo le, qǐng zài zhèr qiān yíxià míng.
잠시만 기다리세요. 됐습니다. 여기에 서명해주세요.

**0013**
**密码**
mìmǎ

명 비밀번호

예 A: 您按错密码了，请再按一遍。
Nín àncuò mìmǎ le, qǐng zài àn yí biàn.
비밀번호를 잘못 누르셨어요. 다시 한 번 눌러주세요.

B: 是吗？怎么办？我忘了。
Shì ma? Zěnme bàn? Wǒ wàng le.
그래요? 어떡하죠? 잊어버렸어요.

**0014**
**输入**
shūrù

 입력하다

예 A: 我要换个密码。
Wǒ yào huàn ge mìmǎ.
저는 비밀번호를 바꾸고 싶어요.

B: 请先输入以前的密码，再输入新密码。
Qǐng xiān shūrù yǐqián de mìmǎ, zài shūrù xīn mìmǎ.
우선 이전의 비밀번호를 누르시고, 다시 새 비밀번호를 눌러주세요.

**0015**
**窗口**
chuāngkǒu

명 창구

예 A: 你好，我要办死期存款。
Nǐ hǎo, wǒ yào bàn sǐqī cúnkuǎn.
안녕하세요. 저는 정기 예금을 만들려고 해요.

B: 那您去三号窗口办吧。
Nà nín qù sān hào chuāngkǒu bàn ba.
그럼 3번 창구로 가서 하세요.

**0016**
**取号**
qǔhào

동 번호를 뽑다

예 A: 我要取号，取号机在哪儿？
Wǒ yào qǔhào, qǔhàojī zài nǎr?
번호표를 뽑으려고 하는데, 번호표 기계가 어디에 있나요?

B: 取号机就在后边。
Qǔhàojī jiù zài hòubian.
번호표 기계는 바로 뒤쪽에 있어요.

# Chapter 8 장소

## 04 약국

### Mind Map Note

药店 yàodiàn
명 약국

药剂师 yàojìshī
명 약사

处方 chǔfāng
명 처방, 처방전

症状 zhèngzhuàng
명 증상

感冒药 gǎnmào yào
명 감기약

发烧 fāshāo
동 열이 나다

膏药 gāoyao
명 파스, 연고

创口贴 chuāngkǒu tiē
명 밴드, 반창고

头疼 tóuténg
명 두통 동 머리가 아프다

拉肚子 lā dùzi
동 설사하다

## Let's Start Up!

주제에 맞는 단어와 예문을 학습해보세요.  🎧 8-04

---

**0001**
# 药店
yàodiàn

[명] 약국

[예] A: 问一下儿，这儿附近有药店吗?
Wèn yíxiàr, zhèr fùjìn yǒu yàodiàn ma?
좀 물어볼게요. 여기 근처에 약국이 있어요?

B: 有，就在前边。
Yǒu, jiù zài qiánbian.
있어요. 바로 앞에 있어요.

**Voca+**
药房 yàofáng 약국

---

**0002**
# 处方
chǔfāng

[명] 처방전, 처방

[예] A: 你好，我要这个药。
Nǐ hǎo, wǒ yào zhè ge yào.
안녕하세요. 이 약 주세요.

B: 这个药得有处方。
Zhè ge yào děi yǒu chǔfāng.
이 약은 처방전이 있어야 해요.

---

**0003**
# 症状
zhèngzhuàng

[명] 증상

[예] A: 您有什么症状?
Nín yǒu shénme zhèngzhuàng?
어떤 증상이 있으세요?

B: 我流鼻涕，还有痰。
Wǒ liú bítì, hái yǒután.
콧물이 나고, 가래도 있어요.

---

**0004**
# 难受
nánshòu

[형] 견딜 수 없다, 불편하다

[예] A: 我胃很难受，今天吐了三次。
Wǒ wèi hěn nánshòu, jīntiān tù le sān cì.
위가 쓰려서 오늘 세 번 토했어요.

B: 那您去医院看看吧。
Nà nín qù yīyuàn kànkan ba.
그럼 병원에 가서 검사를 좀 해보세요.

중국어회화 VOCA

### 0005 发烧 fāshāo

동 열이 나다

예 A: 您哪儿不舒服?
Nín nǎr bù shūfu?
어디가 불편하세요?

B: 我感冒了，有点儿发烧。
Wǒ gǎnmào le, yǒudiǎnr fāshāo.
감기에 걸렸어요. 열이 조금 나요.

**Voca+**
流鼻涕 liú bítì 콧물이 나오다 | 咳嗽 késou 기침하다 | 嗓子疼 sǎngzi téng 목이 아프다 | 头疼 tóuténg 머리가 아프다 | 有痰 yǒután 가래가 있다

### 0006 便秘 biànmì

명 변비

예 A: 我最近便秘，请给我一盒便秘药。
Wǒ zuìjìn biànmì, qǐng gěi wǒ yì hé biànmìyào.
요즘 변비 걸렸어요. 변비약 한 통 주세요.

B: 你以前吃过什么便秘药?
Nǐ yǐqián chīguo shénme biànmìyào?
예전에 어떤 변비약을 먹었나요?

### 0007 拉肚子 lā dùzi

동 설사하다

예 A: 我从昨天开始一直拉肚子。
Wǒ cóng zuótiān kāishǐ yìzhí lā dùzi.
저는 어제부터 계속 설사하기 시작했어요.

B: 您吃什么了? 先吃几次这个止泻药吧。
Nín chī shénme le? Xiān chī jǐ cì zhè ge zhǐxiè yào ba.
무엇을 먹었나요? 우선 이 지사제를 몇 번 복용하세요.

### 0008 过敏 guòmǐn

동 알레르기 반응이 생기다

예 A: 我皮肤过敏了，吃什么药好呢?
Wǒ pífū guòmǐn le, chī shénme yào hǎo ne?
피부 알레르기가 생겼어요. 어떤 약을 먹으면 좋을까요?

B: 我觉得您去医院看看吧。
Wǒ juéde nín qù yīyuàn kànkan ba.
제 생각에는 병원에 한번 가보는 게 좋을 것 같아요.

**0009**
# 西药
xīyào

명 양약

예 A: 我嗓子疼，吃什么药好呢？
Wǒ sǎngzi téng, chī shénme yào hǎo ne?
목이 아파요. 어떤 약을 먹으면 좋을까요?

B: 这个西药和这个中药一起吃吧。
Zhè ge xīyào hé zhè ge zhōngyào yìqǐ chī ba.
이 양약과 한약을 같이 드세요.

**0010**
# 感冒药
gǎnmàoyào

명 감기약

예 A: 你好，请给我一盒感冒药。
Nǐ hǎo, qǐng gěi wǒ yì hé gǎnmàoyào.
안녕하세요. 감기약 한 통 주세요.

B: 给您，一盒十五块。
Gěi nín, yì hé shíwǔ kuài.
여기요. 한 통에 15위안이에요.

**Voca+**
止痛药 zhǐtòngyào 진통제 | 止咳药 zhǐkéyào 기침약 | 退烧药 tuìshāoyào 해열제 | 消化药 xiāohuàyào 소화제 | 止泻药 zhǐxièyào 지사제

**0011**
# 眼药水
yǎnyàoshuǐ

명 안약

예 A: 我眼睛很干燥，请给我一瓶眼药水。
Wǒ yǎnjing hěn gānzào, qǐng gěi wǒ yì píng yǎnyàoshuǐ.
눈이 건조해요. 안약 한 병 주세요.

B: 您平时戴隐形吗？
Nín píngshí dài yǐnxíng ma?
평소에 렌즈를 착용하나요?

**0012**
# 解酒药
jiějiǔyào

명 숙취 해소제

예 A: 昨天我喝得太多了，我要买解酒药。
Zuótiān wǒ hē de tài duō le, wǒ yào mǎi jiějiǔyào.
어제 제가 술을 너무 많이 마셔서 숙취 해소제를 사려고요.

B: 这两种药一起吃吧。
Zhè liǎng zhǒng yào yìqǐ chī ba.
이 두 종류의 약을 같이 드세요.

중국어회화 VOCA

**0013**
## 维生素
wéishēngsù

명 비타민

예 A: 您平时吃什么维生素?
Nín píngshí chī shénme wéishēngsù?
평소에 어떤 비타민을 먹나요?

B: 我只吃过维生素C，这次想换一种。
Wǒ zhǐ chīguo wéishēngsù C, zhè cì xiǎng huàn yì zhǒng.
저는 비타민C만 먹었어요. 이번에는 다른 종류로 바꾸고 싶어요.

**0014**
## 消毒水
xiāodúshuǐ

명 소독제

예 A: 请给我一瓶消毒水。
Qǐng gěi wǒ yì píng xiāodúshuǐ.
소독제 하나 주세요.

B: 您要用在哪儿?
Nín yào yòng zài nǎr?
어디에 사용하실 거예요?

**0015**
## 膏药
gāoyao

명 파스, 연고

예 A: 我腰疼，贴什么膏药好?
Wǒ yāoténg, tiē shénme gāoyao hǎo?
허리가 아파요. 어떤 파스를 붙이는 게 좋아요?

B: 这个牌子效果很好，您用用吧。
Zhè ge páizi xiàoguǒ hěn hǎo, nín yòngyong ba.
이 브랜드가 효과가 좋아요. 한번 써보세요.

**0016**
## 创口贴
chuāngkǒutiē

명 밴드, 반창고

예 A: 您要什么?
Nín yào shénme?
무엇이 필요하세요?

B: 请给我一盒创口贴。
Qǐng gěi wǒ yì hé chuāngkǒutiē.
밴드 한 통 주세요.

04 약국　295

**0017**
## 口罩
kǒuzhào

명 마스크

예 A: 请问, 有口罩吗?
　　Qǐngwèn, yǒu kǒuzhào ma?
　　실례해요. 마스크 있어요?

　 B: 您要一次性的吗?
　　Nín yào yícìxìng de ma?
　　일회용 마스크를 원하세요?

**0018**
## 按时
ànshí

부 제때에

예 A: 我应该注意什么呢?
　　Wǒ yīnggāi zhùyì shénme ne?
　　제가 무엇을 주의해야 하죠?

　 B: 您一定要按时吃药, 一天三次。
　　Nín yídìng yào ànshí chī yào, yì tiān sān cì.
　　반드시 제때에 약을 먹어야 해요. 하루에 세 번이에요.

# Chapter 8 장소

## 05 쇼핑센터·백화점

### Mind Map Note

购物中心 gòuwù zhōngxīn
명 쇼핑센터, 쇼핑몰

百货商店 bǎihuò shāngdiàn
명 백화점

折扣商店 zhékòu shāngdiàn
명 아웃렛, 할인점

地下商场 dìxià shāngchǎng
명 지하상가

购物袋 gòuwùdài
명 쇼핑백

活动 huódòng
명 행사, 이벤트

打折 dǎzhé
동 할인하다

赠品 zèngpǐn
명 증정품, 사은품

收银台 shōuyíntái
명 계산대

服务台 fúwùtái
명 안내 데스크, 인포메이션

## Let's Start Up!

주제에 맞는 단어와 예문을 학습해보세요.  🔊 8-05

**0001**
## 购物中心
gòuwù zhōngxīn

📖 쇼핑센터, 쇼핑몰

💬 A: 这家购物中心的东西真多！
Zhè jiā gòuwù zhōngxīn de dōngxi zhēn duō!
이 쇼핑센터의 물건은 진짜 많네요!

B: 当然了，这家是最大的购物中心。
Dāngrán le, zhè jiā shì zuì dà de gòuwù zhōngxīn.
당연하죠. 이 상점은 가장 큰 쇼핑센터예요.

**0002**
## 商场
shāngchǎng

📖 쇼핑센터, 백화점

💬 A: 我想买件大衣。
Wǒ xiǎng mǎi jiàn dàyī.
저는 외투 한 벌 사고 싶어요.

B: 我们一起去商场吧。
Wǒmen yìqǐ qù shāngchǎng ba.
우리 같이 백화점에 가요.

**0003**
## 店休日
diànxiūrì

📖 휴점일

💬 A: 这家百货商店的店休日是星期几？
Zhè jiā bǎihuò shāngdiàn de diànxiūrì shì xīngqī jǐ?
이 백화점은 휴점일이 무슨 요일입니까?

B: 每星期一休息。
Měi xīngqīyī xiūxi.
매주 월요일에 쉽니다.

**0004**
## 电梯
diàntī

📖 엘리베이터

💬 A: 请问，免税店在几楼？
Qǐng wèn, miǎnshuìdiàn zài jǐ lóu?
실례해요. 면세점이 몇 층에 있나요?

B: 在九楼。您可以坐电梯上去。
Zài jiǔ lóu. Nín kěyǐ zuò diàntī shàngqù.
9층에 있어요. 엘리베이터를 타고 올라갈 수 있어요.

중국어회화 VOCA

**0005**
**停车场**
tíngchēchǎng

명 주차장

예 A: 这里的停车场能免费停车吗?
Zhè lǐ de tíngchēchǎng néng miǎnfèi tíngchē ma?
이곳의 주차장은 무료로 주차할 수 있나요?

B: 如果买东西，可以免费停车。
Rǔguǒ mǎi dōngxi, kěyǐ miǎnfèi tíngchē.
만약 물건을 구매하면 무료로 주차할 수 있어요.

**0006**
**美食城**
měishíchéng

명 푸드코트

예 A: 我们吃完饭，再逛吧。
Wǒmen chīwán fàn, zài guàng ba.
우리 식사하고 다시 구경해요.

B: 好啊，去美食城吃吧。
Hǎo a, qù měishíchéng chī ba.
좋아요. 푸드코트에 가서 먹어요.

**0007**
**宣传册**
xuānchuáncè

명 광고 책자, 브로셔

예 A: 请问，有下个月的宣传册吗?
Qǐng wèn, yǒu xià ge yuè de xuānchuáncè ma?
실례해요. 다음 달의 광고 책자 있나요?

B: 下个月的还没出来。
Xià ge yuè de hái méi chūlái.
다음 달의 것은 아직 안 나왔어요.

**0008**
**打折**
dǎzhé

동 할인하다

예 A: 现在是打折期间，我们去看看吧。
Xiànzài shì dǎzhé qījiān, wǒmen qù kànkan ba.
지금 세일 기간인데, 우리 보러 가요.

B: 好啊，我们先去看包吧。
Hǎo a, wǒmen xiān qù kàn bāo ba.
좋아요. 우리 우선 가방을 보러 가요.

### 0009
**活动**
huódòng

명 행사, 이벤트

예 A: 这个星期，这里有什么活动?
Zhè ge xīngqī, zhè lǐ yǒu shénme huódòng?
이번 주 여기에 어떤 행사가 있나요?

B: 食品区有赠送活动。
Shípǐnqū yǒu zèngsòng huódòng.
식품코너에서 증정 행사가 있어요.

### 0010
**收银台**
shōuyíntái

명 계산대

예 A: 这个收银台为什么没有收银员?
Zhè ge shōuyíntái wèi shénme méi yǒu shōuyínyuán?
이 계산대에는 왜 계산원이 없나요?

B: 不好意思，这儿现在不能结账。
Bù hǎo yìsi, zhèr xiànzài bù néng jiézhàng.
죄송해요. 여기는 지금 계산할 수 없어요.

### 0011
**购物袋**
gòuwùdài

명 쇼핑백

예 A: 您要购物袋吗?
Nín yào gòuwùdài ma?
쇼핑백 필요하세요?

B: 购物袋一个多少钱?
Gòuwùdài yí ge duōshao qián?
쇼핑백은 한 개에 얼마예요?

### 0012
**找钱**
zhǎoqián

동 거스름돈을 주다

예 A: 你还没找钱呢。
Nǐ hái méi zhǎoqián ne.
아직 거스름돈을 안 주셨어요.

B: 真不好意，找您三十块。
Zhēn bù hǎo yìsi, zhǎo nín sānshí kuài.
정말 죄송해요. 30위안 거슬러 드릴게요.

중국어회화 VOCA

**0013**
# 会员
huìyuán

명 회원

예 A: 您是这儿的会员吗?
Nín shì zhèr de huìyuán ma?
당신은 이곳의 회원이세요?

B: 不是，我第一次来这儿买。
Bú shì, wǒ dì yī cì lái zhèr mǎi.
아니에요. 저는 여기에 처음 와서 사는 거예요.

**0014**
# 积分卡
jīfēnkǎ

명 포인트 카드, 적립 카드

예 A: 您有积分卡吗?
Nín yǒu jīfēnkǎ ma?
당신은 포인트 카드가 있나요?

B: 没有，我想办一张。
Méi yǒu, wǒ xiǎng bàn yi zhāng.
없어요. 한 장 만들고 싶어요.

# Chapter 8 장소

## 06 음식점

### Mind Map Note

**饭馆儿** fànguǎnr
명 음식점, 식당

**餐厅** cāntīng
명 레스토랑

**快餐店** kuàicāndiàn
명 패스트푸드점

**自助餐** zìzhùcān
명 뷔페

**菜单** càidān
명 메뉴판

**服务员** fúwùyuán
명 종업원, 점원

**结账** jiézhàng
동 계산하다

**点菜** diǎncài
동 (음식을) 주문하다

**打包** dǎbāo
동 포장하다

**外卖** wàimài
명 배달

## Let's Start Up! 주제에 맞는 단어와 예문을 학습해보세요.  🎧 8-06

**0001**
### 饭馆儿
fànguǎnr

명 음식점, 식당

예 A: 晚上我们去饭馆儿吃吧。
Wǎnshang wǒmen qù fànguǎnr chī ba.
저녁에 우리 식당에 가서 먹어요.

B: 好啊，我准备一下儿。
Hǎo a, wǒ zhǔnbèi yíxiàr.
좋아요. 준비 좀 할게요.

**Voca⁺**
面馆儿 miànguǎnr 국수 가게 | 饺子馆儿 jiǎoziguǎnr 만두 가게

**0002**
### 餐厅
cāntīng

명 레스토랑

예 A: 你家附近有没有西餐厅？
Nǐ jiā fùjìn yǒu méi yǒu xīcāntīng?
당신 집 근처에 레스토랑 있나요?

B: 有一家意大利餐厅。
Yǒu yì jiā Yìdàlì cāntīng.
이탈리아 식당이 하나 있어요.

**0003**
### 自助餐
zìzhùcān

명 뷔페

예 A: 这次生日，你想吃什么？
Zhè cì shēngrì, nǐ xiǎng chī shénme?
이번 생일에 당신은 무엇을 먹고 싶어요?

B: 我们去吃自助餐吧。
Wǒmen qù chī zìzhùcān ba.
우리 뷔페 먹으러 가요.

**0004**
### 连锁店
liánsuǒdiàn

명 체인점

예 A: 人太多了，我们得等一个小时。
Rén tài duō le, wǒmen děi děng yí ge xiǎoshí.
사람이 너무 많아요. 우리 1시간 기다려야 해요.

B: 这儿附近还有一家连锁店，我们去那儿吧。
Zhèr fùjìn hái yǒu yì jiā liánsuǒdiàn, wǒmen qù nàr ba.
여기 근처에 체인점이 하나 있는데, 우리 거기로 가요.

### 0005
**营业**
yíngyè

[동] 영업하다

[예] A: 你们这儿的营业时间是从几点到几点?
Nǐmen zhèr de yíngyè shíjiān shì cóng jǐ diǎn dào jǐ diǎn?
이곳의 영업 시간은 몇 시부터 몇 시까지인가요?

B: 从上午十点到晚上十点。
Cóng shàngwǔ shí diǎn dào wǎnshang shí diǎn.
오전 10시부터 저녁 10시까지예요.

### 0006
**位子**
wèizi

[명] 자리

[예] A: 请问，现在有位子吗?
Qǐng wèn, xiànzài yǒu wèizi ma?
실례합니다. 지금 자리 있어요?

B: 现在没有，您得等位。
Xiànzài méi yǒu, nín děi děng wèi.
지금은 없어요. 자리를 기다리셔야 해요.

### 0007
**包间**
bāojiān

[명] 방, 룸(식당의 독립된 공간)

[예] A: 请问，有包间吗?
Qǐngwèn, yǒu bāojiān ma?
실례합니다. 룸 있나요?

B: 有，您几位?
Yǒu, nín jǐ wèi?
있어요. 몇 분이세요?

### 0008
**服务员**
fúwùyuán

[명] 종업원, 점원

[예] A: 服务员，请擦一下儿桌子。
Fúwùyuán, qǐng cā yíxiàr zhuōzi.
종업원, 테이블 좀 닦아주세요.

B: 好的，请稍等。
Hǎo de, qǐng shāoděng.
네, 잠시만 기다려주세요.

중국어회화 VOCA

### 0009
## 菜单
càidān

명 메뉴판

예 A: 服务员，请给我们菜单。
　　Fúwùyuán, qǐng gěi wǒmen càidān.
　　종업원, 메뉴판 주세요.

　　B: 好的，请稍等。
　　Hǎo de, qǐng shāoděng.
　　알겠습니다. 잠시만 기다리세요.

### 0010
## 点菜
diǎncài

동 주문하다

예 A: 您要点菜吗?
　　Nín yào diǎncài ma?
　　주문하실 건가요?

　　B: 等一会儿，我们再看看。
　　Děng yíhuìr, wǒmen zài kànkan.
　　잠시만 기다려주세요. 좀 더 볼게요.

### 0011
## 加菜
jiācài

동 음식을 추가하다

예 A: 我还没吃饱。
　　Wǒ hái méi chībǎo.
　　저는 아직 배가 안 불러요.

　　B: 那我们再加两个菜吧。
　　Nà wǒmen zài jiā liǎng ge cài ba.
　　그럼 우리 음식을 두 개 더 추가해요.

### 0012
## 碟子
diézi

명 접시

예 A: 服务员，有小碟子吗?
　　Fúwùyuán, yǒu xiǎo diézi ma?
　　종업원, 작은 접시 있나요?

　　B: 您需要几个?
　　Nín xūyào jǐ ge?
　　몇 개 필요하세요?

**Voca+**
碗 wǎn 그릇, 사발 | 筷子 kuàizi 젓가락 | 勺子 sháozi 숟가락 | 杯子 bēizi 컵, 잔

## 0013
**餐巾纸**
cānjīnzhǐ

명 냅킨

예 A: 不好意思，请给我一张餐巾纸。
Bù hǎo yìsi, qǐng gěi wǒ yì zhāng cānjīnzhǐ.
실례지만, 냅킨 한 장 주세요.

B: 好的，给您。
Hǎo de, gěi nín.
네, 여기 있습니다.

## 0014
**湿巾**
shījīn

명 물티슈

예 A: 你有没有湿巾？
Nǐ yǒu méi yǒu shījīn?
물티슈 있어요?

B: 没有，你去点餐的地方问问吧。
Méi yǒu, nǐ qù diǎncān de dìfang wènwen ba.
없어요. 주문하는 곳에 가서 한번 물어봐요.

## 0015
**厨房**
chúfáng

명 주방

예 A: 开放式的厨房就是干净。
Kāifàngshì de chúfáng jiùshì gānjìng.
오픈식의 주방은 역시 깨끗하네요.

B: 是啊，所以我常常来这儿吃饭。
Shì a, suǒyǐ wǒ chángcháng lái zhèr chīfàn.
네, 그래서 저는 자주 여기에 와서 식사해요.

**Grammar+**
- 就是 : 단호하고 확고한 어기를 나타내는 부사이다.

## 0016
**服务**
fúwù

명 서비스

예 A: 我觉得这家的服务真不错。
Wǒ juéde zhè jiā de fúwù zhēn búcuò.
제 생각에는 이 가게의 서비스가 정말 괜찮은 것 같아요.

B: 我也觉得，下次再来吧。
Wǒ yě juéde, xiàcì zài lái ba.
저도 그렇게 생각해요. 다음에 다시 와요.

## 0017 地道
dìdao

형 뛰어나다, 정통하다

예 A: 这家的菜怎么样?
Zhè jiā de cài zěnmeyàng?
이 식당의 음식은 어때요?

B: 很不错，做得很地道。
Hěn búcuò, zuò de hěn dìdao.
아주 좋아요. 정말 잘 만들었어요.

## 0018 打包
dǎbāo

동 포장하다

예 A: 服务员，剩下的菜可以打包吗?
Fúwùyuán, shèngxià de cài kěyǐ dǎbāo ma?
종업원, 남은 음식을 포장할 수 있나요?

B: 当然可以，您等一会儿。
Dāngrán kěyǐ, nín děng yíhuìr.
물론 됩니다. 잠시만 기다리세요.

## 0019 结账
jiézhàng

동 계산하다

예 A: 服务员，在哪儿结账?
Fúwùyuán, zài nǎr jiézhàng?
종업원, 어디에서 계산하나요?

B: 门口那儿结账。
Ménkǒu nàr jiézhàng.
입구 쪽에서 계산하시면 돼요.

## 0020 AA制
AA zhì

동 각자 계산하다

예 A: 我们AA制吧。
Wǒmen AA zhì ba.
우리 각자 계산해요.

B: 这次我请客吧，下次你请。
Zhè cì wǒ qǐngkè ba, xiàcì nǐ qǐng.
이번에는 제가 낼게요. 다음에는 당신이 한턱내요.

**0021**
**快餐店**
kuàicāndiàn

명 패스트푸드점

예 A: 今天中午我们随便吃点儿吧。
Jīntiān zhōngwǔ wǒmen suíbiàn chī diǎnr ba.
오늘 점심에는 우리 대충 먹어요.

B: 那我们去快餐店吃吧。
Nà wǒmen qù kuàicāndiàn chī ba.
그럼 우리 패스트푸드점에 가서 먹어요.

**0022**
**套餐**
tàocān

명 세트

예 A: 您要几号套餐?
Nín yào jǐ hào tàocān?
몇 번 세트를 원하세요?

B: 我要三号套餐。多少钱?
Wǒ yào sān hào tàocān. Duōshao qián?
3번 세트 주세요. 얼마예요?

**0023**
**单买**
dānmǎi

동 낱개로 사다, 단품으로 사다

예 A: 你好，我要单买一个汉堡包。
Nǐ hǎo, wǒ yào dānmǎi yí ge hànbǎobāo.
안녕하세요. 단품으로 햄버거 하나 주세요.

B: 您不需要别的吗?
Nín bù xūyào biéde ma?
다른 것은 안 필요하세요?

**0024**
**优惠券**
yōuhuìquàn

명 할인권, 쿠폰

예 A: 这张优惠券可以用吗?
Zhè zhāng yōuhuìquàn kěyǐ yòng ma?
이 할인권을 사용할 수 있어요?

B: 点套餐可以用。
Diǎn tàocān kěyǐ yòng.
세트를 주문하면 가능해요.

중국어회화 VOCA

**0025 加大** jiādà

동 사이즈업하다

예 A: 饮料可以加大吗?
Yǐnliào kěyǐ jiādà ma?
음료를 사이즈업할 수 있어요?

B: 加点儿钱可以加大。
Jiā diǎnr qián kěyǐ jiādà.
돈을 조금 추가하면 사이즈업이 가능해요.

**0026 外卖** wàimài

명 배달

예 A: 你好，这儿能送外卖吗?
Nǐ hǎo, zhèr néng sòng wàimài ma?
안녕하세요. 여기 배달해 주나요?

B: 对不起，我们不送外卖。
Duìbuqǐ, wǒmen bú sòng wàimài.
죄송해요. 저희는 배달하지 않아요.

**0027 汉堡包** hànbǎobāo

명 햄버거

예 A: 你吃什么汉堡包?
Nǐ chī shénme hànbǎobāo?
당신은 어떤 햄버거를 먹을 거예요?

B: 我吃芝士汉堡包，你呢?
Wǒ chī zhīshì hànbǎobāo, nǐ ne?
저는 치즈버거를 먹을 거예요. 당신은요?

**0028 薯条** shǔtiáo

명 감자튀김

예 A: 来一份薯条和一杯咖啡。
Lái yí fèn shǔtiáo hé yì bēi kāfēi.
감자튀김 하나와 커피 한 잔 주세요.

B: 您要冰咖啡还是热咖啡?
Nín yào bīng kāfēi háishi rè kāfēi?
차가운 커피를 원하세요? 아니면 뜨거운 커피를 원하세요?

### 0029
# 鸡翅
jīchì

명 닭 날개

예 A: 我点了两份套餐。
Wǒ diǎn le liǎng fèn tàocān.
세트 두 개를 주문했어요.

B: 我还想加一份鸡翅。
Wǒ hái xiǎng jiā yí fèn jīchì.
저는 닭 날개 하나를 더 추가하고 싶어요.

### 0030
# 汽水
qìshuǐ

명 탄산 음료

예 A: 您要什么汽水?
Nín yào shénme qìshuǐ?
어떤 탄산 음료를 원하세요?

B: 我要可乐，不加冰。
Wǒ yào kělè, bù jiā bīng.
콜라 주세요. 얼음은 빼주세요.

**Voca⁺**
可乐 kělè 콜라 | 雪碧 xuěbì 사이다 | 芬达 fēndá 환타 | 碳酸水 tànsuānshuǐ 탄산수

### 0031
# 冰淇淋
bīngqílín

명 아이스크림

예 A: 你要吃什么冰淇淋?
Nǐ yào chī shénme bīngqílín?
당신은 어떤 아이스크림을 먹을 거예요?

B: 我要吃巧克力冰淇淋。
Wǒ yào chī qiǎokèlì bīngqílín.
저는 초콜릿 아이스크림을 먹을 거예요.

# Chapter 8 장소

## 07 커피숍 · Bar

**Mind Map Note**

**咖啡店** kāfēidiàn
- 명 커피숍

**咖啡师** kāfēishī
- 명 바리스타

**咖啡豆** kāfēidòu
- 명 커피콩

**带走** dàizǒu
- 동 가지고 가다, 테이크아웃하다

**拿铁** nátiě
- 명 라테

**美式咖啡** Měishì kāfēi
- 명 아메리카노

**酒吧** jiǔbā
- 명 술집, 바(Bar)

**卡布奇诺** kǎbùqínuò
- 명 카푸치노

**生啤** shēngpí
- 명 생맥주

**鸡尾酒** jīwěijiǔ
- 명 칵테일

# Let's Start Up!

주제에 맞는 단어와 예문을 학습해보세요.    🔊 8-07

**0001**
## 美式咖啡
Měishì kāfēi

명 아메리카노

예 A: 我要一杯美式咖啡。
Wǒ yào yì bēi Měishì kāfēi.
아메리카노 한 잔 주세요.

B: 您要冰的还是热的?
Nín yào bīng de háishi rè de?
당신은 차가운 것을 원하세요? 아니면 뜨거운 것을 원하세요?

**Voca+**
浓缩咖啡 nóngsuō kāfēi 에스프레소 | 拿铁 nátiě 라테 | 香草拿铁 xiāngcǎo nátiě 바닐라 라테 | 摩卡 mókǎ 모카 | 卡布奇诺 kǎbùqínuò 카푸치노 | 焦糖玛奇朵 jiāotáng mǎqíduǒ 캐러멜 마키아또

**0002**
## 大杯
dà bēi

큰 컵, 라지 사이즈 컵

예 A: 你喝拿铁吗?
Nǐ hē nátiě ma?
당신은 라테를 마실 거예요?

B: 嗯,我要大杯的。
Ňg, wǒ yào dà bēi de.
네, 저는 라지 사이즈를 원해요.

**Voca+**
小杯 xiǎo bēi 작은 컵 | 中杯 zhōng bēi 중간 컵 | 超大杯 chāo dà bēi 초대형 컵

**0003**
## 吸管
xīguǎn

명 빨대

예 A: 这儿没有吸管了。
Zhèr méi yǒu xīguǎn le.
여기 빨대가 없어요.

B: 稍等一下儿,马上拿来。
Shāo děng yíxiàr, mǎshàng nálái.
잠시 기다리세요. 바로 가져올게요.

중국어회화 VOCA

### 0004
## 带走
dàizǒu

동 가지고 가다, 테이크아웃하다

예 A: 您在这儿吃还是带走?
Nín zài zhèr chī háishi dàizǒu?
여기에서 드실 거예요? 아니면 가지고 가실 거예요?

B: 我要带走。
Wǒ yào dàizǒu.
가지고 갈 거예요.

### 0005
## 酒吧
jiǔbā

명 술집, 바(Bar)

예 A: 这儿附近新开了一家酒吧。
Zhèr fùjìn xīn kāi le yì jiā jiǔbā.
여기 근처에 술집이 하나 새로 열었어요.

B: 是吗? 那我们晚上去吧。
Shì ma? Nà wǒmen wǎnshang qù ba.
그래요? 그럼 우리 저녁에 가봐요.

### 0006
## 吧台
bātái

명 바 테이블

예 A: 我们坐哪儿?
Wǒmen zuò nǎr?
우리 어디에 앉을까요?

B: 坐吧台吧,怎么样?
Zuò bātái ba, zěnmeyàng?
바 테이블에 앉아요. 어때요?

### 0007
## 酒单
jiǔdān

명 매뉴판(Bar에서 사용하는 메뉴판)

예 A: 你先看酒单吧,我们点什么酒?
Nǐ xiān kàn jiǔdān ba, wǒmen diǎn shénme jiǔ?
먼저 메뉴판을 보세요. 우리 어떤 술을 시킬까요?

B: 我想喝鸡尾酒。
Wǒ xiǎng hē jīwěijiǔ.
저는 칵테일을 마시고 싶어요.

### 0008
**生啤**
shēngpí

명 생맥주

예 A: 太热了，先要两杯生啤吧。
Tài rè le, xiān yào liǎng bēi shēngpí ba.
너무 더워요. 우선 생맥주 두 잔 시켜요.

B: 好啊！你想吃什么?
Hǎo a! Nǐ xiǎng chī shénme?
좋아요! 당신은 무엇을 먹고 싶어요?

### 0009
**洋酒**
yángjiǔ

명 양주

예 A: 你能喝洋酒吗?
Nǐ néng hē yángjiǔ ma?
당신은 양주 마실 수 있어요?

B: 我最喜欢洋酒。
Wǒ zuì xǐhuan yángjiǔ.
저는 양주를 가장 좋아해요.

**Voca⁺**
鸡尾酒 jīwěijiǔ 칵테일 | 香槟酒 xiāngbīnjiǔ 샴페인 | 威士忌 wēishìjì 위스키 |
伏特加 fútèjiā 보드카 | 龙舌兰 lóngshélán 데킬라

### 0010
**冰块儿**
bīngkuàir

명 얼음

예 A: 你放冰块儿吗?
Nǐ fàng bīngkuàir ma?
당신은 얼음을 넣나요?

B: 我不太喜欢凉的，你要吗?
Wǒ bú tài xǐhuan liáng de, nǐ yào ma?
저는 차가운 거 별로 안 좋아해요. 당신은 필요해요?

### 0011
**下酒菜**
xiàjiǔcài

명 안주

예 A: 我们点几个下酒菜吧。
Wǒmen diǎn jǐ ge xiàjiǔcài ba.
우리 안주를 몇 개 시킵시다.

B: 你点你想吃的吧，我都可以。
Nǐ diǎn nǐ xiǎng chī de ba, wǒ dōu kěyǐ.
당신이 먹고 싶은 것을 시켜요. 저는 다 좋아요.

## 0012 果盘 guǒpán

명 과일 안주

예 A: 我很饱，点个果盘吧。
Wǒ hěn bǎo, diǎn ge guǒpán ba.
저는 배불러요. 과일 안주를 시키죠.

B: 好，喝啤酒吗？
Hǎo, hē píjiǔ ma?
좋아요. 맥주 마실래요?

## 0013 干杯 gānbēi

동 건배하다

예 A: 来来，大家喝一杯吧。
Láilái, dàjiā hē yi bēi ba.
자, 모두 한 잔 마십시다.

B: 好！干杯！
Hǎo! Gānbēi!
좋아요! 건배!

## 0014 起子 qǐzi

명 병따개

예 A: 服务员，请给我拿一个起子。
Fúwùyuán, qǐng gěi wǒ ná yí ge qǐzi.
종업원, 병따개 하나 갖다주세요.

B: 请稍等，马上拿来。
Qǐng shāoděng, mǎshàng nálái.
잠시만 기다리세요. 바로 가져올게요.

## 0015 耍酒疯 shuǎ jiǔfēng

동 주정하다, 주정을 피우다

예 A: 你别喝多了，我怕你耍酒疯。
Nǐ bié hē duō le, wǒ pà nǐ shuǎ jiǔfēng.
술 많이 마시지 말아요. 주정 피울까 걱정돼요.

B: 我什么时候耍过酒疯啊？
Wǒ shénme shíhou shuǎguo jiǔfēng a?
제가 언제 주정을 피운 적이 있나요?

### 0016
**酒量**
jiǔliàng

명 주량

예 A: 你的酒量怎么样？能喝几瓶啤酒？
Nǐ de jiǔliàng zěnmeyàng? Néng hē jǐ píng píjiǔ?
당신의 주량은 어때요? 맥주 몇 병을 마실 수 있어요?

B: 我的酒量不太好，只能喝一瓶。
Wǒ de jiǔliàng bú tài hǎo, zhǐnéng hē yì píng.
제 주량은 별로예요. 딱 한 병 마실 수 있어요.

### 0017
**酒友**
jiǔyǒu

명 술 친구

예 A: 这个星期我们一起喝了三次酒。
Zhè ge xīngqī wǒmen yìqǐ hē le sān cì jiǔ.
이번 주에 우리는 술을 세 번 같이 마셨어요.

B: 哈哈，我们是真正的酒友。
Hā hā, wǒmen shì zhēnzhèng de jiǔyǒu.
하하, 우리는 진정한 술 친구네요.

### 0018
**居酒屋**
jūjiǔwū

명 이자카야

예 A: 我们第二场去哪儿？
Wǒmen dì'èr chǎng qù nǎr?
우리 2차는 어디로 갈까요?

B: 我们去居酒屋再喝一杯吧。
Wǒmen qù jūjiǔwū zài hē yì bēi ba.
우리 이자카야로 가서 한잔 더 해요.

### 0019
**吸烟区**
xīyānqū

명 흡연실

예 A: 先生，这儿禁止吸烟。
Xiānsheng, zhèr jìnzhǐ xīyān.
선생님, 여기는 흡연 금지입니다.

B: 对不起，那这儿有吸烟区吗？
Duìbuqǐ, nà zhèr yǒu xīyānqū ma?
죄송해요. 그럼 여기에 흡연실이 있나요?

## voca Review 다음 빈칸에 한자, 병음, 뜻을 알맞게 채워보세요~

| | 한자 | 병음 | 뜻 |
|---|---|---|---|
| 1 | 班主任 | bānzhǔrèn | 담임교사 |
| 2 | 同学 | tóngxué | 같은 반 친구, 함께 공부하는 친구 |
| 3 | 年级 | niánjí | 학년 |
| 4 | 校服 | xiàofú | 교복 |
| 5 | 课程表 | kèchéngbiǎo | 시간표 |
| 6 | 旷课 | kuàngkè | 무단결석하다, 수업을 빼먹다 |
| 7 | 总裁 | zǒngcái | 총수, CEO |
| 8 | 同事 | tóngshì | 동료 |
| 9 | 客户 | kèhù | 거래처, 고객 |
| 10 | 年薪 | niánxīn | 연봉 |
| 11 | 招聘 | zhāopìn | 모집하다 |
| 12 | 升职 | shēngzhí | 승진하다, 진급하다 |
| 13 | 辞职 | cízhí | 사직하다 |
| 14 | 开会 | kāihuì | 회의하다 |
| 15 | 复印机 | fùyìnjī | 복사기 |

| | 한자 | 병음 | 뜻 |
|---|---|---|---|
| 16 | 网上银行 | wǎngshàng yínháng | 인터넷뱅킹 |
| 17 | 账户 | zhànghù | 계좌 |
| 18 | 转账 | zhuǎnzhàng | 계좌이체 |
| 19 | 自动取款机 | zìdòng qǔkuǎnjī | 현금 자동 인출기(ATM) |
| 20 | 汇率 | huìlǜ | 환율 |
| 21 | 贷款 | dàikuǎn | 대출하다 |
| 22 | 密码 | mìmǎ | 비밀번호 |
| 23 | 药店 | yàodiàn | 약국 |
| 24 | 口罩 | kǒuzhào | 마스크 |
| 25 | 购物袋 | gòuwùdài | 쇼핑백 |
| 26 | 积分卡 | jīfēnkǎ | 포인트 카드, 적립 카드 |
| 27 | 快餐店 | kuàicāndiàn | 패스트푸드점 |
| 28 | 外卖 | wàimài | 배달 |
| 29 | 美式咖啡 | Měishì kāfēi | 아메리카노 |
| 30 | 带走 | dàizǒu | 가지고 가다, 테이크아웃을 하다 |

- **양사** 量词
- **속담** 谚语
- **격언** 格言
- **색인**

# 양사 量词

- 양사란 사람이나 사물의 수를 세는 단위를 말한다.
- 문장에서 주로 『수사 + 양사 + 명사』의 구조로 쓴다.

| 양사 | 뜻 / 설명 | 예문 |
|---|---|---|
| 个 gè | 개, 명<br>사람, 사물에 두루 쓰이는 단위 | 一个人 yí ge rén 한 사람<br>一个苹果 yí ge píngguǒ 사과 한 개 |
| 名 míng | 명<br>사람을 세는 단위 | 一名学生 yì míng xuésheng 학생 한 명 |
| 位 wèi | 분<br>사람을 높여 세는 단위 | 一位老师 yí wèi lǎoshī 선생님 한 분 |
| 口 kǒu | 식구, 모금, 입<br>식구, 입과 관련된 동작이나 사물을 세는 단위 | 三口人 sān kǒu rén 세 식구<br>一口水 yì kǒu shuǐ 물 한 모금 |
| 只 zhī | 마리<br>작은 동물, 또는 쌍으로 이루어진 것 중 하나를 세는 단위 | 一只鸟 yì zhī niǎo 새 한 마리<br>一只手 yì zhī shǒu 한 쪽 손 |
| 件 jiàn | 벌<br>옷이나 사건, 일 등의 하나하나로 셀 수 있는 것을 세는 단위 | 一件大衣 yí jiàn dàyī 외투 한 벌<br>一件事 yí jiàn shì 사건 하나 |
| 条 tiáo | 개, 벌, 줄기<br>길, 바지, 강 등의 기다란 것을 세는 단위 | 一条裙子 yì tiáo qúnzi 치마 한 벌<br>一条路 yì tiáo lù 길 하나 |
| 顶 dǐng | 개<br>주로 모자를 세는 단위 | 一顶帽子 yì dǐng màozi 모자 한 개 |
| 对 duì | 짝, 쌍<br>쌍이나 짝으로 이루어진 사물을 세는 단위 (성별, 좌우, 정반 등 상대적으로 호응하는 것에 쓰임) | 一对夫妻 yí duì fūqī 부부 한 쌍<br>一对蝴蝶 yí duì húdié 나비 한 쌍 |
| 双 shuāng | 짝, 쌍, 켤레<br>쌍이나 짝으로 이루어진 사물을 세는 단위 (좌우 대칭으로 짝을 이루는 것에 쓰임) | 一双鞋 yì shuāng xié 신발 한 켤레<br>一双袜子 yì shuāng wàzi 양말 한 켤레 |
| 副 fù | 켤레, 쌍, 짝<br>쌍이나 짝으로 이루어진 사물을 세는 단위 (세트, 조를 이루는 것에 쓰임) | 一副手套 yí fù shǒutào 장갑 한 켤레<br>一副眼镜 yí fù yǎnjìng 안경 한 쌍 |
| 套 tào | 세트, 벌, 조<br>세트로 구성된 사물을 세는 단위 | 一套西服 yí tào xīfú 양복 한 벌<br>一套首饰 yí tào shǒushì 액세서리 한 세트 |

| | | |
|---|---|---|
| 盒<br>hé | 상자, 통, 갑<br>상자 모양에 들어 있는 사물을 세는 단위 | 一盒巧克力 yì hé qiǎokèlì 초콜릿 한 상자 |
| 听<br>tīng | 캔<br>깡통, 통 등으로 포장된 사물을 세는 단위 | 一听啤酒 yì tīng píjiǔ 맥주 한 캔 |
| 杯<br>bēi | 잔<br>컵에 들어 있는 것 | 一杯咖啡 yì bēi kāfēi 커피 한 잔 |
| 瓶<br>píng | 병<br>병으로 포장된 사물을 세는 단위 | 一瓶可乐 yì píng kělè 콜라 한 병 |
| 碗<br>wǎn | 공기, 그릇, 사발<br>그릇에 담긴 것을 세는 단위 | 一碗米饭 yì wǎn mǐfàn 밥 한 공기<br>一碗面条 yì wǎn miàntiáo 면 한 사발 |
| 袋<br>dài | 포대, 자루<br>큰 봉지나 자루를 세는 단위 | 一袋大米 yí dài dàmǐ 쌀 한 포대 |
| 份<br>fèn | 몫, 부분<br>전체를 나눈 부분이나 몫, 배당, 또는 세트 등을 나타내는 단위 | 一份饺子 yí fèn jiǎozi 만두 1인분<br>一份盒饭 yí fèn héfàn 도시락 한 개 |
| 朵<br>duǒ | 송이<br>꽃이나 구름 등의 사물을 세는 단위 | 一朵花 yì duǒ huā 꽃 한 송이 |
| 棵<br>kē | 그루, 포기<br>나무 등의 식물을 세는 단위 | 一棵树 yì kē shù 나무 한 그루 |
| 片<br>piàn | 조각, 알<br>편평하고 얇은 모양의 사물을 세는 단위 | 一片面包 yí piàn miànbāo 빵 한 조각<br>一片药 yí piàn yào 약 한 알 |
| 根<br>gēn | 개피, 가닥<br>가늘고 긴 것을 세는 단위 | 一根烟 yì gēn yān 담배 한 개피 |
| 块<br>kuài | 조각<br>덩어리 모양의 사물을 세는 단위 | 一块蛋糕 yí kuài dàngāo 케이크 한 조각<br>一块豆腐 yí kuài dòufu 두부 한 모 |
| 支<br>zhī | 자루<br>막대 모양의 사물을 세는 단위 | 一支笔 yì zhī bǐ 펜 한 자루 |
| 串<br>chuàn | 줄, 꿰미, 꼬치<br>꿴 물건을 세는 단위 | 一串羊肉串 yí chuàn yángròu chuàn 양고기 꼬치 한 꼬치<br>一串珍珠 yí chuàn zhēnzhū 진주 한 줄 |

| | | |
|---|---|---|
| 粒 lì | 알, 톨<br>작은 알갱이 등을 세는 단위 | 一粒米 yí lì mǐ 쌀 한 톨 |
| 滴 dī | 방울<br>물, 눈물 등 액체의 방울을 세는 단위 | 一滴水 yì dī shuǐ 물 한 방울<br>一滴雨 yì dī yǔ 비 한 방울 |
| 群 qún | 무리, 떼<br>무리를 짓고 있는 사람이나 동물을 세는 단위 | 一群孩子 yì qún háizi 한 무리의 아이들<br>一群羊 yì qún yáng 양 떼 |
| 把 bǎ | 개<br>손잡이가 있는 사물을 세는 단위 | 一把雨伞 yì bǎ yǔsǎn 우산 한 개<br>一把椅子 yì bǎ yǐzi 의자 한 개 |
| 本 běn | 권<br>책을 세는 단위 | 一本书 yì běn shū 책 한 권 |
| 张 zhāng | 장<br>종이, 침대 등의 넓고 편평한 것을 세는 단위 | 一张床 yì zhāng chuáng 침대 하나<br>一张纸 yì zhāng zhǐ 종이 한 장 |
| 首 shǒu | 곡, 수<br>노래, 시 등을 세는 단위 | 一首歌 yì shǒu gē 노래 한 곡<br>一首诗 yì shǒu shī 시 한 수 |
| 篇 piān | 편<br>글이나 종이 등을 세는 단위 | 一篇文章 yì piān wénzhāng 글 한 편 |
| 部 bù | 편, 부<br>영화나 기계 등을 세는 단위 | 一部电影 yí bù diànyǐng 영화 한 편<br>一部手机 yí bù shǒujī 휴대전화 한 대 |
| 台 tái | 대<br>비교적 큰 전자제품을 세는 단위 | 一台电视 yì tái diànshì 텔레비전 한 대<br>一台空调 yì tái kōngtiáo 에어컨 한 대 |
| 辆 liàng | 대<br>차량을 세는 단위 | 一辆汽车 yí liàng qìchē 자동차 한 대<br>一辆自行车 yí liàng zìxíngchē 자전거 한 대 |
| 间 jiān | 칸, 실<br>방을 세는 단위 | 一间屋子 yì jiān wūzi 방 한 칸 |
| 家 jiā | 채<br>집, 가게, 기업 등을 세는 단위 | 一家商店 yì jiā shāngdiàn 가게 한 채<br>一家银行 yì jiā yínháng 은행 하나 |
| 座 zuò | 개, 동<br>부피가 크거나 고정된 사물을 세는 단위 | 一座山 yí zuò shān 산 하나<br>一座桥 yí zuò qiáo 다리 하나 |

# 속담 谚语

| | |
|---|---|
| 1 | 有福同享，有难同当。<br>Yǒu fú tóng xiǎng, yǒu nàn tóng dāng.<br>행복은 함께 누리고, 고통은 같이 분담한다. |
| 2 | 在家靠父母，出门靠朋友。<br>Zài jiā kào fùmǔ, chūmén kào péngyou.<br>집에서는 부모에게 의지하고, 밖에서는 친구에게 의지한다. |
| 3 | 路遥知马力，日久见人心。<br>Lù yáo zhī mǎlì, rì jiǔ jiàn rénxīn.<br>길이 멀어야 말의 힘을 알 수 있고, 시간이 오래 지나야 사람의 마음을 알 수 있다.<br>(사람은 오래 겪어봐야 알 수 있다.) |
| 4 | 酒逢知己千杯少，话不投机半句多。<br>Jiǔ féng zhījǐ qiān bēi shǎo, huà bù tóngjī bàn jù duō.<br>좋은 사람과 술을 마시면 천 잔으로도 모자라고, 말이 통하지 않으면 반 마디 말도 많다. |
| 5 | 有缘千里来相会，无缘对面不相识。<br>Yǒu yuán qiān lǐ lái xiānghuì, wúyuán duìmiàn bù xiāngshí.<br>인연이면 천 리를 와서도 만날 것이며, 인연이 아니면 눈앞에 있어도 알아보지 못한다. |
| 6 | 机不可失，失不再来。<br>Jī bù kě shī, shī bú zài lái.<br>기회는 놓치면 다시 오지 않는다. |
| 7 | 物以类聚，人以群分。<br>Wù yǐ lèi jù, rén yǐ qún fēn.<br>물건은 종류별로 모으고, 사람은 무리로 나뉜다. (유유상종) |
| 8 | 无事不登三宝殿。<br>Wú shì bù dēng sān bǎo diàn.<br>일이 없으면 삼보전에 오르지 않는다. (아쉬울 때만 찾는다.) |
| 9 | 学如逆水行舟，不进则退。<br>Xué rú nì shuǐ xíng zhōu, bú jìn zé tuì.<br>배움이란 흐르는 강물을 거슬러 배를 타는 것과 같아서, 앞으로 나아가지 못하면 퇴보한다. |
| 10 | 平时不烧香，临时抱佛脚。<br>Píngshí bù shāo xiāng, línshí bào fó jiǎo.<br>평소에는 부처님께 향을 피우지 않다가, 급하면 부처님 발목을 잡는다.<br>(일이 닥쳐서야 서둘러 대응한다.) |

| 11 | 三人行，必有我师。<br>Sān rén xíng, bì yǒu wǒ shī.<br>세 사람이 가면 그중에는 반드시 자신의 스승이 있다. (누구에게든 어디에서든 배울 것이 있다.) |
|---|---|
| 12 | 家丑不可外扬。<br>Jiā chǒu bù kě wài yáng.<br>집안의 허물은 밖으로 드러내면 안 된다. |
| 13 | 君子一言，驷马难追。<br>Jūnzǐ yì yán, sì mǎ nán zhuī.<br>군자의 말 한 마디는 네 마리 말이 끄는 마차도 따라갈 수 없다. (말 한 마디도 조심해야 한다.) |
| 14 | 江山易改，本性难移。<br>Jiāngshān yì gǎi, běnxìng nán yí.<br>강산은 쉽게 바뀌어도 사람의 본성은 바뀌기 어렵다. (세 살 버릇 여든까지 간다.) |
| 15 | 不怕一万，就怕万一。<br>Bú pà yí wàn, jiù pà wànyī.<br>일 만 번은 두렵지 않으나, 만에 하나(한 번의 실수)가 두렵다. (모든 일에 신중해야 한다.) |
| 16 | 早起的鸟有虫吃。<br>Zǎo qǐ de niǎo yǒu chóng chī.<br>일찍 일어나는 새가 벌레를 먹는다. (부지런해야 성공한다.) |
| 17 | 鸡蛋里挑骨头。<br>Jīdàn lǐ tiāo gǔtou.<br>달걀 속에서 뼈를 고른다. (고의로 남의 잘못을 끄집어내다.) |
| 18 | 刀子嘴豆腐心。<br>Dāozi zuǐ dòufu xīn.<br>칼같이 날카로운 입과 두부같이 부드러운 마음씨 (말은 날카로워도 마음은 여리다.) |
| 19 | 三天打鱼，两天晒网。<br>Sān tiān dǎyú, liǎng tiān shàiwǎng.<br>사흘은 고기를 잡고 이틀은 그물을 말리다 (공부나 일을 꾸준하게 못 하다.) |
| 20 | 门缝里看人。<br>Ménfèng lǐ kàn rén.<br>문틈으로 남을 보다. (남을 얕보다.) |

## 격언 格言

| | |
|---|---|
| 1 | **百闻不如一见。**<br>Bǎi wén bùrú yí jiàn.<br>백문이 불여일견. 백 번 듣는 것보다 한 번 보는 것이 낫다. |
| 2 | **不怕慢，只怕站。**<br>Bú pà màn, zhǐ pà zhàn.<br>느린 것을 두려워하지 말고, 멈추는 것을 두려워하라. |
| 3 | **君子坦荡荡，小人长戚戚。** －孔子<br>Jūnzǐ tǎndàngdàng, xiǎorén chángqīqī.<br>군자는 마음이 평안하고 차분하나, 소인은 항상 근심하고 걱정한다. －공자 |
| 4 | **学而不思则罔，思而不学则殆。** －孔子<br>Xué ér bù sī zé wǎng, sī ér bù xué zé dài.<br>배우기만 하고 생각하지 않으면 얻는 것이 없고, 생각만 하고 배우지 않으면 위태롭다. －공자 |
| 5 | **千里之行，始于足下。** －老子<br>Qiān lǐ zhī xíng, shǐ yú zú xià.<br>천 리의 먼 길도 첫발에서부터 시작된다. －노자 |
| 6 | **书山有路勤为径，学海无涯苦作舟。** －韩愈<br>Shū shān yǒu lù qín wéi jìng, xué hǎi wú yá kǔ zuò zhōu.<br>책으로 이루어진 산에는 길이 있으니 부지런함이 지름길이고, 학문의 바다에는 끝이 없으니 애써 배를 만들어야 한다. －한유 |
| 7 | **两情若是久长时，又岂在朝朝暮暮。** －秦观<br>Liǎng qíng ruòshì jiǔcháng shí, yòu qǐ zài zhāozhāo mùmù.<br>두 사람의 사랑이 오래 지속된다면, 어찌 아침저녁으로만 그치겠는가! －진관<br>(사랑하는 사이라면 매일 같이 있지 않아도 마음은 변하지 않을 것이다.) |
| 8 | **冰冻三尺，非一日之寒。**<br>Bīng dòng sān chǐ, fēi yí rì zhī hán.<br>얼음이 석 자나 언 것은 하루의 추위로 생기는 것이 아니다. (하루 이틀에 이루어진 것이 아니다.) |
| 9 | **世上无难事，只要肯攀登。** －毛泽东<br>Shì shàng wú nán shì, zhǐyào kěn pāndēng.<br>세상에 노력하면 어려운 일이 없다. －마오쩌둥 |

| | |
|---|---|
| 10 | 快乐要懂得分享，才能加倍的快乐。 －李嘉诚<br>Kuàilè yào dǒng de fēnxiǎng, cái néng jiābèi de kuàilè.<br>기쁨을 나눌 줄 알아야 비로소 기쁨이 배가될 수 있다. －리지아청 |
| 11 | 知识就是力量。 －培根<br>Zhīshi jiù shì lìliàng.<br>아는 것이 힘이다. －베이컨 |
| 12 | 只要有信心，人永远不会挫败。 －柏拉图<br>Zhǐyào yǒu xìnxīn, rén yǒngyuǎn bú huì cuòbài.<br>자신에 대한 믿음만 있다면 영원히 좌절하지 않을 것이다. －플라톤 |
| 13 | 善有善报，恶有恶报。<br>Shàn yǒu shànbào, è yǒu èbào.<br>착한 일을 하면 보답을 받고, 나쁜 짓을 하면 벌을 받는다. |
| 14 | 失败是成功之母。 －菲利普斯<br>Shībài shì chénggōng zhī mǔ.<br>실패는 성공의 어머니이다. －필립스 |
| 15 | 谁能笑到最后，才是笑得最好。<br>Shéi néng xiào dào zuì hòu, cái shì xiào de zuì hǎo.<br>마지막에 웃는 사람이 가장 좋은 것이다. |

# 색인

## A

| | | | |
|---|---|---|---|
| AA制 | AA zhì | Ch8 | 307 |
| 爱好 | àihào | Ch1 | 17 |
| 按铃 | àn líng | Ch5 | 166 |
| 安排 | ānpái | Ch3 | 103 |
| 安全带 | ānquándài | Ch5 | 170 |
| 安装 | ānzhuāng | Ch4 | 130 |
| 按摩椅 | ànmóyǐ | Ch4 | 133 |
| 按时 | ànshí | Ch8 | 296 |

## B

| | | | |
|---|---|---|---|
| 吧台 | bātái | Ch8 | 313 |
| 白领 | báilǐng | Ch8 | 285 |
| 摆渡车 | bǎidùchē | Ch5 | 195 |
| 百货商店 | bǎihuò shāngdiàn | Ch3 | 101 |
| 拜访 | bàifǎng | Ch3 | 105 |
| 班车 | bānchē | Ch5 | 161 |
| 班长 | bānzhǎng | Ch8 | 271 |
| 班主任 | bānzhǔrèn | Ch8 | 271 |
| 棒 | bàng | Ch1 | 35 |
| 办公楼 | bàngōnglóu | Ch8 | 280 |
| 办公室 | bàngōngshì | Ch8 | 281 |
| 包间 | bāojiān | Ch8 | 304 |
| 包装 | bāozhuāng | Ch4 | 156 |
| 薄 | báo | Ch6 | 204 |
| 饱 | bǎo | Ch2 | 61 |
| 保龄球场 | bǎolíngqiúchǎng | Ch2 | 79 |
| 保暖 | bǎonuǎn | Ch6 | 224 |
| 保湿 | bǎoshī | Ch4 | 147 |
| 保修期 | bǎoxiūqī | Ch4 | 130 |
| 保养 | bǎoyǎng | Ch4 | 146 |
| 保证书 | bǎozhèngshū | Ch4 | 156 |
| 保质期 | bǎozhìqī | Ch4 | 125 |

| | | | |
|---|---|---|---|
| 报答 | bàodá | Ch1 | 21 |
| 报名 | bàomíng | Ch7 | 235 |
| 爆米花 | bàomǐhuā | Ch2 | 70 |
| 抱歉 | bàoqiàn | Ch1 | 22 |
| 暴雪 | bàoxuě | Ch6 | 222 |
| 报站 | bàozhàn | Ch5 | 177 |
| BB霜 | BB shuāng | Ch4 | 149 |
| 背包 | bēibāo | Ch7 | 264 |
| 鼻炎 | bíyán | Ch7 | 247 |
| 比基尼 | bǐjīní | Ch6 | 213 |
| 笔记 | bǐjì | Ch8 | 275 |
| 比赛 | bǐsài | Ch2 | 52 |
| 避暑 | bìshǔ | Ch6 | 212 |
| 毕业生 | bìyèshēng | Ch1 | 15 |
| 变化 | biànhuà | Ch6 | 215 |
| 便秘 | biànmì | Ch8 | 293 |
| 变心 | biànxīn | Ch3 | 113 |
| 表扬 | biǎoyáng | Ch8 | 276 |
| 别的 | biéde | Ch4 | 139 |
| 冰雹 | bīngbáo | Ch6 | 210 |
| 冰块儿 | bīngkuàir | Ch8 | 314 |
| 冰淇淋 | bīngqílín | Ch8 | 310 |
| 冰柱 | bīngzhù | Ch6 | 223 |
| 博物馆 | bówùguǎn | Ch2 | 83 |
| 不见不散 | bújiàn búsàn | Ch3 | 112 |
| 不像话 | bú xiànghuà | Ch1 | 43 |
| 不用 | bú yòng | Ch1 | 20 |
| 补票 | bǔpiào | Ch5 | 187 |
| 不好意思 | bù hǎo yìsi | Ch1 | 22 |
| 部门 | bùmén | Ch8 | 281 |
| 不舒服 | bù shūfu | Ch3 | 110 |

# 색인

## C

| | | |
|---|---|---|
| 彩虹 | cǎihóng | Ch6 211 |
| 彩妆 | cǎizhuāng | Ch4 149 |
| 菜单 | càidān | Ch8 305 |
| 餐车 | cānchē | Ch5 186 |
| 参观 | cānguān | Ch2 85 |
| 餐巾纸 | cānjīnzhǐ | Ch8 306 |
| 餐厅 | cāntīng | Ch8 303 |
| 长途汽车 | chángtú qìchē | Ch5 161 |
| 超市 | chāoshì | Ch4 117 |
| 潮湿 | cháoshī | Ch6 210 |
| 炒 | chǎo | Ch2 64 |
| 车祸 | chēhuò | Ch5 165 |
| 车厢 | chēxiāng | Ch5 186 |
| 晨练 | chénliàn | Ch2 55 |
| 沉迷 | chénmí | Ch2 77 |
| 成功 | chénggōng | Ch1 35 |
| 乘客 | chéngkè | Ch5 193 |
| 乘务员 | chéngwùyuán | Ch5 193 |
| 迟到 | chídào | Ch3 95 |
| 充电器 | chōngdiànqì | Ch4 132 |
| 冲动 | chōngdòng | Ch1 43 |
| 充值 | chōngzhí | Ch5 163 |
| 出差 | chūchāi | Ch8 283 |
| 出发 | chūfā | Ch5 185 |
| 出国 | chūguó | Ch7 259 |
| 出口 | chūkǒu | Ch3 98 |
| 出门 | chūmén | Ch7 233 |
| 出色 | chūsè | Ch1 36 |
| 出生 | chūshēng | Ch1 13 |
| 出事 | chūshì | Ch3 113 |
| 出站口 | chūzhànkǒu | Ch5 183 |
| 出租车 | chūzūchē | Ch5 168 |
| 厨房 | chúfáng | Ch8 306 |
| 除毛 | chúmáo | Ch7 253 |
| 厨师 | chúshī | Ch2 59 |
| 厨师证 | chúshīzhèng | Ch2 60 |
| 除皱 | chúzhòu | Ch4 146 |
| 处方 | chǔfāng | Ch8 292 |
| 穿 | chuān | Ch4 135 |
| 传真 | chuánzhēn | Ch8 284 |
| 窗口 | chuāngkǒu | Ch8 290 |
| 创口贴 | chuāngkǒutiē | Ch8 295 |
| 吹风机 | chuīfēngjī | Ch4 133 |
| 吹头 | chuītóu | Ch7 232 |
| 春寒 | chūnhán | Ch6 204 |
| 春天 | chūntiān | Ch6 201 |
| 春游 | chūnyóu | Ch6 206 |
| 春雨 | chūnyǔ | Ch6 204 |
| 辞职 | cízhí | Ch8 282 |
| 聪明 | cōngming | Ch1 36 |
| 存款 | cúnkuǎn | Ch8 287 |
| 错(儿) | cuò(r) | Ch1 23 |
| 错过 | cuòguò | Ch5 165 |

## D

| | | |
|---|---|---|
| 搭配 | dāpèi | Ch4 155 |
| 打扮 | dǎban | Ch7 231 |
| 打包 | dǎbāo | Ch8 307 |
| 打表 | dǎbiǎo | Ch5 169 |
| 打车 | dǎchē | Ch5 168 |
| 打盹儿 | dǎdǔnr | Ch5 178 |
| 打耳洞 | dǎ ěrdòng | Ch4 155 |
| 打雷 | dǎléi | Ch6 209 |
| 打扫 | dǎsǎo | Ch7 263 |
| 打算 | dǎsuàn | Ch7 258 |

| | | | | | | |
|---|---|---|---|---|---|---|
| 打折 | dǎzhé | Ch8 299 | | 电影 | diànyǐng | Ch2 68 |
| 大杯 | dà bēi | Ch8 312 | | 电影院 | diànyǐngyuàn | Ch2 68 |
| 大米 | dàmǐ | Ch4 122 | | 电子产品 | diànzǐ chǎnpǐn | Ch4 127 |
| 大片儿 | dàpiānr | Ch2 72 | | 掉头 | diàotóu | Ch5 172 |
| 大厅 | dàtīng | Ch8 280 | | 碟子 | diézi | Ch8 305 |
| 大小 | dàxiǎo | Ch4 154 | | 订票 | dìngpiào | Ch2 68 |
| 戴 | dài | Ch4 155 | | 丢人 | diūrén | Ch2 44 |
| 贷款 | dàikuǎn | Ch8 289 | | 冬天 | dōngtiān | Ch6 221 |
| 带走 | dàizǒu | Ch8 313 | | 冬至 | dōngzhì | Ch6 223 |
| 单程票 | dānchéngpiào | Ch5 184 | | 冻 | dòng | Ch6 224 |
| 单词 | dāncí | Ch8 275 | | 豆腐 | dòufu | Ch4 122 |
| 单买 | dānmǎi | Ch8 308 | | 独生子 | dúshēngzǐ | Ch1 14 |
| 单身 | dānshēn | Ch1 18 | | 度 | dù | Ch6 203 |
| 担心 | dānxīn | Ch1 41 | | 赌场 | dǔchǎng | Ch2 78 |
| 导航 | dǎoháng | Ch5 170 | | 堵车 | dǔchē | Ch5 164 |
| 倒霉 | dǎoméi | Ch2 45 | | 度假 | dùjià | Ch6 218 |
| 导游 | dǎoyóu | Ch7 260 | | 短 | duǎn | Ch4 137 |
| 到站 | dàozhàn | Ch5 165 | | 对不起 | duìbuqǐ | Ch1 22 |
| 登机口 | dēngjīkǒu | Ch5 193 | | 对面 | duìmiàn | Ch3 98 |
| 登机牌 | dēngjīpái | Ch5 193 | | 多亏 | duōkuī | Ch1 21 |
| 地道 | dìdao | Ch8 307 | | 多云 | duōyún | Ch6 216 |
| 地点 | dìdiǎn | Ch3 97 | | | | |
| 地方 | dìfang | Ch3 97 | | **E** | | |
| 地铁 | dìtiě | Ch5 176 | | 二手 | èrshǒu | Ch4 129 |
| 地铁站 | dìtiězhàn | Ch5 100 | | | | |
| 地图 | dìtú | Ch7 261 | | **F** | | |
| 地下商街 | dìxià shāngjiē | Ch5 100 | | 发短信 | fā duǎnxìn | Ch7 233 |
| 地址 | dìzhǐ | Ch5 170 | | 发财 | fācái | Ch1 35 |
| 点菜 | diǎncài | Ch8 305 | | 发票 | fāpiào | Ch4 140 |
| 电饭锅 | diànfànguō | Ch4 131 | | 发烧 | fāshāo | Ch8 293 |
| 电热毯 | diànrètǎn | Ch6 225 | | 发卡 | fàqiǎ | Ch4 153 |
| 电梯 | diàntī | Ch8 298 | | 发型 | fàxíng | Ch7 250 |
| 店休日 | diànxiūrì | Ch8 298 | | 翻板子 | fān bǎnzi | Ch2 80 |

# 색인

| 烦 | fán | Ch2 46 |
| 反常 | fáncháng | Ch6 215 |
| 饭店 | fàndiàn | Ch7 262 |
| 饭馆儿 | fànguǎnr | Ch8 303 |
| 方便 | fāngbiàn | Ch3 105 |
| 方便面 | fāngbiànmiàn | Ch4 121 |
| 房费 | fángfèi | Ch7 262 |
| 防晒霜 | fángshàishuāng | Ch4 148 |
| 放假 | fàngjià | Ch6 212 |
| 放心 | fàngxīn | Ch1 41 |
| 飞机 | fēijī | Ch5 189 |
| 肥 | féi | Ch4 136 |
| 扶手 | fúshǒu | Ch5 178 |
| 服务 | fúwù | Ch8 306 |
| 服务员 | fúwùyuán | Ch8 304 |
| 复读 | fùdú | Ch7 236 |
| 附近 | fùjìn | Ch3 99 |
| 付款 | fùkuǎn | Ch4 127 |
| 复习 | fùxí | Ch7 236 |
| 复印机 | fùyìnjī | Ch8 284 |

## G

| 改天 | gǎitiān | Ch3 109 |
| 干杯 | gānbēi | Ch8 315 |
| 干性 | gānxìng | Ch7 255 |
| 干燥 | gānzào | Ch6 216 |
| 感动 | gǎndòng | Ch1 40 |
| 感冒 | gǎnmào | Ch7 244 |
| 感冒药 | gǎnmàoyào | Ch8 294 |
| 赶时间 | gǎn shíjiān | Ch5 171 |
| 感谢 | gǎnxiè | Ch1 20 |
| 高尔夫球 | gāo'ěrfūqiú | Ch2 52 |
| 高峰 | gāofēng | Ch5 164 |

| 高领 | gāolǐng | Ch4 142 |
| 高速公路 | gāosù gōnglù | Ch5 173 |
| 高铁 | gāotiě | Ch5 182 |
| 膏药 | gāoyào | Ch8 295 |
| 歌剧 | gējù | Ch2 73 |
| 个子 | gèzi | Ch4 135 |
| 公共汽车 | gōnggòng qìchē | Ch5 161 |
| 公交车站 | gōngjiāochēzhàn | Ch5 162 |
| 恭喜 | gōngxǐ | Ch1 33 |
| 工艺品 | gōngyìpǐn | Ch2 85 |
| 工资 | gōngzī | Ch8 279 |
| 工作 | gōngzuò | Ch1 16 |
| 购物车 | gòuwùchē | Ch4 118 |
| 购物袋 | gòuwùdài | Ch8 300 |
| 购物中心 | gòuwù zhōngxīn | Ch8 298 |
| 故障 | gùzhàng | Ch5 180 |
| 刮风 | guāfēng | Ch6 202 |
| 刮脸 | guāliǎn | Ch7 230 |
| 拐 | guǎi | Ch5 172 |
| 怪 | guài | Ch1 23 |
| 关门 | guānmén | Ch3 111 |
| 观赏 | guānshǎng | Ch2 86 |
| 罐头 | guàntou | Ch4 123 |
| 广告 | guǎnggào | Ch4 150 |
| 规定 | guīdìng | Ch8 276 |
| 国产 | guóchǎn | Ch4 125 |
| 果盘 | guǒpán | Ch8 315 |
| 过 | guò | Ch1 27 |
| 过奖 | guòjiǎng | Ch1 36 |
| 过敏 | guòmǐn | Ch8 293 |
| 过时 | guòshí | Ch4 139 |
| 过站 | guòzhàn | Ch5 180 |

# H

| | | |
|---|---|---|
| 海边 | hǎibiān | Ch6 212 |
| 海鲜 | hǎixiān | Ch4 120 |
| 害羞 | hàixiū | Ch2 44 |
| 寒假 | hánjià | Ch6 224 |
| 寒冷 | hánlěng | Ch6 221 |
| 汉堡包 | hànbǎobāo | Ch8 309 |
| 航班号 | hángbānhào | Ch5 190 |
| 航空 | hángkōng | Ch5 190 |
| 好久不见 | hǎo jiǔ bú jiàn | Ch1 27 |
| 好吃 | hǎochī | Ch2 61 |
| 好玩儿 | hǎowánr | Ch2 77 |
| 号 | hào | Ch3 93 |
| 号码 | hàomǎ | Ch4 135 |
| 号线 | hàoxiàn | Ch5 176 |
| 合适 | héshì | Ch4 138 |
| 黑 | hēi | Ch6 223 |
| 黑眼圈 | hēiyǎnquān | Ch7 243 |
| 红绿灯 | hónglǜdēng | Ch5 173 |
| 红叶 | hóngyè | Ch6 217 |
| 厚 | hòu | Ch4 136 |
| 后备箱 | hòubèixiāng | Ch5 170 |
| 候车室 | hòuchēshì | Ch5 183 |
| 后天 | hòutiān | Ch3 91 |
| 糊 | hú | Ch2 65 |
| 胡同 | hútòng | Ch5 171 |
| 护发素 | hùfàsù | Ch7 251 |
| 护照 | hùzhào | Ch5 192 |
| 滑 | huá | Ch6 222 |
| 华丽 | huálì | Ch4 156 |
| 滑雪 | huáxuě | Ch2 52 |
| 话剧 | huàjù | Ch2 72 |
| 画廊 | huàláng | Ch2 82 |
| 画展 | huàzhǎn | Ch2 82 |
| 化妆 | huàzhuāng | Ch7 231 |
| 化妆品 | huàzhuāngpǐn | Ch4 145 |
| 换 | huàn | Ch3 109 |
| 换乘 | huànchéng | Ch5 180 |
| 换季 | huànjì | Ch6 215 |
| 换钱 | huànqián | Ch8 289 |
| 黄金周 | huángjīnzhōu | Ch6 218 |
| 灰尘 | huīchén | Ch6 203 |
| 回头见 | huítóu jiàn | Ch1 29 |
| 汇率 | huìlǜ | Ch8 289 |
| 会员 | huìyuán | Ch8 301 |
| 婚礼 | hūnlǐ | Ch6 206 |
| 活动 | huódòng | Ch8 300 |
| 火车 | huǒchē | Ch5 182 |
| 火车站 | huǒchēzhàn | Ch5 182 |

# J

| | | |
|---|---|---|
| 机场 | jīchǎng | Ch5 189 |
| 机场大巴 | jīchǎng dàbā | Ch5 189 |
| 鸡翅 | jīchì | Ch8 310 |
| 激动 | jīdòng | Ch2 45 |
| 积分卡 | jīfēnkǎ | Ch8 301 |
| 机会 | jīhuì | Ch3 111 |
| 机票 | jīpiào | Ch5 189 |
| 肌肉 | jīròu | Ch2 57 |
| 几点 | jǐ diǎn | Ch3 91 |
| 季节 | jìjié | Ch6 201 |
| 纪念日 | jìniànrì | Ch3 107 |
| 技校 | jìxiào | Ch7 235 |
| 加班 | jiābān | Ch3 110 |
| 加菜 | jiācài | Ch8 305 |
| 家常菜 | jiāchángcài | Ch2 63 |

# 색인

| | | | | | | |
|---|---|---|---|---|---|---|
| 加大 | jiādà | Ch8 309 | | 借记卡 | jièjìkǎ | Ch8 288 |
| 家教 | jiājiào | Ch7 238 | | 借口 | jièkǒu | Ch3 113 |
| 加湿器 | jiāshīqì | Ch4 132 | | 介绍 | jièshào | Ch1 11 |
| 假期 | jiàqī | Ch7 258 | | 戒指 | jièzhi | Ch4 152 |
| 坚果 | jiānguǒ | Ch4 123 | | 今年 | jīnnián | Ch3 94 |
| 检查 | jiǎnchá | Ch5 191 | | 紧 | jǐn | Ch4 136 |
| 减肥 | jiǎnféi | Ch2 55 | | 进站 | jìnzhàn | Ch5 179 |
| 检票 | jiǎnpiào | Ch5 187 | | 经过 | jīngguò | Ch5 184 |
| 剪头 | jiǎntóu | Ch7 251 | | 经济舱 | jīngjìcāng | Ch5 192 |
| 健康 | jiànkāng | Ch7 242 | | 经理 | jīnglǐ | Ch8 278 |
| 健身房 | jiànshēnfáng | Ch2 56 | | 经验 | jīngyàn | Ch8 285 |
| 讲解员 | jiǎngjiěyuán | Ch2 83 | | 景点 | jǐngdiǎn | Ch7 261 |
| 奖金 | jiǎngjīn | Ch8 280 | | 酒 | jiǔ | Ch4 124 |
| 奖学金 | jiǎngxuéjīn | Ch7 237 | | 酒吧 | jiǔbā | Ch8 313 |
| 降落 | jiàngluò | Ch5 191 | | 酒单 | jiǔdān | Ch8 313 |
| 降温 | jiàngwēn | Ch6 221 | | 酒量 | jiǔliàng | Ch8 316 |
| 降水量 | jiàngshuǐliàng | Ch6 209 | | 酒友 | jiǔyǒu | Ch8 316 |
| 交通费 | jiāotōngfèi | Ch5 163 | | 居酒屋 | jūjiǔwū | Ch8 316 |
| 交通卡 | jiāotōngkǎ | Ch5 163 | | 举办 | jǔbàn | Ch2 84 |
| 矫正 | jiǎozhèng | Ch7 256 | | 聚餐 | jùcān | Ch8 284 |
| 叫 | jiào | Ch1 12 | | 剧场 | jùchǎng | Ch2 73 |
| 教材 | jiàocái | Ch8 274 | | 拒绝 | jùjué | Ch3 109 |
| 叫车 | jiàochē | Ch5 168 | | 决定 | juédìng | Ch3 106 |
| 教练 | jiàoliàn | Ch2 56 | | | | |
| 教室 | jiàoshì | Ch8 273 | | **K** | | |
| 教学 | jiàoxué | Ch7 238 | | K金 | K jīn | Ch4 154 |
| 街 | jiē | Ch3 99 | | 咖啡厅 | kāfēitīng | Ch3 100 |
| 接 | jiē | Ch3 104 | | 开封 | kāifēng | Ch4 146 |
| 结冰 | jiébīng | Ch6 222 | | 开会 | kāihuì | Ch8 283 |
| 结婚 | jiéhūn | Ch1 17 | | 开始 | kāishǐ | Ch2 70 |
| 睫毛 | jiémáo | Ch7 252 | | 开往 | kāiwǎng | Ch5 179 |
| 结账 | jiézhàng | Ch8 307 | | 开胃菜 | kāiwèicài | Ch2 65 |
| 解酒药 | jiějiǔyào | Ch8 294 | | 开心 | kāixīn | Ch1 39 |

| | | | | | | |
|---|---|---|---|---|---|---|
| 考试 | kǎoshì | Ch7 236 | | 礼拜 | lǐbài | Ch3 93 |
| 靠 | kào | Ch5 192 | | 礼堂 | lǐtáng | Ch8 273 |
| 可惜 | kěxī | Ch2 44 | | 礼物 | lǐwù | Ch1 21 |
| 课程表 | kèchéngbiǎo | Ch8 274 | | 立春 | lìchūn | Ch6 202 |
| 客户 | kèhù | Ch8 279 | | 连锁店 | liánsuǒdiàn | Ch8 303 |
| 客气 | kèqi | Ch1 20 | | 联系 | liánxì | Ch1 31 |
| 课外活动 | kèwài huódòng | Ch8 275 | | 脸色 | liǎnsè | Ch7 242 |
| 空车 | kōngchē | Ch5 168 | | 练歌厅 | liàngētīng | Ch2 78 |
| 空房 | kōngfáng | Ch7 262 | | 练习册 | liànxícè | Ch7 240 |
| 空气 | kōngqì | Ch6 217 | | 量 | liáng | Ch4 155 |
| 空气净化器 | kōngqì jìnghuàqì | Ch4 132 | | 凉 | liáng | Ch6 204 |
| 空调 | kōngtiáo | Ch4 131 | | 凉快 | liángkuai | Ch6 216 |
| 恐怕 | kǒngpà | Ch3 111 | | 聊 | liáo | Ch3 104 |
| 空 | kòng | Ch3 103 | | 了不起 | liǎobuqǐ | Ch1 36 |
| 口味 | kǒuwèi | Ch2 61 | | 料理 | liàolǐ | Ch2 59 |
| 口罩 | kǒuzhào | Ch8 296 | | 列车 | lièchē | Ch5 182 |
| 哭 | kū | Ch1 40 | | 凌晨 | língchén | Ch3 92 |
| 快餐店 | kuàicāndiàn | Ch8 308 | | 零钱 | língqián | Ch5 173 |
| 快乐 | kuàilè | Ch1 34 | | 零食 | língshí | Ch4 124 |
| 款式 | kuǎnshì | Ch4 138 | | 零下 | língxià | Ch6 221 |
| 旷课 | kuàngkè | Ch8 276 | | 流感 | liúgǎn | Ch7 244 |
| 困 | kùn | Ch6 205 | | 刘海 | liúhǎi | Ch7 251 |
| | | | | 流利 | liúlì | Ch7 239 |
| **L** | | | | 流行 | liúxíng | Ch4 139 |
| 拉肚子 | lā dùzi | Ch8 293 | | 留学 | liúxué | Ch7 239 |
| 懒 | lǎn | Ch3 113 | | 楼 | lóu | Ch3 99 |
| 懒觉 | lǎnjiào | Ch7 233 | | 楼下 | lóuxià | Ch3 99 |
| 老地方 | lǎo dìfang | Ch3 100 | | 路 | lù | Ch5 162 |
| 老顾客 | lǎo gùkè | Ch4 141 | | 路边 | lùbiān | Ch5 171 |
| 老家 | lǎojiā | Ch1 14 | | 录用 | lùyòng | Ch8 282 |
| 冷冻 | lěngdòng | Ch4 124 | | 旅行 | lǚxíng | Ch7 258 |
| 冷静 | lěngjìng | Ch2 46 | | 旅行社 | lǚxíngshè | Ch7 260 |
| 离 | lí | Ch3 112 | | 旅行手册 | lǚxíng shǒucè | Ch7 260 |

색인 **333**

## 색인

| | | | | | | |
|---|---|---|---|---|---|---|
| 旅行箱 | lǚxíngxiāng | Ch7 260 | | 面点师 | miàndiǎnshī | Ch2 60 |
| 律师 | lǜshī | Ch1 16 | | 面膜 | miànmó | Ch4 148 |
| | | | | 面条 | miàntiáo | Ch4 121 |

## M

| | | | | | | |
|---|---|---|---|---|---|---|
| | | | | 面子 | miànzi | Ch1 24 |
| 麻烦 | máfan | Ch1 23 | | 苗条 | miáotiao | Ch7 254 |
| 麻将 | májiàng | Ch2 79 | | 明码标价 | míngmǎ biāojià | Ch4 129 |
| 马拉松 | mǎlāsōng | Ch2 54 | | 名胜古迹 | míngshèng gǔjì | Ch7 261 |
| 马上 | mǎshàng | Ch3 94 | | 明天 | míngtiān | Ch1 29 |
| 买票 | mǎipiào | Ch2 68 | | 名字 | míngzi | Ch1 12 |
| 卖 | mài | Ch4 117 | | 模特 | mótè | Ch4 141 |
| 慢走 | màn zǒu | Ch1 30 | | | | |
| 忙 | máng | Ch1 28 | | **N** | | |
| 毛孔 | máokǒng | Ch7 252 | | | | |
| 帽子 | màozi | Ch4 153 | | 拿手菜 | náshǒucài | Ch2 62 |
| 没关系 | méi guānxi | Ch1 22 | | 难受 | nánshòu | Ch8 292 |
| 玫瑰金 | méiguìjīn | Ch4 154 | | 闹钟 | nàozhōng | Ch7 229 |
| 梅雨 | méiyǔ | Ch6 209 | | 哪儿 | nǎr | Ch3 97 |
| 美白 | měibái | Ch4 147 | | 那儿 | nàr | Ch3 97 |
| 美发店 | měifàdiàn | Ch7 250 | | 内科 | nèikē | Ch7 246 |
| 美发师 | měifàshī | Ch7 250 | | 能力 | nénglì | Ch7 240 |
| 美容院 | měiróngyuàn | Ch7 250 | | 你好 | nǐ hǎo | Ch1 26 |
| 美食城 | měishíchéng | Ch8 299 | | 年级 | niánjí | Ch8 272 |
| 美食家 | měishíjiā | Ch2 60 | | 年纪 | niánjì | Ch1 12 |
| 美式咖啡 | Měishì kāfēi | Ch8 312 | | 年轻 | niánqīng | Ch7 255 |
| 美术馆 | měishùguǎn | Ch2 83 | | 年薪 | niánxīn | Ch8 279 |
| 美瞳 | měitóng | Ch7 252 | | 牛肉干 | niúròu gān | Ch4 123 |
| 闷热 | mēnrè | Ch6 211 | | 牛仔裤 | niúzǎikù | Ch4 142 |
| 门口 | ménkǒu | Ch3 98 | | 暖风 | nuǎnfēng | Ch6 225 |
| 门票 | ménpiào | Ch7 262 | | 暖和 | nuǎnhuo | Ch6 203 |
| 密码 | mìmǎ | Ch8 290 | | | | |
| 免税店 | miǎnshuìdiàn | Ch7 264 | | **P** | | |
| 免税商品 | miǎnshuì shāngpǐn | Ch5 196 | | 爬山 | páshān | Ch6 218 |
| 免疫力 | miǎnyìlì | Ch7 245 | | 怕 | pà | Ch1 43 |
| | | | | 排毒 | páidú | Ch7 254 |

| 排队 | páiduì | Ch5 185 |
| 排行榜 | páihángbǎng | Ch2 71 |
| 牌子 | páizi | Ch4 129 |
| 派对 | pàiduì | Ch3 106 |
| 胖 | pàng | Ch7 254 |
| 跑步 | pǎobù | Ch2 53 |
| 跑步机 | pǎobùjī | Ch2 54 |
| 泡菜 | pàocài | Ch4 122 |
| 培训班 | péixùnbān | Ch7 238 |
| 喷 | pēn | Ch7 232 |
| 喷雾 | pēnwù | Ch4 150 |
| 烹饪书 | pēngrènshū | Ch2 59 |
| 烹调 | pēngtiáo | Ch2 59 |
| 便宜 | piányi | Ch4 140 |
| 票价 | piàojià | Ch2 84 |
| 漂亮 | piàoliang | Ch1 37 |
| 皮肤 | pífū | Ch4 146 |
| 拼车 | pīnchē | Ch5 169 |
| 平安 | píng'ān | Ch1 34 |
| 平底锅 | píngdǐguō | Ch2 63 |

## Q

| 七分袖 | qīfēnxiù | Ch4 137 |
| 期中考试 | qīzhōng kǎoshì | Ch8 275 |
| 妻子 | qīzi | Ch1 18 |
| 起步价 | qǐbùjià | Ch5 169 |
| 起床 | qǐchuáng | Ch7 229 |
| 起飞 | qǐfēi | Ch5 190 |
| 起子 | qǐzi | Ch7 315 |
| 气 | qì | Ch1 42 |
| 气流 | qìliú | Ch5 194 |
| 汽水 | qìshuǐ | Ch8 310 |
| 气温 | qìwēn | Ch6 203 |

| 钱 | qián | Ch4 117 |
| 前边 | qiánbian | Ch3 98 |
| 签名 | qiānmíng | Ch8 289 |
| 签证 | qiānzhèng | Ch7 259 |
| 切 | qiē | Ch2 64 |
| 晴朗 | qínglǎng | Ch6 217 |
| 晴 | qíng | Ch6 205 |
| 请 | qǐng | Ch3 104 |
| 秋天 | qiūtiān | Ch6 215 |
| 取号 | qǔhào | Ch8 290 |
| 取消 | qǔxiāo | Ch3 109 |
| 祛痣 | qùzhì | Ch7 252 |
| 裙子 | qúnzi | Ch4 142 |

## R

| 让座 | ràngzuò | Ch5 178 |
| 绕道 | ràodào | Ch5 172 |
| 惹 | rě | Ch1 42 |
| 热 | rè | Ch2 64 |
| 热门 | rèmén | Ch2 71 |
| 人际关系 | rénjì guānxi | Ch8 285 |
| 认识 | rènshi | Ch1 11 |
| 日程表 | rìchéngbiǎo | Ch2 84 |
| 容量 | róngliàng | Ch4 147 |
| 肉 | ròu | Ch4 120 |
| 软件 | ruǎnjiàn | Ch2 76 |
| 乳制品 | rǔzhìpǐn | Ch4 121 |
| 入境卡 | rùjìngkǎ | Ch5 196 |
| 入住 | rùzhù | Ch7 263 |

## S

| 三伏天 | sānfútiān | Ch6 211 |
| 沙尘暴 | shāchénbào | Ch6 202 |

# 색인

| 山寨 | shānzhài | Ch4 128 |
| 商场 | shāngchǎng | Ch8 298 |
| 商量 | shāngliang | Ch3 106 |
| 商品 | shāngpǐn | Ch4 128 |
| 伤心 | shāngxīn | Ch1 40 |
| 赏花 | shǎnghuā | Ch6 206 |
| 上半年 | shàngbànnián | Ch3 107 |
| 上班族 | shàngbānzú | Ch1 15 |
| 上车 | shàngchē | Ch5 164 |
| 上司 | shàngsi | Ch8 279 |
| 上午 | shàngwǔ | Ch3 92 |
| 上学 | shàngxué | Ch1 14 |
| 上映 | shàngyìng | Ch2 69 |
| 舍不得 | shěbude | Ch2 44 |
| 身材 | shēncái | Ch7 254 |
| 身份证 | shēnfènzhèng | Ch5 185 |
| 身体 | shēntǐ | Ch1 28 |
| 神经 | shénjīng | Ch2 57 |
| 生病 | shēngbìng | Ch7 243 |
| 生产 | shēngchǎn | Ch4 130 |
| 生啤 | shēngpí | Ch8 314 |
| 生气 | shēngqì | Ch1 42 |
| 生日 | shēngrì | Ch3 106 |
| 升职 | shēngzhí | Ch8 282 |
| 圣诞节 | Shèngdàn Jié | Ch3 95 |
| 师傅 | shīfu | Ch5 169 |
| 湿巾 | shījīn | Ch8 306 |
| 失望 | shīwàng | Ch1 41 |
| 失误 | shīwù | Ch1 23 |
| 时候 | shíhou | Ch3 91 |
| 时间 | shíjiān | Ch3 91 |
| 食品 | shípǐn | Ch4 117 |
| 时尚 | shíshàng | Ch4 138 |

| 食堂 | shítáng | Ch8 281 |
| 实习 | shíxí | Ch8 282 |
| 十字路口 | shízilùkǒu | Ch5 171 |
| 使用 | shǐyòng | Ch5 194 |
| 试 | shì | Ch4 139 |
| 试吃 | shìchī | Ch4 118 |
| 世界旅行 | shìjiè lǚxíng | Ch7 259 |
| 视力 | shìlì | Ch7 247 |
| 事情 | shìqing | Ch3 103 |
| 试衣间 | shìyījiān | Ch4 140 |
| 收费站 | shōufèizhàn | Ch5 174 |
| 收获 | shōuhuò | Ch6 218 |
| 收银台 | shōuyíntái | Ch8 300 |
| 首班车 | shǒubānchē | Ch5 179 |
| 手表 | shǒubiǎo | Ch4 152 |
| 首饰 | shǒushi | Ch4 152 |
| 手术 | shǒushù | Ch7 248 |
| 手套 | shǒutào | Ch6 224 |
| 手续 | shǒuxù | Ch5 191 |
| 手续费 | shǒuxùfèi | Ch8 288 |
| 首映式 | shǒuyìngshì | Ch2 69 |
| 瘦脸针 | shòuliǎnzhēn | Ch7 255 |
| 售票处 | shòupiàochù | Ch5 183 |
| 蔬菜 | shūcài | Ch4 119 |
| 书店 | shūdiàn | Ch3 101 |
| 输入 | shūrù | Ch8 290 |
| 梳头 | shūtóu | Ch7 230 |
| 属 | shǔ | Ch1 13 |
| 薯条 | shǔtiáo | Ch8 309 |
| 数码相机 | shùmǎ xiàngjī | Ch4 132 |
| 刷牙 | shuāyá | Ch7 229 |
| 耍酒疯 | shuǎjiǔfēng | Ch8 315 |
| 双层巴士 | shuāngcéng bāshì | Ch5 161 |

| 爽肤水 | shuǎngfūshuǐ | Ch4 148 |
| 水果 | shuǐguǒ | Ch4 118 |
| 水平 | shuǐpíng | Ch7 239 |
| 水上乐园 | shuǐshàng lèyuán | Ch6 213 |
| 水珠 | shuǐzhū | Ch6 223 |
| 睡衣 | shuìyī | Ch4 143 |
| 顺利 | shùnlì | Ch1 35 |
| 司机 | sījī | Ch5 163 |
| 私立 | sīlì | Ch8 273 |
| 丝袜 | sīwà | Ch4 143 |
| 四季 | sìjì | Ch6 201 |
| 送 | sòng | Ch1 31 |
| 送货 | sònghuò | Ch4 130 |
| 速度 | sùdù | Ch5 165 |
| 宿舍 | sùshè | Ch8 274 |
| 素颜 | sùyán | Ch7 255 |
| 随时 | suíshí | Ch3 95 |
| 岁 | suì | Ch1 12 |
| 碎纸机 | suìzhǐjī | Ch8 285 |

## T

| 台风 | táifēng | Ch6 210 |
| 态度 | tàidù | Ch7 236 |
| 太阳镜 | tàiyángjìng | Ch4 153 |
| 毯子 | tǎnzi | Ch5 195 |
| 讨价还价 | tǎojià huánjià | Ch4 129 |
| 讨厌 | tǎoyàn | Ch2 46 |
| 套餐 | tàocān | Ch8 308 |
| 套装 | tàozhuāng | Ch4 145 |
| 踢毽子 | tī jiànzi | Ch2 80 |
| 提供 | tígōng | Ch3 194 |
| 提前 | tíqián | Ch3 112 |
| 体检 | tǐjiǎn | Ch7 245 |

| 体育 | tǐyù | Ch2 51 |
| 体育馆 | tǐyùguǎn | Ch8 273 |
| 体质 | tǐzhì | Ch6 226 |
| 天气 | tiānqì | Ch6 201 |
| 甜点 | tiándiǎn | Ch2 65 |
| 挑 | tiāo | Ch7 232 |
| 调味料 | tiáowèiliào | Ch2 63 |
| 调整 | tiáozhěng | Ch4 156 |
| 跳绳 | tiàoshéng | Ch2 53 |
| 跳舞 | tiàowǔ | Ch2 56 |
| 铁人三项赛 | tiě rén sān xiàng sài | Ch2 55 |
| 停 | tíng | Ch5 172 |
| 停车场 | tíngchēchǎng | Ch8 299 |
| 通过 | tōngguò | Ch7 237 |
| 同事 | tóngshì | Ch8 278 |
| 同学 | tóngxué | Ch8 272 |
| 童颜 | tóngyán | Ch1 37 |
| 同桌 | tóngzhuō | Ch8 278 |
| 痛苦 | tòngkǔ | Ch1 40 |
| 头发 | tóufa | Ch7 251 |
| 突然 | tūrán | Ch3 110 |
| 图案 | tú'àn | Ch4 137 |
| 图书馆 | túshūguǎn | Ch7 240 |
| 推迟 | tuīchí | Ch3 112 |
| 退 | tuì | Ch4 140 |
| 退房 | tuìfáng | Ch7 263 |
| 退休 | tuìxiū | Ch8 283 |
| 托运 | tuōyùn | Ch5 191 |

## V

| VIP席 | VIP xí | Ch2 71 |

# 색인

## W

| | | |
|---|---|---|
| 袜子 | wàzi | Ch4 143 |
| 外卖 | wàimài | Ch8 309 |
| 外向 | wàixiàng | Ch1 16 |
| 外语 | wàiyǔ | Ch7 239 |
| 玩家 | wánjiā | Ch2 77 |
| 晚安 | wǎn'ān | Ch1 26 |
| 晚点 | wǎndiǎn | Ch3 110 |
| 网吧 | wǎngbā | Ch2 78 |
| 网络游戏 | wǎngluò yóuxì | Ch2 75 |
| 网上银行 | wǎngshang yínháng | Ch8 287 |
| 旺季 | wàngjì | Ch7 258 |
| 微波炉 | wēibōlú | Ch4 131 |
| 微波食品 | wēibō shípǐn | Ch4 125 |
| 围棋 | wéiqí | Ch2 80 |
| 维生素 | wéishēngsù | Ch8 295 |
| 味道 | wèidao | Ch2 62 |
| 胃口 | wèikǒu | Ch2 62 |
| 胃炎 | wèiyán | Ch7 243 |
| 位子 | wèizi | Ch8 304 |
| 温差 | wēnchā | Ch6 217 |
| 温泉 | wēnquán | Ch6 225 |
| 文科 | wénkē | Ch8 272 |
| 纹身 | wénshēn | Ch7 253 |
| 蚊子 | wénzi | Ch6 213 |
| 问候 | wènhòu | Ch1 28 |
| 我走了 | wǒ zǒu le | Ch1 30 |
| 无聊 | wúliáo | Ch2 45 |
| 雾 | wù | Ch6 216 |
| 物疗 | wùliáo | Ch7 248 |

## X

| | | |
|---|---|---|
| 吸尘器 | xīchénqì | Ch4 133 |
| 吸管 | xīguǎn | Ch8 312 |
| 希望 | xīwàng | Ch1 34 |
| 吸烟区 | xīyānqū | Ch8 316 |
| 西药 | xīyào | Ch8 294 |
| 习惯 | xíguàn | Ch7 242 |
| 喜剧片 | xǐjùpiàn | Ch2 72 |
| 洗面奶 | xǐmiànnǎi | Ch4 150 |
| 洗手间 | xǐshǒujiān | Ch7 264 |
| 洗漱 | xǐshù | Ch7 229 |
| 洗头 | xǐtóu | Ch7 230 |
| 洗衣机 | xǐyījī | Ch4 133 |
| 洗澡 | xǐzǎo | Ch7 230 |
| 吓 | xià | Ch1 42 |
| 下次 | xiàcì | Ch1 30 |
| 下降 | xiàjiàng | Ch5 190 |
| 下酒菜 | xiàjiǔcài | Ch8 314 |
| 夏天 | xiàtiān | Ch6 208 |
| 下雪 | xiàxuě | Ch6 222 |
| 下一站 | xià yí zhàn | Ch5 177 |
| 下雨 | xiàyǔ | Ch6 208 |
| 下载 | xiàzài | Ch2 76 |
| 现金 | xiànjīn | Ch4 127 |
| 线路图 | xiànlùtú | Ch5 176 |
| 羡慕 | xiànmù | Ch1 43 |
| 香肠 | xiāngcháng | Ch4 121 |
| 香水 | xiāngshuǐ | Ch4 150 |
| 想 | xiǎng | Ch3 104 |
| 项链 | xiàngliàn | Ch4 152 |
| 象棋 | xiàngqí | Ch2 79 |
| 消毒水 | xiāodúshuǐ | Ch8 295 |
| 消化不良 | xiāohuà bùliáng | Ch7 243 |
| 小吃 | xiǎochī | Ch2 66 |
| 小票 | xiǎopiào | Ch5 173 |

| 笑 | xiào | Ch1 39 |
| 校服 | xiàofú | Ch8 274 |
| 效果 | xiàoguǒ | Ch4 147 |
| 校长 | xiàozhǎng | Ch8 271 |
| 鞋 | xié | Ch4 143 |
| 携带 | xiédài | Ch5 192 |
| 谢谢 | xièxie | Ch1 20 |
| 辛苦 | xīnkǔ | Ch1 31 |
| 新款 | xīnkuǎn | Ch4 138 |
| 心情 | xīnqíng | Ch1 39 |
| 心事 | xīnshì | Ch3 103 |
| 新鲜 | xīnxiān | Ch4 119 |
| 心意 | xīnyì | Ch1 21 |
| 信用卡 | xinyòngkǎ | Ch4 127 |
| 星期 | xīngqī | Ch3 93 |
| 星座 | xīngzuò | Ch1 17 |
| 行李架 | xínglijià | Ch5 186 |
| 姓 | xìng | Ch1 11 |
| 性格 | xìnggé | Ch1 16 |
| 兴趣 | xìngqù | Ch2 85 |
| 兄弟姐妹 | xiōngdì jiěmèi | Ch1 14 |
| 胸针 | xiōngzhēn | Ch4 153 |
| 修眉 | xiūméi | Ch7 253 |
| 修养 | xiūyǎng | Ch7 248 |
| 休息 | xiūxi | Ch3 111 |
| 休闲服 | xiūxiánfú | Ch4 141 |
| 休息室 | xiūxishì | Ch3 101 |
| 宣传册 | xuānchuáncè | Ch8 299 |
| 选手 | xuǎnshǒu | Ch2 56 |
| 选修课 | xuǎnxiūkè | Ch7 235 |
| 学校 | xuéxiào | Ch8 271 |
| 雪地鞋 | xuědìxié | Ch6 225 |
| 血型 | xuèxíng | Ch1 17 |
| 血压 | xuèyā | Ch7 245 |

# Y

| 研究生 | yánjiūshēng | Ch7 235 |
| 炎热 | yánrè | Ch6 211 |
| 颜色 | yánsè | Ch4 137 |
| 颜值 | yánzhí | Ch1 37 |
| 严重 | yánzhòng | Ch7 244 |
| 演 | yǎn | Ch2 69 |
| 演唱会 | yǎnchànghuì | Ch2 73 |
| 演出 | yǎnchū | Ch2 72 |
| 眼药水 | yǎnyàoshuǐ | Ch8 294 |
| 眼影 | yǎnyǐng | Ch4 149 |
| 演员 | yǎnyuán | Ch2 69 |
| 验血 | yànxiě | Ch7 246 |
| 阳光 | yángguāng | Ch6 205 |
| 洋酒 | yángjiǔ | Ch8 314 |
| 样品 | yàngpǐn | Ch4 145 |
| 阳伞 | yángsǎn | Ch6 213 |
| 药店 | yàodiàn | Ch8 292 |
| 夜班车 | yèbānchē | Ch5 162 |
| 业绩 | yèjì | Ch8 280 |
| 夜宵 | yèxiāo | Ch2 66 |
| 衣服 | yīfu | Ch4 135 |
| 医生 | yīshēng | Ch7 246 |
| 医院 | yīyuàn | Ch7 245 |
| 遗传 | yíchuán | Ch7 247 |
| 一次性 | yícìxìng | Ch5 177 |
| 一会儿 | yíhuìr | Ch1 30 |
| 椅背 | yǐbèi | Ch5 196 |
| 以后 | yǐhòu | Ch3 94 |
| 一起 | yìqǐ | Ch3 105 |
| 阴 | yīn | Ch6 208 |

# 색인

| 银行 | yínháng | Ch8 287 |
| 饮料 | yǐnliào | Ch4 124 |
| 迎春花 | yíngchūnhuā | Ch6 205 |
| 营养 | yíngyǎng | Ch4 119 |
| 营业 | yíngyè | Ch8 304 |
| 硬座 | yìngzuò | Ch5 185 |
| 拥挤 | yōngjǐ | Ch5 179 |
| 用功 | yònggōng | Ch7 237 |
| 用品 | yòngpǐn | Ch8 284 |
| 优惠券 | yōuhuìquàn | Ch8 308 |
| 游客 | yóukè | Ch6 206 |
| 游乐园 | yóulèyuán | Ch2 78 |
| 游戏 | yóuxì | Ch2 75 |
| 游戏机 | yóuxìjī | Ch2 76 |
| 游泳 | yóuyǒng | Ch2 53 |
| 有点儿 | yǒudiǎnr | Ch4 136 |
| 有机食品 | yǒujī shípǐn | Ch4 125 |
| 有氧 | yǒuyǎng | Ch2 55 |
| 有意思 | yǒuyìsi | Ch1 39 |
| 鱼 | yú | Ch4 120 |
| 瑜伽 | yújiā | Ch2 53 |
| 愉快 | yúkuài | Ch1 34 |
| 娱乐 | yúlè | Ch2 75 |
| 雨季 | yǔjì | Ch6 209 |
| 羽绒服 | yǔróngfú | Ch4 142 |
| 雨靴 | yǔxuē | Ch6 210 |
| 预报 | yùbào | Ch6 202 |
| 预防针 | yùfángzhēn | Ch7 244 |
| 郁闷 | yùmèn | Ch1 41 |
| 原谅 | yuánliàng | Ch1 24 |
| 约 | yuē | Ch3 105 |
| 熨 | yùn | Ch7 232 |
| 运动 | yùndòng | Ch2 51 |
| 晕机 | yùnjī | Ch5 194 |

## Z

| 再见 | zàijiàn | Ch1 29 |
| 糟糕 | zāogāo | Ch2 46 |
| 早 | zǎo | Ch3 94 |
| 早安 | zǎo'ān | Ch1 26 |
| 早餐 | zǎocān | Ch7 263 |
| 早场 | zǎochǎng | Ch2 71 |
| 早上 | zǎoshang | Ch3 92 |
| 早上好 | zǎoshang hǎo | Ch1 26 |
| 赠送 | zèngsòng | Ch4 145 |
| 展览馆 | zhǎnlǎnguǎn | Ch2 82 |
| 展览会 | zhǎnlǎnhuì | Ch2 82 |
| 展示 | zhǎnshì | Ch2 85 |
| 站牌 | zhànpái | Ch5 162 |
| 站票 | zhànpiào | Ch5 184 |
| 站台 | zhàntái | Ch5 183 |
| 丈夫 | zhàngfu | Ch1 18 |
| 账户 | zhànghù | Ch8 287 |
| 招聘 | zhāopìn | Ch8 281 |
| 着急 | zháojí | Ch2 45 |
| 找钱 | zhǎoqián | Ch8 300 |
| 照 | zhào | Ch7 231 |
| 照片 | zhàopiàn | Ch2 86 |
| 遮光板 | zhēguāngbǎn | Ch5 195 |
| 遮瑕膏 | zhēxiágāo | Ch4 148 |
| 阵雨 | zhènyǔ | Ch6 208 |
| 整容 | zhěngróng | Ch7 253 |
| 正常 | zhèngcháng | Ch7 246 |
| 正品 | zhèngpǐn | Ch4 128 |
| 正装 | zhèngzhuāng | Ch4 141 |
| 症状 | zhèngzhuàng | Ch8 292 |

| | | | | | | |
|---|---|---|---|---|---|---|
| 正宗 | zhèngzōng | Ch2 61 | | 自动取款机 | zìdòng qǔkuǎnjī | Ch8 288 |
| 知识 | zhīshi | Ch7 240 | | 自动售票机 | zìdòng shòupiàojī | Ch5 176 |
| 值班 | zhíbān | Ch8 283 | | 自然 | zìrán | Ch6 219 |
| 直达 | zhídá | Ch5 184 | | 自行车 | zìxíngchē | Ch2 54 |
| 指甲油 | zhǐjiayóu | Ch7 256 | | 自学 | zìxué | Ch7 238 |
| 质量 | zhìliàng | Ch4 128 | | 自由行 | zìyóuxíng | Ch7 259 |
| 智能手机 | zhìnéng shǒujī | Ch2 75 | | 自责 | zìzé | Ch1 24 |
| 中餐 | zhōngcān | Ch2 60 | | 自助餐 | zìzhùcān | Ch8 303 |
| 终点站 | zhōngdiǎnzhàn | Ch5 166 | | 总裁 | zǒngcái | Ch8 278 |
| 中午 | zhōngwǔ | Ch3 93 | | 总公司 | zǒnggōngsī | Ch8 278 |
| 肿 | zhǒng | Ch7 242 | | 租车 | zūchē | Ch7 262 |
| 中毒 | zhòngdú | Ch2 77 | | 足疗 | zúliáo | Ch7 264 |
| 中暑 | zhòngshǔ | Ch6 212 | | 足球 | zúqiú | Ch2 51 |
| 周末 | zhōumò | Ch1 29 | | 最近 | zuìjìn | Ch1 27 |
| 主角 | zhǔjué | Ch2 70 | | 钻石 | zuànshí | Ch4 154 |
| 主食 | zhǔshí | Ch2 65 | | 坐反 | zuòfǎn | Ch5 180 |
| 住 | zhù | Ch1 13 | | 作家 | zuòjiā | Ch2 83 |
| 祝 | zhù | Ch1 33 | | 作品 | zuòpǐn | Ch2 84 |
| 祝贺 | zhùhè | Ch1 33 | | 座位 | zuòwèi | Ch2 70 |
| 注意 | zhùyì | Ch1 31 | | 座位号 | zuòwèihào | Ch5 186 |
| 住院 | zhùyuàn | Ch7 247 | | 遵守 | zūnshǒu | Ch8 276 |
| 抓娃娃机 | zhuā wáwa jī | Ch2 79 | | | | |
| 专业 | zhuānyè | Ch1 15 | | | | |
| 专用座 | zhuānyòngzuò | Ch5 178 | | | | |
| 专用道 | zhuānyòngdào | Ch5 164 | | | | |
| 转机 | zhuǎnjī | Ch5 195 | | | | |
| 转账 | zhuǎnzhàng | Ch8 288 | | | | |
| 准备 | zhǔnbèi | Ch7 231 | | | | |
| 准时 | zhǔnshí | Ch3 95 | | | | |
| 资格证 | zīgézhèng | Ch7 237 | | | | |
| 紫菜 | zǐcài | Ch4 122 | | | | |
| 子女 | zǐnǚ | Ch1 18 | | | | |
| 自动扶梯 | zìdòng fútī | Ch5 177 | | | | |